"十四五"普通高等教育国际经济与贸易专业核心课程教学案例丛书

U0674742

世界经济概论教学案例

袁柳 苏杭 杜玲燕 主编

SHIJIE JINGJI GAILUN

JIAOXUE ANLI

东北财经大学出版社
Dongbei University of Finance & Economics Press
大连

图书在版编目（CIP）数据

世界经济概论教学案例 / 袁柳，苏杭，杜玲燕主编. —大连：东北财经大学出版社，2023.12

（"十四五"普通高等教育国际经济与贸易专业核心课程教学案例丛书）

ISBN 978-7-5654-4707-5

Ⅰ．世… Ⅱ．①袁… ②苏… ③杜… Ⅲ．世界经济–教案（教育）–高等学校 Ⅳ．F112

中国国家版本馆CIP数据核字（2023）第134245号

东北财经大学出版社出版

（大连市黑石礁尖山街217号 邮政编码 116025）

网 址：http://www.dufep.cn

读者信箱：dufep@dufe.edu.cn

大连永盛印业有限公司印刷 东北财经大学出版社发行

幅面尺寸：170mm×240mm 字数：300千字 印张：15 插页：1

2023年12月第1版 2023年12月第1次印刷

责任编辑：李 彬 韩敌非 责任校对：李丽娟

封面设计：原 皓 版式设计：原 皓

定价：48.00元

"十四五"普通高等教育国际经济与贸易专业核心课程教学案例丛书

丛书主编： 李勤昌

丛书编委（按姓氏笔画排序）

方韵诗　关建波　何　芬　袁　柳

常　崑　鲁朝云　曾莉婷　潘银坪

总序

　　教材是体现教学内容和教学要求的知识载体，是教与学的基本工具，是提高人才培养质量的重要保证。为进一步贯彻落实《教育部关于加快建设高水平本科教育全面提高人才培养能力的意见》（教高〔2018〕2号）、《教育部关于一流本科课程建设的实施意见》（教高〔2019〕8号）、《高等学校课程思政建设指导纲要》（教高〔2020〕3号）和《普通高等学校教材管理办法》（教材〔2019〕3号）等文件精神，更好地服务于学校全面深化教育改革、提升教育教学水平和人才培养质量，支持一流本科专业和一流本科课程建设，我们组织编写了"'十四五'普通高等教育国际经济与贸易专业核心课程教学案例丛书"。

　　根据应用型人才培养目标，运用OBE理念下的"多元组合教学法"，包括问题导向教学法（PBL）、合作学习、自主课堂、研讨式教学、探究式教学、翻转课堂、对分课堂等，抓住"一个中心三个基本点"（以学生为中心，问题导向、课堂思政、能力培养），实现为党育人、为国育才的教学目的，应该是普通高等教育高质量发展的总体趋势和重要内容。

　　多元组合教学法的要义还是PBL教学法（也可称为案例教学法），就是倡导学生通过自主学习培养主动学习的能力和运用知识解决实际问题的能力，其他的方法只是侧重点不同而已。PBL教学法就是根据以学生培养为中心的理念，老师按照教学计划，给出特定的问题，让学生课前通过自主学习，准备出问题解决方案，再通过翻转课堂等手段，通过课上的学生变老师、老师变导师的生生互动、师生互动、审辩创新，优化解决方案，由此激发学生学习的主动性，培养自学能力、创造能力、团队精神的一种教学方法。PBL教学法应该具备以下要素：一是要具有真实的带有普遍性的特定问题，作为学生学习的起点；二是要建立学习小组，以便小组合作，自主学习，培养学生自学能力和协作能力；三是要有课上讨论，让学生在讨论中优化解决方案，培养思辨能力、挑战精神和沟通能力；四是要有具备教练能力的教师，维持学习秩序和指引方向；五是要有课后的自我评价，观察学生的知识、能力升华状况，反馈至课程的初始设计。

　　与传统的讲授式教学法相比，PBL教学法是颠覆性的。在这种教学方式下，课堂的主体是学生，由学生通过对思考问题的讨论，锻炼前述各项能力，教师只是课堂的组织者和学习的促进者。为了解决来自现实世界的特定问题，学生必须在课堂讨论之前主动收集和学习相关理论知识，运用自己的智慧分析特定问题并提出解决问题的方案，由此提高学生学习的主动性和自觉性，培养学生的知识运用能力和决策能力。正因如此，自美国哈佛商学院在1921年正式采用案例教学法后，这一方法在全球商学院迅速传播开来，我国的相关专业也在大力推行这一教学方法。

实施PBL教学的一个先决条件是要有好的教学案例。这里所说的教学案例不是传统教学中使用的简短的说明性案例，一个标准的教学案例应当包括案例正文和案例使用说明两个部分。案例正文是对某个企业所发生的需要解决的问题的客观情景描述，有时间、地点、人物、事件发生过程和所遇困惑的交代，结构通常包括背景、情景描述、思考问题和参考资料等，其编写目的是让学生能够识别案例所设置的问题，然后通过主动学习相关理论知识，提出解决这些问题的方案。案例使用说明是为教师组织和引导学生课堂讨论提供指导，通常包括教学目的、分析思路、理论指导、教学组织等内容。

案例教学的实施过程也是颠覆性的。在经典的案例教学课程中，教师应当指定课前阅读材料，包括案例正文、思考问题、相关教材和理论文献等。学生必须课前阅读所有材料，识别和认真分析案例中设置的特定问题，提出问题的解决方案。在进入正式课堂讨论前，学生还应当进行小组讨论，通过相互学习，完善自己的决策方案。在课堂讨论中，教师是学习的组织者和促进者，而不是简单的知识灌输者。教师应当努力将教室营造成为一个合作性的讨论场所，围绕特定问题，组织和动员每个学生有序地参与各个具体问题的讨论，通过讨论让学生去发现知识、运用知识，使课堂成为自主学习和锻炼合作决策的场所。

正是基于上述认识，本教学团队近些年来在积极尝试推行国际贸易和国际商务专业的PBL教学和案例编写工作，《海上货物索赔教学案例》已于2016年由东北财经大学出版社出版，其中3个教学案例被中国专业学位教学案例中心收录。现在呈现给大家的教学案例丛书目前暂定七部，为国际经济与贸易本科专业核心课程的PBL教学改革而编写，包括《经济学教学案例》《世界经济概论教学案例》《国际贸易教学案例》《国际贸易实务教学案例》《国际货物运输教学案例》《国际商法教学案例》《国际结算教学案例》。

各分册采用统一编写体例。总体架构采用盯住主教材架构的方法，章、节、目名称总体上与其服务的主教材的章、节、目保持一致。原则上，每一章编写综合性的引导案例，涵盖该章的主要知识点。主要节、目（若目下有若干个知识点，则每一知识点）编写随堂案例，每一章（包括主要的节）编写若干综合案例，供该章（节）的学习总结与能力培养效果检验之用。各类型案例有中文表达的，也有全英文表达的。

各类案例原则上采用哈佛商学院的案例编写框架与构成要素。

引导案例是在讲授新的章节之前引出主题，激发学生兴趣，启发学生思考的短篇案例。其正文应当是涵盖该章、节、目的知识点的，或综合性的或单一性的短篇案例，可以不编制案例使用说明。

随堂案例是针对本次课程的核心知识点，在课堂上发放、现场阅读、即时展开讨论的短篇案例，讨论时间一般为10~15分钟。该种案例短小精悍，主要预埋有特定问题的故事情节、讨论思考题等。为加强课程思政建设，还编有较为丰富的课程思政类教学案例。

综合案例通常是针对一次或几次课程的内容，需要学生课前或课后自行阅读、认真准备，课上以小组为单位作案例分析报告，并进行自由讨论的长篇案例。该种案例正文包括时间、地点、人物、预埋有特定问题的跌宕起伏的故事情节、讨论思考题、参考文献、附录等。

各分册主编和参编人员均具有长期专业或课程的教学经验，成果丰富，从而保证了本丛书的先进性、创新性和挑战度。各分册既包括编者自己开发的教学案例，也包括对国内外权威机构公开发布和其他学者编辑的案例改编形成的教学案例，在此谨向这些机构和学者表示衷心的感谢。为多门课程编写系统的教学案例乃首次尝试，不妥之处欢迎读者和使用者提出宝贵修改意见。

本教学案例丛书为"广州工商学院2021年度校级教材建设项目"成果。

李勤昌

前言

"世界经济概论"是国际经济与贸易专业的核心课程之一，课程目标在于让学生对当代世界的国际经济关系及支配国际经济关系发展变化的各种因素有一个比较全面、充分和客观的认识，能够通过课程的学习，了解世界经济全球化、世界经济发展不平衡、区域经济一体化等当今热点问题，理解国际经济关系发生、发展，特别是第二次世界大战后世界经济发展的新情况，掌握世界经济的形成、发展和变化规律，能够利用所学知识更好地为中国的经济发展服务。为提高为党育人、为国育才效果，全国上下都在推动一流课程建设，其核心内容之一就是改革课程教学方式。推行PBL教学方式是课程教学改革的重要内容，而PBL教学离不开好的教学案例。因此，为满足"世界经济概论"课程推行PBL教学方法需要，特编著《世界经济概论教学案例》教材。

本教材总体框架和《世界经济概论》编写组编写的马克思主义理论研究和建设工程重点教材《世界经济概论》的章节目框架保持一致，为该教材的主要知识点对应性地配备教学案例。每一章编配有引导案例，让学生体会本章主要学什么，为什么学。主要节、目编配了短小精悍的解释性案例，帮助同学们理解知识点、运用知识点。每章最后编配有综合案例，其编写方法基本采用哈佛商学院的教学案例编写范式，内容较长，故事情节曲折复杂，其间隐含了本章涉及的多个重要知识点，启发学生自主地运用所学知识和网络知识解决案例中遇到的问题，具有高阶性和挑战性，能够培养学生独立思考习惯和运用知识解决复杂问题的能力。为落实课程思政育人任务，每章单独编有适当的思政案例，其他案例中也含有思政元素，使用者可根据具体情况挖掘使用。

本教材由袁柳、苏杭、杜玲燕和姚欣钰编写。教材中部分参考了公开出版的文献和案例集、主流媒体相关事件报道中的资料，我们尽量提供资料来源，在此对相关权利人表示衷心感谢。尽管编写中付出了极大努力，但仍难免存在瑕疵，衷心期望读者和使用者提出宝贵修改意见。

本教材为"广州工商学院教材建设项目和国际经济与贸易省级一流专业建设项目"的成果。

《世界经济概论教学案例》编写组

2023 年 11 月 9 日

目　录

第十四章 新时代全面开放新格局的构建 / 215

第一章 世界经济的形成与发展

开篇案例

福特汽车公司内部的生产分工

【案例正文】

福特汽车公司的汽车底盘和车身在法国生产，发动机在英国生产，轮胎和汽车用玻璃在荷兰生产，车锁、方向盘、油箱及前轮在德国生产，输油管在挪威生产，传动皮带在丹麦生产，散热器和供暖系统在奥地利生产，车轴和挡风玻璃在日本生产，迈速表在瑞士生产，玻璃和气缸在意大利生产，空气滤清器、电池和后视镜在西班牙生产，汽车音响系统在加拿大生产，美国自己只生产后轮和雨刷，最后在英国组装。这种高度的企业内分工和国际分工紧密结合起来，使国际分工成为企业内分工的附属，企业生产本身实现国际化。[①]

跨国公司的全球经营打破了生产体系的国家界限，把各个部分重构在一个全球生产体系之中。在跨国公司迅猛发展的今天，产品的民族品牌正在被公司品牌所取代，纯粹的"国货"已所剩无几，产品凝聚着众多产地的技术成分，以至于人们无法辨认每个国家的具体贡献，也无法区分商品劳动者的国籍。正如美国杜邦公司董事长埃德加·伍拉德所说："现在最终产品是哪个国家生产的，这一问题已无实际意义，真正有竞争能力的产品无一不是世界性的产品。"由跨国公司重构和整合的全球生产体系的形成和运行，既表明了各国再生产领域互动性的加强和依存性的加深，促进了各国产业结构的调整和连锁升级，有助于在全球范围内实现最佳的分工组合和资源的最优配置，也是经济全球化的重要表现。例如IBM公司，截至2005年5月，在全世界170个国家和地区设有子公司，雇员总数达31万多人。美国总部的规模在逐步缩减，它只是作为结算中心接受来自国内外公司的利润报告。每一个国外子公司都有自己的公司文化和在当地的处世原则。IBM的日本客户可以把IBM设在东京的公司看成日本当地的公司，而德国的客户则把法兰克福的IBM公司看成德国公司。从布宜诺斯艾利斯到孟买，IBM已经把决策权下放到了当地的公司。这已经成了全球的惯例，几乎全世界所有的跨国公司都在采用这种方式。

[①] 陶季侃、姜春明主编《世界经济概论》(第四版)，天津人民出版社，2003年7月第1版，第61-62页。

【涉及的问题】

国际分工和世界市场是世界经济产生与发展的前提条件，跨国公司作为国际分工与世界市场形成过程中的产物，它具备怎样的特点？如何影响世界经济的发展？

事实上，以上问题通过本课程的学习都可以解决，上述案例揭示了国际分工的重要性。

思政案例

美国禁止进口新疆棉花，华春莹两个"难道"驳斥

针对美方以所谓"强迫劳动"为由禁止进口新疆棉花，中国外交部发言人华春莹在例行记者会上回应称，美方通过施压、制裁等手段限制打压新疆企业，扰乱新疆稳定发展繁荣。"这难道不是要剥夺新疆各族人民通过合法劳动追求美好生活的权利吗？""这难道不是要在新疆制造'强制失业'、'强制贫困'吗？"

有记者提问，美国以强迫维吾尔族劳动为理由，禁止进口新疆棉花和棉制品。中方对此有何评论，会否做出反击？华春莹表示，中方此前已就有关问题表明严正立场。美方一些政客炮制所谓"强迫劳动"假消息，目的是限制打压中国有关方面和企业、遏制中国发展。美方做法违反国际贸易规则，违反市场经济原则，破坏全球产业链、供应链，损害包括美国在内的各国企业和消费者利益，是典型的损人不利己行为。

华春莹说，必须指出的是，帮助各族群众实现稳定就业与"强迫劳动"完全是两个概念。国际劳工组织《强迫劳动公约》将"强迫劳动"定义为："以任何惩罚相威胁，强迫任何人从事的非本人自愿的一切劳动或服务"。新疆各族劳动者根据自己的意愿选择职业，本着平等自愿原则与企业依法签订《劳动合同》，不会因民族、性别、宗教信仰不同而受到任何歧视。新疆各级政府充分尊重少数民族群众就业意愿，并为自愿报名的劳动者提高就业所需技能提供培训。

她说，《新疆少数民族劳动就业调查报告》显示，被调查的4个村村民自愿外出就业意愿平均值高达86.5%，表明少数民族群众自愿外出就业意愿十分强烈。截至2019年年底，全疆累计脱贫292.32万人，贫困发生率由2014年的19.4%降至1.24%。新疆各族人民群众劳动脱贫致富后的笑脸是对有关涉疆谎言谣言的最有力回应。

"美方个别政客一方面声称关心和保护新疆少数民族权利，另一方面却通过施压、制裁等手段限制打压新疆的企业，扰乱新疆稳定发展繁荣，这难道不是要剥夺

新疆各族人民通过合法劳动追求美好生活的权利吗？难道不是要在新疆制造'强制失业'、'强制贫困'吗？"华春莹说。

她表示，美方一些政客对中国新疆事务表现出异乎寻常的"关心"，却对国内存在的少数族裔权利不平等、贫困率居高不下、司法执法部门系统性种族歧视与暴力执法等现象视而不见。"在保护少数族裔权利方面，美方怎么不讲'美国优先'了？我们敦促美方个别政客尊重基本事实，停止借涉疆问题干涉中国内政。中方将继续采取必要举措，维护中国有关方面和企业合法权益。"华春莹说。

澳大利亚臆造"中国威胁论"　外交部：为自己扩张武备找借口

针对有报道称澳美将共同研制高超音速导弹以对抗中俄构成的威胁，中国外交部发言人华春莹在例行记者会上表示，澳大利亚紧紧追随美国步伐，臆造所谓的"中国威胁论""俄罗斯威胁论"，为自己扩张武备找借口，给地区乃至世界安全增添不稳定因素，中方对此表示关切。

有记者提问，据媒体报道，澳大利亚国防部长雷诺兹于周二表示，澳大利亚将与美国共同研制高超音速导弹，对抗正在研发类似武器的中国与俄罗斯所构成的威胁。中方对此有何评论？

华春莹表示，中方注意到有关报道。近年来，美国带头发展高超音速武器，直接导致此类武器军备竞赛势头加剧，严重影响全球战略稳定。澳大利亚紧紧追随美国步伐，臆造所谓的"中国威胁论""俄罗斯威胁论"，为自己扩张武备找借口，给地区乃至世界安全增添不稳定因素，中方对此表示关切。

她说，中国一贯奉行防御性国防政策，有关军力发展不针对任何具体国家。我们没有像美国一样的全球作战战略和计划，也无意针对澳大利亚，更没有与别国开展军备竞赛的兴趣。

"中方敦促澳方客观评估自身安全利益需求，多做有利于增进地区国家间互信、促进本地区安全稳定的事，而不是相反。"华春莹说。

美方攻击中国军民融合政策　外交部：只许州官放火，不许百姓点灯

针对美方攻击中国军民融合政策相关表态，华春莹在例行记者会上表示，美方对中方的无理指责纯属"只许州官放火，不许百姓点灯"，是典型的双重标准，其真实目的是为推动对华高新技术封锁制造借口。

有记者提问，美国务院发推特攻击中国军民融合政策。同日，美副国务卿克拉奇也就此发推特称，他已致函美国各大学董事会，指出所谓中共在学术自由、大学捐赠基金、研究和知识产权等方面构成严重威胁，并称中国的军民融合政策是其致函原因之一。中方对此有何回应？

华春莹表示，中方已多次就该问题表明立场。美方出于政治目的，固守狭隘的冷战思维，刻意突出意识形态因素，频频公开曲解、抹黑中国的军民融合发展政策，恶意攻讦中国共产党，想方设法遏制中国的发展。为此，美方不惜对中、美企业和学术机构人员进行道德绑架、政治施压，甚至威胁制裁。中方对此表示强烈不满和坚决反对。

华春莹说，促进军民融合发展是包括美国在内的国际社会的通行做法。美国的军民融合历史可追溯至一战前，近年更是加快步伐，全方位、多领域实施军民融合。大家可能都知道，洛克希德·马丁等一些美国跨国公司本身就是"军民融合体"，其经营范围、产品类型跨越军民领域。

她指出，美方对中方的无理指责纯属"只许州官放火，不许百姓点灯"，是典型的双重标准，其真实目的是为推动对华高新技术封锁制造借口。这一做法违背国际合作精神和当今时代潮流，最终损害的是中美两国乃至世界各国的共同利益。中方敦促美方纠正错误言行，停止对中方的蓄意挑衅和恶毒攻击。

资料来源：美国禁止进口新疆棉花，华春莹两个"难道"驳斥［EB/OL］.［2020-12-03］. https：//baijiahao.baidu.com/s？id=1685048569034011316&wfr=spider&for=pc. 编者有改编。

1.1　世界经济形成与发展的基础

1.1.1　国际分工

---案例---

发展中国家如何摆脱"两难选择"？

【案例正文】◼━━━━━━━━

在新一轮全球并购高潮中，发达国家实际上是在强化其在原有贸易格局中的既得利益，而发展中国家则被更加牢固地锁定在国际分工链条的末端，进而掉入"国际分工陷阱"。

在美国市场，中国出口玩具"芭比娃娃"的零售价为9.99美元，它在美国海关的进口价仅为2美元，两者相差的8美元作为"智力附加值"被美方拿走。在剩下的2美元中，1美元是运输和管理费，65美分支付原材料进口的成本，中方只得到区区35美分的加工费。由此可见，包括中国在内的发展中国家在国际分工链条中处于明显的劣势和末端，而发达国家则成为最大的赢家。这样的例子在发展中国家与发达国家的贸易中并不鲜见。

国际分工的收益在发达国家和发展中国家之间的分配是严重不对称的。发达国家拥有先进的技术、充足的资金和高素质的技术管理人员；而发展中国家只有大量闲置的低素质、低技能的劳动力。发展中国家能够从事的生产经营活动，发达国家都能够从事。发达国家的跨国公司在全球范围内投资是为了扩大市场以获得更多的利润，但这不意味着发达国家不能够在国内生产。发达国家完全可以不与某个发展中国家交易，但发展中国家要实现本国经济发展却不能不与发达国家交往。

对于发展中国家来说，其与发达国家虽然都可能从全球化的产业链条中获得收益，但是获得的收益数量却是大不相同。国际分工收益的绝大部分由发达国家获得，发展中国家只能获得其中的一小部分。为了这一小部分收益，发展中国家还会进行激烈的争夺。他们竞相开出各种优惠条件，如税收优惠，允诺最大限度地开放国内市场，承诺遵守发达国家制定的严厉的经济规则，甚至做出政治上的让步。然而，发达国家的资金不可能流向每一个发展中国家，而是流向那些能够给他们带来最大收益且风险最小的国家。结果是有的国家开放了市场，却没有资金和技术流入。也就是说，虽然发展中国家尽力参与到全球化进程中，但并不能够在全球分工链条中获得一席之地。

随着信息和通信技术的迅猛进步，不同国家或经济体之间，在获得接入信息和通信技术的机会与利用因特网进行各种业务活动方面，出现了明显的"数字鸿沟"。这类现象一旦被固定化和普遍化，那么，发展中国家的产业结构就有可能永远地被锁定在国际分工链条的末端，进而掉入"国际分工陷阱"。

在这种情况下，发展中国家面临两难抉择。一方面，加入全球资本主义体系中，被迫或自愿地接受发达国家制定的于己不利的规则，必将不可避免地付出惨痛的代价。另一方面，如果拒绝接受现行的国际经济规则似乎没有其他出路。即使闭门造车成为可能，其结果往往也是事倍功半。因为各国的比较优势必须在国际分工中才能得以实现。

【讨论问题】 ■━━━━━━━━━━━━━━━━━━━━━━━━━━━━━━━━━━

国际分工在世界经济形成与发展中的作用是什么？

【参考答案】 ■━━━━━━━━━━━━━━━━━━━━━━━━━━━━━━━━━━

国际分工促进了生产和交换的日益国际化，打破了各个国家和地区闭关自守和自给自足的自然经济状态，把整个世界引向工业文明。同时，国际分工促进了生产的社会化和国际专业化，必然导致世界范围内劳动的节约和劳动生产率的提高，使全世界的各种资源得以有效地利用，有利于发挥分工参与国家的比较优势，形成规模经济，并把这种优势转化为世界范围社会生产力的提高和经济的增长，从而成为加速各国经济和世界经济发展的重要因素。

同时必须看到，截至第二次世界大战结束，国际分工的形成和发展始终是在资本主义的主导下进行的，它体现了资本主义国家对殖民地半殖民地国家所进行的剥削和掠夺。资本主义占主导和支配地位的国际分工体系也有其不利于世界经济的整体发展，甚至阻碍和破坏世界经济发展的一面。

1.1.2　世界市场

【案例正文】

19世纪末20世纪初，通过国际贸易的发展、人口和资本的流通，以及武力威逼等方式建立起来的世界市场最终形成。

工业革命后，由于生产力和人们生活水平的提高，国际贸易得到巨大发展，而交通运输的改进和通信技术的发明则进一步刺激了国际贸易的增长，这一时期的贸易增长主要发生在欧洲内部。19世纪中期，率先完成工业革命的英国实行自由贸易政策，自由贸易政策促进了国际贸易的加速发展。除了欧洲内部的贸易增长外，欧洲和海外殖民地及其他地区之间的贸易也有一定的发展，这种贸易联系的加强有利于世界市场的形成。

工业革命后，除了商品的国际流通外，人口和资本在这一时期也大规模流动，19世纪约有6 000万人离开欧洲到海外定居，这些国际移民给移入国提供了必要的劳动力和先进的制造技术，这种经济和文化的联系，有利于世界市场的形成。

资本输出，即对外投资，在19世纪末20世纪初达到空前规模，它加强了欧美投资国与资金接受国之间的经济联系，加速了世界市场的形成。欧美工业国在向海外扩张的过程中，除了通过经济手段进行商业活动外，还经常动用武力逼迫一些落后国家满足它们通商、投资的要求，甚至直接实行殖民统治。19世纪末20世纪初，除了日本，亚洲国家大多成为欧美列强的殖民地或半殖民地，非洲大陆基本上被瓜分完毕，赢得政治独立的拉丁美洲各国在经济上又重新受制于列强。资本主义国家利用坚船利炮，把资本主义经济关系网撒向全球各个角落。至此以欧美工业国为主导的统一的世界市场最终形成了。

新航路开辟后，人类由此前各民族分散孤立地发展开始走向世界一体化，逐渐形成以欧洲为中心的世界经济体系。世界市场的形成则是工业革命以后的事情，要讲清世界市场的形成，一是要从时间上说明从工业革命加快了世界市场的形成，到19世纪末20世纪初，世界市场最终形成；二是要讲清促进世界市场形成的方式。

【讨论问题】

世界市场形成与发展依赖于哪些条件？

【参考答案】

（1）工业革命的发展；

（2）资本主义生产方式的确立；

（3）交通运输和通信业的发展；

（4）世界货币的出现。

1.2　世界经济形成与发展的历史进程

1.2.1　英国工业革命与世界经济的初步形成

案例

英国工业革命与世界经济的起飞：这一切是怎么开始的

【案例正文】▌

19世纪初，世界经济摆脱了"马尔萨斯停滞"，进入现代经济增长阶段。库兹涅茨归纳了现代经济增长的6个特征：（1）人均产出和人口高增长；（2）生产率——即每单位投入的产出的增长率较高；（3）经济结构转型速度快（如从农业向工业和服务业的转型）；（4）社会、政治和意识形态变革速度快；（5）经济全球化快速推进；（6）全球经济增长不平衡。可以看出，大约从1820年开始，全球经济增长显著提速。现代经济增长的发源地是英国，因为它是第一次工业革命的发源地和创新的领先者。19世纪初之所以能成为传统与现代的"分水岭"，是因为工业革命"把科学和技术系统地、经常地、逐步地应用于商品生产和服务业方面"。这就是罗斯托所说的"经济起飞的条件"。

然而，经济的起飞并不是一蹴而就的，因为创新具有"奈特不确定性"，本质上是不可预测的。创新的成功是小概率事件，是离散的，创新的集聚更是充满了偶然性。英国工业革命以来两百多年的经验显示，创新驱动的经济长周期（"康德拉季耶夫周期"，简称"康波"）的时间跨度为40~60年。现代社会共经历了4个（或5个）康波（Devezas et al.，2017）。理论界一般将第一个康波的时间起点设定在18世纪90年代，略滞后于第一次工业革命的起点（18世纪70、80年代），因为创新带来的产业化非朝夕之功。

产业是创新的载体。每个康波都有一个或多个重大创新及代表性产业，比如：第一个康波中的蒸汽机、纺纱机和纺织业；第二个康波中的冶铁和铁路工业；第三个康波中的钢铁、石油、电力、内燃机和汽车工业；第四个康波中的电视、石油化工、飞机、电脑产业；第五个康波中的互联网和信息通信技术（ICT）产业。始于19世纪末20世纪初的第三个康波又被称为"第二次工业革命"，始于第二次世界大战后的第四个康波对应的是"第三次工业革命"。就全球和不同国家而言，每个康波驱动的经济增长的幅度有一定差异。20世纪的全球经济增速显著高于19世纪。全球（和主要西方国家）经济增长的峰值出现在第四个康波。

不同国家并不是在同一时刻起飞的。由于在蒸汽机、纺纱机、制铁等重要技术上处于领先地位，英国率先起飞。第一次工业革命之后的一个多世纪，其GDP总量和人均GDP水平都显著高于其他国家。由于地缘关系，从18世纪80年代开始，欧洲大陆国家效仿英国开办棉纺织业，经济增长进入快车道。此时的美国刚独立不久，与宗主国的僵化的关系使其前途一片渺茫。以汉密尔顿为代表的开国者深刻认识到国家的独立和安全与制造业的发展有直接的关系，故制定了保护主义政策，为国内处于幼稚期的制造业创造了空间。

南北战争之后，美国通过购买土地的方式向西部扩展了市场的边界，美国经济快速追赶英国。工业增加值和GDP总量在19世纪末相继超过英国，人均工业增加值和人均GDP均在第一次世界大战前首次超越英国，并在两次世界大战之间完全超越英国。从1870年到1910年，美国制造业在全球的占比从23%上升到35%，英国的占比则从32%下降到14%。麦迪逊估算的数据显示，到1910年，美国的人均收入高出英国28%。大萧条期间，美国经济遭受重创。第二次世界大战开始后，由于远离战场，加之参战国的强劲需求，美国经济强势复苏，创新能力空前高涨。

第二次世界大战结束后，西方世界迎来经济增长的"黄金时代"，西方主要国家的人均GDP加速上升，而美国人均GDP始终位列首位。20世纪80年代以前，德国、法国和日本向美国收敛的趋势较为明显，尤以德国和日本最为显著。英国迟至90年代初才开始小幅向美国收敛。法国和德国均在1982年达到收敛的高位，相对于美国的人均GDP分别为85%和97%。日本的收敛进程延续到1991年，峰值为84%，其后进入下降通道。中国和印度的人均GDP分别于20世纪80年代和21世纪初开始向美国收敛，至今仍有较大差距。向最佳实践前沿的收敛并不是自然而然出现的，收敛的速度取决于多重因素，需要适应性的制度变革和人力资本投资（Vandenbussche et al., 2006）。

世界经济为什么在19世纪初起飞？康波是如何形成的？如何解释不同国家经济起飞的时间差？如何解释国家之间的追赶和赶超，以及如何保持世界领先地位？这些长期问题的共同答案都是创新。但如果仅仅停留在"创新"二字上，即使算得上是"关心既往的进步"，也无法获得"未来进步的信念"。如果创新是现代经济的起源，创新的起源又是什么？韦伯的答案是"新教伦理与资本主义精神"；罗尔斯的答案可能是"自尊"；亚当·斯密会说是人的"自利观"；熊彼特认为是"科学家与航海家"和"企业家精神"；简·雅各布斯会说是"城市的多样性"红利；答案可能还包括：自然资源、个人主义观念、代议制民主、现代企业制度、专利制度、金融资本……

菲尔普斯在《大繁荣》一书中总结道："（人类在经济上的）杰出成就来自新力量的崛起——经济活力。焕发这种经济活力的因素是新的经济文化，其必要的滋养物包括代议制民主以及多次文化革命，如起源于文艺复兴时期的人文主义、巴洛克时代的活力主义和启蒙时代的现代主义。代议制民主确保了财产权利，促进了自立精神和社会参与。利他主义、活力主义和现代主义则促使什么走向世界，通过创新活动寻找生活的意义。由此建立起来的文化和经济制度催生了人们从事创新的愿望和能力。最后一个必要（而非充分）条件是有足够数量的人口"。

创新是一个复杂的系统。鲁滨逊的世界里不会有创新，一个全是牛顿或瓦特的英国不太可能出现工业革命。工业革命既需要牛顿和瓦特，也需要休谟和斯密，还需要玛丽雪莱和艾米丽勃朗特。雪莱1818年出版的《弗兰肯斯坦》被称为"现代的普罗米修斯"，其英雄形象代表的是自由意志、创造力和破坏力。勃朗特1847年出版的小说《呼啸山庄》描述了乡村与城市的冲突，激起了人们奔向城市成就事业的欲望。即使英国是现代经济的起源地，但如果没有中世纪以来欧洲大陆国家的文学与科学知识的积累和创新的助推，其起飞的时点也很可能会延迟。

创新是"无尽的前沿"（endless frontier）。对现代经济增长的研究，一个长期的主题就是对创新的研究，因为它是经济可持续增长的唯一源泉。

资料来源：邵宇，陈达飞.英国工业革命与世界经济的起飞：这一切是怎么开始的［EB/OL］．［2021-10-29］．https：//baijiahao.baidu.com/s？id=1714965155810180423&wfr=spider&for=pc.编者有改编。

【讨论问题】 ■
英国工业革命在促进世界经济初步形成中的作用主要体现在哪几个方面？

【参考答案】 ■
（1）推动了国际分工体系的建立。
（2）促进了世界市场的形成：一是机器大工业成为资本主义在世界范围内进行扩张的锐利武器；二是机器大工业使世界市场的范围不断扩大；三是机器大工业使世界市场的内容不断丰富。

1.2.2　第二次产业革命与世界经济的最终形成

案例
近代世界史的重要事件——第二次工业革命

【案例正文】 ■

第二次工业革命是在19世纪中期，西方国家的资产阶级革命促进了经济的发展。在19世纪70年代，第二次工业革命开始了，这意味着我们进入了"电气时代"。第二次工业革命十分有力地推动了社会生产力的发展，对人类的经济、科技和生产力都产生了很大的影响，资本主义生产更加社会化，垄断组织也由此而生。第二次工业革命让资本主义国家的经济、文化等各个方面发展更加不均衡，经济逐渐两极化，帝国主义市场经济的竞争更加激烈。第二次工业革命促进了世界殖民体系的形成，让世界逐渐成为一个群体。

革命背景

19世纪以来，随着资本主义经济的发展，科学也取得了重大的进展。在1870年以后出现了各种各样的新技术和发明，并且广泛地应用在各个工业领域，促进了经济的发展。第二次工业革命的标志是电机的发明和电力的广泛应用，让人类进入了电气时代。

革命经过

第二次工业革命的成就以电气最为出名。19世纪60年代开始，出现了许多重要的发明。1866年，西门子造出了发电机，70年代已经有可以民用的发电机了。当电器逐渐取代了以蒸汽为动力的机器，电气成为了取代蒸汽的新能源时，电灯、电车、电影放映机都相继问世，"电气时代"就到来了。

用于工业生产的另一项重要发明就是内燃机。在19世纪80年代前后，以煤气和汽油为燃料的内燃机诞生了。内燃机的发明解决了发动机问题，德国人卡尔·弗里特立奇·本茨等人更是成功地制造了以内燃机为驱动的汽车，由此，更多交通工具，例如轮船、飞机等都有了更快的发展。内燃机的发明也推动了石油业的发展。1870年，全世界生产了80万吨左右的石油，而1900年生产了2 000万吨左右，由此可以看到内燃机的作用。

科技的进步也推动了通信事业的发展。19世纪70年代，美国人发明了电话，19世纪90年代，无线电报取得了更大的成功，为传递信息带来了更方便的作用，世界各国的经济、政治、文化联系更加紧密，合作更加密切。

主要特点

与第一次工业革命相比，第二次工业革命有以下特点：

首先，第一次工业革命时，很多技术都是来源于工匠的实际经验，科学和技术还没有完全结合；第二次工业革命时，科学的发展与工业生产开始紧密结合，科学在推动生产力方面发挥了巨大的作用，科学和技术的结合让第二次工业革命取得了更大的成果。

其次，第一次工业革命首先在英国发起，很多新的机器和生产方法也是英国发明的，其他国家的工业革命发展进程相对更慢些；第二次工业革命几乎同时发生在几个先进的资本主义国家，新技术和新发明一起诞生，扩大了规模，各国共同发展进步更快。

最后，第二次工业革命开始时，一些资本主义国家还没有完成第一次的工业革命。例如日本的两次工业革命是交叉进行的，这样既可以进一步完成第一次工业革命，又可以利用第二次革命的新技术，所以这些国家的经济发展速度非常快。

革命的结果

在第二次工业革命的推动下，资本主义的经济发展更快，加强了资本主义社会化，采用新技术的企业不仅不会"惩强扶弱"，还会直接挤掉技术落后的企业。在竞争中壮大的企业之间，就产量、产品价格和市场达成协议，形成了垄断组织。大量的社会财富集中到了资本家手里。到19世纪末，资本主义国家基本都出现了垄断型的组织。

资料来源：跟风走. 近代世界史的重要事件——第二次工业革命［EB/OL］.［2020-11-17］. https://www.xianjichina.com/news/details_230854.html.编者有改编。

【讨论问题】
第二次工业革命在促进世界经济形成中的作用主要表现在以下哪几个方面？

【参考答案】
（1）促进了重化工及交通运输和通信业快速发展；
（2）促使资本本义从自由竞争进入垄断阶段；
（3）推动了国际分工的深化和世界市场的完善；
（4）加剧了各资本主义国家对外经济扩张的竞争。

1.3　二战以前的世界经济

1.3.1　一战对世界经济的影响

案例

第一次世界大战对世界经济的影响

【案例正文】
第一次世界大战是在此之前人类历史上规模最大的一次战争。战火蔓延欧洲、亚洲、非洲，参战国有33个，受战争波及的人口约15亿，占当时世界人口总数的75%，各国应征入伍的人员约有7 300多万人。战争对世界经济产生了巨大而深刻的影响。

首先，战争极其严重地破坏了世界生产力。

它大规模地摧毁了社会生产劳动力。战争期间死伤人数高达3 000多万，其中以青、壮年劳动者为主。此外，还有大约1 000万人死于战争所引起的饥饿和其他灾害、疫病等。战争所造成的经济损失，要远远超过各国付出的直接战争经费。战争毁坏了大量基础设施、建筑物、各种设备，包括工厂、城市、村庄、农田、铁道、桥梁、房屋等。战争期间，工农业生产大幅度下降。欧洲大陆国家的生产力下降了大约50%，到1920年，欧洲的工业产值只及1913年工业产值的2/3。

法国在战争期间一直是欧洲的主要战场，而且开战不久，东北部10个省份就被德国占领，国民经济遭到极为严重的破坏，工业产值严重下降，直到大战结束后的 1919 年才达到战前工业产值的 57%。1913—1918 年，煤产量减少了 35.5%，生铁产量减少了 75%，钢产量减少了 62%，棉花消费量减少了 50%。法国农业生产也严重萎缩，小麦播种面积缩减，产量下降了 58%；牲畜减少了 93%。英国在战争中损失了 70% 的船只，工业产值大幅度下降，1918 年的工业产值只及 1913 年的82.5%。德国 1918 年的工业产值只及 1913 年的 57%。俄国由于西部领土被德国占领，工业产值在 1913—1917 年间损失了 20% 左右，生铁产量减少了 36%，煤产量减少 21%，石油产量减少 26%，农业机器产量减少 90%。战争期间，俄国粮食产量下降了 25%，牲畜减少了 30%。

其次，战争进一步加剧了资本主义国家经济发展的不平衡性。

主要参战国英国和法国的经济实力大为削弱。它们在战时消耗了大量财富，并直接受到战争的严重破坏，工农业生产衰落。在世界市场上，它们又遭到美国和日本的排挤，外贸逆差扩大。1914—1918 年，英国的对外贸易逆差累计额达 21.34 亿英镑，英国政府的财政赤字累计达 68.6 亿英镑。战时，英国不得不变卖了 10 亿英镑的国外投资，还欠下美国 9 亿英镑的债务。同时期，法国对外贸易逆差额共计622 亿法郎，政府财政赤字累计 1 445 亿法郎，这就使一向以高利贷者著称的法国不得不再向外国（主要是美国）借债。到战争结束时，法国不仅损失了 50% 的国外投资，还欠美国 40 亿美元，成了美国的债务国。战败国德国，不仅在战时耗尽了财力，丧失了全部国外投资，而且在战后还要割地赔款，并失去了全部殖民地，力量更加削弱。

然而，美国和日本却出现了"战争繁荣"。美国因战时欧洲交战国对军需物资的大量需求，以及它们在世界市场上竞争力量的削弱，趁机扩大工农业生产和商品输出。战时农业生产，特别是小麦空前发展，小麦产量在 1915 年达到 10.09 亿蒲式耳，创造了美国历史最高纪录。农业收入从 1914 年的 77.93 亿美元，增至 1915 年的81.47 亿美元，1919 年又增至 179.18 亿美元。1914—1919 年，工业生产指数增长了31%，国内生产总值增加了 118%，出口贸易增长了 344%，对外贸易顺差额累计157.53 亿美元。这种所谓的"战争繁荣"极大地加强了美国的国际地位，使美国从一个债务国变为债权国。据估计，美国对外投资总额由 1914 年的 35 亿美元增至1919 年的 70 亿美元。而同期，外国在美国的投资却由 72 亿美元下降为 40 亿美元。1919 年，协约国欠美国债款约为 100 亿美元。全世界欠美国债务的国家多达 20 个。美国拥有世界黄金储备的 40%。美元地位上升，而英镑地位开始下降。

与此同时，美国加强了对外经济扩张和殖民掠夺。美国对拉丁美洲的贸易总额，1913 年为 7.43 亿美元，大战结束时已达到 30 多亿美元。美国在拉丁美洲 20 国的对外贸易总额中所占的比重已高达 50% 以上。战争期间，美国资本进一步掠夺拉美各国的土地，到战争结束时，古巴全国 50% 的土地已转入美国垄断资本手中，变为美国的甘蔗种植园。此外，美国资本在墨西哥、玻利维亚、哥伦比亚、委内瑞拉等国也拥有数百万至数千万公顷的土地。美国在战时还加紧向远东扩张，加强了对中国的经济侵略和渗透。战争期间，美国对中国的出口增加了2倍多，并通过对华贷款取得了在中国修筑铁路和发行运河债券的特权。

日本在大战期间，趁欧洲国家忙于战争，无暇东顾之机，大肆掠夺殖民地和对外经济扩张。它通过一系列军事殖民侵略，夺取了德国在中国的权利，占领了中国的山东省；抢占了德国在太平洋上的殖民地，加罗林群岛和马绍尔群岛等地；侵占了库页岛及滨海地区。继而扩大对这些地区的经济掠夺。与此同时，日本打入了包含英国、荷兰、法国殖民地市场在内的广大东方市场。加上战时俄国和英国向日本大量军事订货，日本对外贸易由长期入超变为出超。1913年时，日本的外贸逆差为4 800万日元，到1918年外贸顺差已达到1.47亿日元。在1914—1919年期间，日本外贸连年顺差，累计顺差总额在30亿日元以上。同时期内，工业生产迅速发展，工厂数从大约32 000个增加到44 000个；工厂工人数从大约120万增加到近200万。工业总产值增长了近4倍。由于工业的急剧增长，日本的经济结构发生了变化。1914年，工业产值在工农业总产值中所占的比重还不到一半（49%），到1919年已占近62%，第一次超过农业。日本由农业国变为资本主义工业国。尽管它的工业水平仍远远不及欧美资本主义列强，但是比战前已大大提高。

战争引起的这种新的不平衡，孕育着帝国主义国家间更加深刻的矛盾和冲突。

再次，战争引起革命，世界资本主义经济体系被冲破。

大战期间，帝国主义列强更加紧了对殖民地半殖民地的掠夺。英国每年从殖民地掠夺的商品达1.2亿英镑，超过战前10倍。法国从殖民地（不包括北非）掠夺了2 500万吨原料和粮食。此外，还通过增加各种苛捐杂税，向殖民地人民转嫁战争重担。法国向殖民地强迫性借款达11.13亿法郎，英国强迫印度以"赠礼"的形式送给自己1亿英镑。更为严重的是帝国主义国家从殖民地强行征调大批劳动人民去当炮灰。法国从殖民地征集了140万人，英国征集了450万人。此外，帝国主义列强还征调了数百万的民工作苦力。由于帝国主义的残酷剥削和压迫，殖民地半殖民地国家的农业、手工业更加凋敝，人民生活极端痛苦。这大大加深了殖民地半殖民地国家同帝国主义国家之间的矛盾。

同时，由于帝国主义国家忙于战争，不得不暂时减少对殖民地和半殖民地国家的工业品输出，因此，殖民地和半殖民地国家的民族工业得到了发展。亚洲、非洲、拉丁美洲国家的民族工业在战时都有了不同程度的发展。例如亚洲的印度，同战前相比，它在1917年投入纺织工业的民族资本增加了379%，纺织机增加了792%，纱锭增加了411%；非洲的埃及，在战时，纺织、制糖、酒精、制革等工业都有了较大的增长；拉丁美洲的智利，战时采矿业获得了迅速发展，特别是制造炸药的硝石，出口价值创造了历史最高纪录。民族工业的发展，使民族资产阶级和工人阶级的力量进一步成长。此外，帝国主义战争也唤醒了殖民地半殖民地国家的人民，他们的民族觉悟进一步提高。这些都推动了战后亚、非、拉美地区民族解放运动的发展，从而动摇了帝国主义殖民体系。

战争加深了帝国主义国家内部的阶级矛盾和革命危机。战争使各国人民灾难深重，同时又唤起人民的觉醒。在大战期间爆发了一系列革命，特别是1917年的俄国十月社会主义革命。

沙皇俄国在帝国主义列强中经济原来就落后，在战争的冲击下，经济更是陷入极度混乱。1 400万劳动人民（约占男子总数的40%）被征兵，大片土地荒芜。1917年谷物播种面积比1914年减少了1 000万俄亩，粮食产量大幅度下降。经过三年战争，粮食消耗殆尽，粮价飞涨，粮食危机日益严重。战争期间，企业倒闭了1/4，纺织工业减产50%~60%，煤、铁、钢等主要产品的产量大幅度下降。1914—1917年，外贸逆差达45亿卢布。军事开支猛增，财政赤字不断扩大，1914—1916年累计财政赤字达258亿卢布。为了弥补财政赤字，沙皇政府滥发纸币，大量举借外债。其结果是，市场上的货币流通量比战前增加了13倍，外债到1917年底增至150亿卢布，仅支付外债利息每年就达12亿卢布。战争给俄国人民造成极大痛苦，生活费用激增，工人实际工资下降，许多人死于饥饿和疾病。广大劳动人民处于水深火热之中，而垄断资产阶级却大发战争财。俄国国内阶级矛盾和民族矛盾都十分尖锐。战争期间，工人、农民、士兵的反抗斗争日趋激烈，革命形势高涨，终于在1917年爆发了伟大的十月社会主义革命。

1917年的俄国十月社会主义革命的胜利，冲破了世界资本主义经济体系，建立起人类历史上第一个社会主义经济制度的国家，开辟了社会主义和资本主义两种经济制度并存和相互斗争的新时代。

资料来源：阐释历史观. 第一次世界大战对世界的影响及美国的获利［EB/OL］.［2023-03-22］. https：//baijiahao.baidu.com/s？id=17610355113781580528&wfr=spider&for=pc.编者有改编。

【讨论问题】▮━━━━━━━━━━━━━━━━━━━━━━━━━━━━━━━━

第一次世界大战对世界经济的影响主要表现在哪几个方面？

【参考答案】▮━━━━━━━━━━━━━━━━━━━━━━━━━━━━━━━━

（1）生产力遭到极大破坏，世界工业生产全面下跌。

（2）国际贸易严重萎缩，国际金本位制瓦解。

（3）主要资本主义国家在经济实力上发生了显著变化。

1.3.2　苏联社会主义制度的建立及其对世界经济的影响

------------------------------ 案例 ------------------------------
苏联社会主义制度的建立和苏联模式的兴衰

【案例正文】▮━━━━━━━━━━━━━━━━━━━━━━━━━━━━━━━━

人类历史上首次大规模的社会主义建设，是从苏联开始的。列宁去世后，斯大林领导苏联人民继承了列宁开创的事业，进行了建设和巩固世界上第一个社会主义国家的创造性探索，取得了辉煌成就，也留下了深刻的教训。

一、苏联社会主义制度的建立

世界上第一个社会主义国家不是诞生在发达的西欧，而是出现在相对落后的俄国。根据马克思的设想，未来的社会主义—共产主义社会最终要消灭私有制，没有商品货币，实行按需分配，劳动成为快乐的事情，人人得到全面发展。在其初期的社会主义阶段，实行公有制、计划经济和按劳分配。但该设想是建立在生产力高度发达的基础之上的，在落后的俄国如何建设社会主义？布尔什维克党没有任何经验可以借鉴。在 20 世纪 20 年代末和 30 年代，布尔什维克党进行了一系列理论探索，实行过两种社会主义模式：一是 1918—1921 年间的军事共产主义，一是 1921—1928 年间的新经济政策。

军事共产主义也称战时共产主义，主要施行于内战期间。十月革命后英法等国对新生的苏维埃政权进行武装干涉，国内被推翻的敌人也不断反抗，国家陷入战争状态。为应对危局，布尔什维克党推行军事共产主义，主要包括实行国家统制经济，由国家控制生产分配；实行余粮收集制和食物配给制，人民生活由国家统一安排定量供给；成立劳动军，实行普遍义务劳动制，全国成为大兵营。军事共产主义的实施为打赢战争提供了保障，但也使经济恶化、食品匮乏，大众尤其是农民严重不满，各地暴动不断，国家陷入危机中。

实施军事共产主义的初衷，不仅是为了应对危局，列宁也曾把它作为向社会主义直接过渡的举措。但严重的后果促使列宁反思，他意识到，计划用无产阶级国家直接下命令的办法在一个小农国家里按共产主义原则来调整国家的产品生产和分配是错误的，"现实生活说明我们错了"。1921 年列宁放弃该政策转而实行新经济政策。如果说军事共产主义是希望越过资本主义直接过渡到共产主义，新经济政策就是通过有限度地鼓励资本主义发展来恢复发展经济，壮大社会主义力量，在竞争中战胜资本主义。其核心举措是以粮食税取代余粮征集制，允许多种经济成分并存，利用国家资本主义发展经济。其实质是允许市场存在，国家不再控制生产消费，工农产品通过市场自由贸易，以达到工农业共同发展。

新经济政策实施后经济逐渐恢复，但党内对该政策一直有强大的质疑声，激烈争论基本贯穿了该政策执行的始终。反对派认为该政策产生了私商、富农、大地主、私人企业主，是在扼杀社会主义和复活资本主义，是对资本主义的让步，它仅应是一项暂时而不是长远之策，待经济稳定后即可废止。1924 年列宁去世后党内斗争激化，斯大林于 1929 年终止了该政策。新经济政策是列宁的创举，列宁晚年对处于资本主义包围中的俄国如何建设社会主义进行了艰难探索，他解放思想，大胆探索，提出的一系列主张是把马克思主义基本原理与本国国情相结合。但因列宁去世早，党内"左"倾思潮力量强大，希望很快消灭私有制建成社会主义，最终导致该政策夭折。

二、苏联模式及其局限性

1929年新经济政策结束后，斯大林又回到军事共产主义，建立起一整套高度集权模式，该模式的建立伴随着工业化运动、全盘农业集体化运动和一系列政治运动。

苏联工业化运动的主要特点是优先发展重工业，尽快把苏联从农业国变成工业国。高速度贯穿了工业化的始终。斯大林指出，"我们比先进国家落后了五十年至一百年。我们应当在十年内跑完这一段距离"。全盘农业集体化运动起于20年代末期，到1933年联共〔布〕中央全会宣布，"把分散的个体小农经济纳入社会主义大农业的轨道的历史任务已经完成"。苏联在短短几年内消灭了私有制和个体农民，完成了农村生产关系变革。一系列政治运动为集权模式形成奠定了思想文化基础。

认识苏联社会主义模式的形成及其意义，应回归历史和带有世界眼光，从苏联具体的历史环境中、从人类历史发展中展开研究认识会更全面。

苏联模式的优势：革命后的苏联外有资本主义包围，内有阶级敌人破坏，面临的形势极端险恶，它形成高度集中的政治经济体制模式以及强调高速发展、强军与赶超，与它所处的落后就要挨打的局面直接相关。该模式维护了苏联政治和社会的稳定，推动了经济快速发展，巩固了苏联社会主义制度。通过集中和运用有限的资源，服务于攸关国家命运的发展需要，苏联仅用了短短10余年时间就完成了工业化，建成了欧洲第一、世界第二的工业强国，为第二次世界大战后步入超级大国之列奠定了基础。该模式在二战中也显示出强大的组织动员能力，为世界反法西斯战争的胜利做出了重大贡献。作为世界上第一个社会主义国家，苏联的社会主义建设实践丰富了世界社会主义理论，为新社会制度的探索积累了宝贵经验，推动了人类历史的发展；它为其他社会主义国家的建立提供了支持，社会主义从一国发展至多国；它也客观上推动了资本主义国家的改良和调整，在革除资本主义弊病、推动人类文明进步方面做出重大贡献。苏联社会主义制度的建立，使社会主义和资本主义两种制度并存于世并展开竞争，改变了世界面貌，在人类发展史上写下重重一笔。

苏联模式的局限性：在经济领域，实行单一的公有制和国家指令性计划经济，国家控制全国的生产、流通和消费，排斥市场机制和商品经济，经济缺少竞争和活力；重工业过重，忽视轻工业和农业，国民经济比例失调，市场供应紧张，人民生活受到影响；用行政化手段管理经济，影响了企业的积极性和创造性。在政治领域，国家权力集中于苏共，没有其他政党存在，而且党内民主制度不健全，监督机制缺乏，后期官僚特权和腐败现象严重，法制遭到破坏，政党脱离群众，党的指导思想教条主义严重。在思想文化领域，把苏联模式教条化神圣化，用行政手段、阶级斗争的手段干预思想文化领域的活动，导致思想文化界缺少生气。

三、苏联和东欧的改革尝试

苏联改革可划分为赫鲁晓夫、勃列日涅夫和戈尔巴乔夫三个时期，改革效果不尽相同，到戈尔巴乔夫时改革演变为改向，最终导致解体。

赫鲁晓夫执政期间（1953—1964年），1956年苏共二十大提出了一系列改革目标。但改革缺少总体设计，政策较为随意多变，总体不太成功。勃列日涅夫执政期间（1964—1982年）被认为是苏联表面较稳定、内在矛盾日渐积累的时期。其前期也进行了改革，但与赫鲁晓夫相比，改革力度小了很多，而且在很多方面强化斯大林模式，集权和官僚特权现象严重。

在戈尔巴乔夫执政（1985—1991年）前，安德罗波夫和契尔年科先后于1982年至1985年执政，但均在上任后不久去世，未有充足的改革时间。戈尔巴乔夫上台后先改革经济，但效果不佳，经济进一步下滑。他认为改革无效是因为政治上存在阻碍机制，苏联社会主义制度不民主，苏共自身有问题，因此于1987年初将重心转向政治领域，目标是推进政治体制民主化。1988年苏共召开第十九次全国代表会议，戈尔巴乔夫在会上阐述了公开性、多元化、民主化的思想，提出党政分开及党的自我净化主张，会议通过了《关于苏联社会民主化和政治体制改革》等决议。这是苏联政治体制改革的起点，也是转折点，此后改革方向发生根本性变化。苏共对自身进行变革，党的指导思想多元化，党的性质不再是工人阶级先锋队，党的奋斗目标变成人道的、民主的社会主义，党的组织原则不再是民主集中制而变成民主制。没有限度的民主化、公开性、多元化改革给苏共带来的后果是严重的，党内思想混乱，党的组织四分五裂，党内出现激烈的派系斗争，党员因对党失去信心而大规模退党，苏共丧失了方向、组织性和战斗力，在群众中的权威和形象急剧下降，无法有效发挥领导核心作用。

在革新苏共自身的同时，戈尔巴乔夫在党外也推进民主化进程。1990年修改宪法第六条，取消苏共的领导地位，实行多党制。之前戈尔巴乔夫调整党政关系，让苏共"还权于苏维埃"，权力转移导致混乱。1990年修宪时，苏联仿效西方国家建立总统制作为国家管理模式，苏共的领导地位宣告结束。改革方向一旦错误，结果必然是灾难性和颠覆性的，1990年后的苏联政局动荡不堪，很快发生剧变，苏共垮台，国家解体。

四、苏联解体及其历史教训

苏联这个国家无论是建立还是剧变、解体，给世界带来的影响都是巨大的。它的建立在人类历史上开创了社会主义篇章，它的剧变、解体也给世界社会主义运动造成沉重打击，引发了对人类社会未来走向更深入的思考。

第一，必须以科学的态度对待马克思主义。苏联的教训告诉我们，既要坚定不移地坚持马克思主义，又要坚决反对教条主义。我们必须贯彻解放思想、实事求是的思想路线，结合时代条件和本国国情创造性地发展马克思主义。

第二，必须毫不动摇地坚持共产党的性质和宗旨。苏共最终改变了党的性质和宗旨，背叛了人民，而且失掉了统一的理想信念，失掉了组织和行动的一致，变得软弱涣散、四分五裂，毫无战斗力、凝聚力，大难当头，顷刻瓦解，教训惨痛！

第三，必须坚持和加强党的全面领导，坚持改革正确方向。苏共放弃对国家的领导，搞多党制，国家变得群龙无首、一盘散沙。我们必须毫不动摇地坚持党中央集中统一领导，把党尤其是党中央的全面领导作为根本的政治原则来坚守，同时通过完善党的领导体制机制来更好地坚持党的领导。必须坚持正确的改革方向，并及时总结经验教训，及时解决存在的问题，有效化解改革风险，避免问题累积增大改革难度，以致积重难返；必须把握好改革次序，不同时期有不同的重点；必须渐进改革，不能急于求成；必须处理好改革、发展和稳定的关系，为改革创造良好的环境；必须进行顶层设计，排除复杂因素的影响，保持宏观协调、大局稳定。

第四，必须积极稳妥地发展社会主义民主。苏共放弃民主集中制，无原则地搞"民主化"，共产党不再是思想统一、行动一致的组织，变成了内斗不断的政治俱乐部。同时，苏共用选举民主、多党制的方式发展国家民主，导致街头政治、无政府主义泛滥。苏联的教训告诉我们，必须坚持民主集中制这一根本的组织原则，在此前提下发展党内民主，使党既团结统一又充满生机和活力；必须结合本国国情发展国家民主，民主是多维的，不只是选举，更不等于多党制，应重视发展协商民主、监督民主，实现民主的实质，避免民主的"形式主义"。

第五，必须全面从严治党。苏共长期管党治党不严，党内出现严重的思想不纯、组织不纯和作风不纯等问题，特别是官僚特权现象严重，严重脱离群众，最终失掉民心。苏联的教训告诉我们，必须发扬自我革命精神，勇于刀刃向内，切实加强党内监督，切实加强人民群众对党的监督。坚定不移地全面从严治党，严肃党的纪律特别是政治纪律和政治规矩，标本兼治，永葆党的先进性和纯洁性。

资料来源：谢峰. 苏联社会主义制度的建立和苏联模式的兴衰［J］. 党建研究，2018（7）：62-64.

【讨论问题】

苏联经济的发展对世界经济产生了哪些方面的重大影响？

【参考答案】

（1）引起了国际政治经济关系的深刻变化；

（2）促进了世界经济的发展；

（3）促进了资本主义国家社会经济体制的调整与变革。

1.4　二战以后的世界经济

1.4.1　美国经济霸权地位的确立和两极格局

------------ 案例 ------------

美国霸权主义的多重根源

【案例正文】 ■━━━━━━━━━━━━━━━━━━━━━━━━━━━━━━━

自20世纪初以来，向全球进行利益扩张和意识形态输出，成为美国内外政策和霸权体系的两个方面并互为补充。为了维护全球霸权地位，美国不惜采用任何手段，其行为逻辑具有多重根源，带来了严重影响。

从历史根源看，种族清洗、种族隔离、奴隶制度、多重歧视和族群冲突等对美国社会的影响根深蒂固。回顾其建国历程，美国不断屠杀印第安人以扩张自己的国土，并干涉其他美洲国家内政、推进文化霸权等。经历了从工业资本主义到金融帝国主义的转变，2008年国际金融危机爆发以来，美国的霸权利益越来越被国际垄断资本集团所独占，而贫富悬殊化和产业空心化等问题使美国国内治理陷入困境，国际垄断资本集团和美国的民族国家利益之间的矛盾日益凸显。美的的国家机器与国际垄断资本集团结成的利益同盟是美国霸权的"根基"，但是美国自身的国家治理能力已难以维系这一"根基"，美国越来越朝着对内转移矛盾、对外转嫁危机的方向发展。

从文化根源看，美国是一个具有巨大区域文化和族群文化差异的国家，但是美国通过各种强制性文化改造和制定各类排他性、歧视性规定，残酷对待原住民、非洲裔奴隶和有色人种移民等。例如美国宪法的"五分之三条款"、《黑人法典》、《排华法案》以及20世纪初的"美国化运动"等。对外，美国自视其代表了西方文明，将美国价值观作为"普世价值"向全世界推广，通过发动"颜色革命"等，在全球多地制造或放大族群冲突和意识形态冲突，成为"世界乱源"。

从思想根源看，美国对外政策以所谓民主、自由、人权等名义包装其殖民、掠夺、屠杀等行径，并将对外政策的"理想"作为谋取自身利益最大化的工具，运用利益交换、力量对抗和权力制衡等手段，构建和强化其世界霸权体系。美国长期奉行"双重标准"，通过制造和利用各种地区冲突进行牟利。美国也是资本主义国家中反对社会主义国家最突出的代表，"红色恐慌"和"麦卡锡主义"等"反共"思维极其浓厚。美国统治集团在各种话题上制造美国民众意见的分裂，用身份政治议题瓦解阶级政治话语，打击或腐化工会组织，阻止美国民众形成合力。

从经济根源看，国际垄断资本集团从一开始就在美国经济中占据了极高地位。履行中央银行职责的美国联邦储备系统并不完全属于美国政府，而是一家私有的中央银行。"金钱权力"这只看不见的"手"合法地控制着美国货币发行权。美国政府重大政策的实施取决于国际垄断资本集团的支持，军工复合体的强大生产能力和金融资本集团的强大融资能力共同推动美国维系霸权。"以战养战"的军事霸权让美国谋取了巨额的经济利益和地缘优势。通过不断挑唆地区争端或者直接发动对外战争，美国加快全球"剪羊毛"以刺激自身经济复苏、维护其金融霸权。

从政治根源看，美国的政治权力和资本权力之间天然存在张力，其国家机器的制度设计强调三权分立、联邦制、两党制等分权机制，但是主宰美国经济的国际垄断资本集团强调全球纵向合并，并且已经发展成一种世界范围的生产交换和竞争体系。垄断资本的全球权力膨胀冲击，美国内政外交沦为垄断财团牟利的工具，导致美国社会不平等性恶化、流动性下降、公共伦理精神缺失。同时，经济社会问题向政治领域传导，两党恶斗日趋严重，但都无力进行内部结构性改革，只能通过塑造共同的外部敌人来转嫁危机，并且越来越以"美国利益优先"推行其外交政策，从根本上伤及美国的国家信用。

资料来源：佚名. 美国霸权主义的多重根源 [EB/OL]. [2022-04-08]. https：//baijiahao. baidu.com/s？id=1729486485617095079&wfr=spider&for=pc.编者有改编。

【讨论问题】 ▶━━━━━━━━━━━━━━━━━━━━━━━━━━━

美国经济霸权地位是如何确立的？

【参考答案】 ▶━━━━━━━━━━━━━━━━━━━━━━━━━━━

第二次世界大战结束时，作为战前主要资本主义强国的德、意、日战败，战胜国中的英、法也元气大伤，来自英国工业革命以来形成的欧洲中心地位不复存在。美国远离战场使其免受战火的破坏，同时其生产力在战争中迅速膨胀。到1945年，美国占资本主义世界工业生产总值的60%，占对外贸易总额的32.5%以及黄金储备总量的59%。这为美国建立世界经济领域的霸权地位提供了坚实的物质基础。基于强大的经济实力，美国在第二次世界大战后初期分别在货币、金融、贸易等领域建立了由其主导的制度和规则体系。

1.4.2 社会主义国家的经济成就与发展的曲折性

━━━━━━━━━━━━━━━━ 案例 ━━━━━━━━━━━━━━━━

从冷战之后苏联的解体中，我们应该认识到什么？

【案例正文】 ▶━━━━━━━━━━━━━━━━━━━━━━━━━━━

苏联解体事件对于俄罗斯及全世界来说，特别是对中国而言，不仅是历史昭示，也是我们思考现实的基础。今天我们正站在一个新的历史起点上，认真思考苏联解体，总结其经验和教训，有助于更好地坚持马克思主义，推进新时代马克思主义中国化的进程。

苏联解体事件的始末

1917 年 11 月 7 日，以列宁为代表的布尔什维克党领导了推翻沙皇专制独裁的十月革命。俄国在十月革命后，走上了社会主义道路，开启了一条通往强国的新路。

苏联的崛起大致经历了两个阶段：一是工业化和农业集体化的措施，使苏联成为社会主义强国；二是打败法西斯和实行灵活的外交政策，使苏联发展成为继美国之后的超级大国。

为了保证工业的快速发展，政府实行高积累、大投资。国民经济的大部分都用于重工业。斯大林的建设模式和高度集中的政治经济体制，使苏联从一个落后的农业国家，在短短几十年的时间里迅速崛起为世界军事强国。随着国家实力的增强，苏联的国际威望日益提高，被帝国主义长期以来封锁包围、在国际舞台边缘化的局面得到了极大改变，得到许多国家的支持，特别是世界社会主义阵营得以发展，苏联的力量变得更加强大，在 1934 年以一个大国的姿态重新返回国际舞台。

苏联的迅速崛起在世界上引起了广泛且高度的关注，但是其中存在的弊端与问题也逐渐暴露无遗。邓小平同志曾说过，斯大林模式在苏联似乎不是很成功。第一，苏联的这种崛起是以牺牲经济为代价的，尤其是置农业的正常发展于不顾。经济发展在很长时间以来，均受到重工业与军工产业片面增长的深刻影响，这种影响是负面的，不利于国家的长远发展。第二，为了实现崛起的目标，苏联所付出的代价非常沉重。在苏联经济建设中，人民付出了大量的汗水与鲜血，这些付出虽然取得了一定的成果，但是依然不能改变人民生活在贫困与封闭之中的状态。第三，在经济管理方面，苏联惯常采用命令与惩罚的方式，这不仅对群众的生产积极性带来了一定的制约，同时也不能充分发挥市场的调节作用。可以说苏联在发展过程中，受到了高度集中的政治与经济体制的严重制约。

第二次世界大战期间，英、法等西欧国家逐渐衰落，斯大林看准了这个有利时机，与美国总统罗斯福积极进行磋商与合作，共同规划了第二次世界大战后的世界秩序。1945 年年初，德国败局已定。作为世界第二大强国的苏联，在第二次世界大战后与美国和英国就世界秩序问题进行了密切讨论，同时苏联也为自己谋取了很多利益。

苏联的崛起，对于全世界来说无疑是鼓舞人心的，特别是对于不发达国家。苏联仅仅通过三十余年的时间，从一个不发达的农业大国成为国际上具有话语权的大国，一时间成为世界耀眼的明星。很多亚非国家在摆脱殖民统治之后，立即对世界宣称走社会主义的发展道路，这是正确的，也是今后自己国家必须选择的。

第二次世界大战后，苏联的国际地位达到了前所未有的巅峰。但其背后的矛盾也变得越来越明显。人们曾希望战争能在和平、安宁和繁荣中结束，但结果却并非如此。一方面，苏联加剧了与美国的冷战对抗，使之国际地位有所下降，再加上随后相继爆发的柏林危机与朝鲜战争，使其国内经济发展迅速下滑。另一方面，国防工业呈指数增长，人民生活却比预期的更加贫困。虽然勃列日涅夫继任赫鲁晓夫上台后大力开展经济自救，但是却错失美国陷入"越战"泥潭的机会，在经济达到顶峰时依然大力扩军。

特别是在戈尔巴乔夫的一系列操作之下，苏联人民逐渐感到越来越气馁，不仅对国家的领导阶层失去了信心，也对现行政府制度与政策感到不满与失望，整个苏联处于动乱之中。

最高苏维埃在 1991 年 8 月 29 日通过执政党在整个苏联活动停止的决议。1991 年 12 月 8 日，多国元首在哈萨克斯坦首都阿拉木图举行会晤，包括俄罗斯、白俄罗斯、乌克兰、塔吉克斯坦等国家的元首，在这次会谈中签署了六份文件，宣告成立独立国家联合体（独联体），苏联不复存在。1991 年 12 月 17 日，多国元首在白俄罗斯首都明斯克郊区别洛韦日举行会谈，出席这次会谈的主要领导人员有俄罗斯总统叶利钦、乌克兰总统克拉夫丘克和白俄罗斯最高苏维埃主席舒什克维奇。1991 年 12 月 24 日，格鲁吉亚宣布申请加入独联体，而苏联的执政党员和广大人民对这一事件却采取漠视的态度，根本没有采取任何行动进行抵抗。

1991 年 12 月 26 日，苏联最高苏维埃举行了宣布苏联不再合法存在的最后一次会议。就这样，一个曾想要在新的道路上领导世界的苏联半途而废了。一个看似强大，其实并不强大的大国，在一场小风暴中分崩离析。一个有能力摧毁所有人类核武器的超级大国，还没有认真较量就从政治版图上消失了。

苏联解体的主要原因

曾经的红色帝国，在整个世界掀起了轰轰烈烈的社会主义运动，将苏维埃联盟推向了世界政治的顶端，与美国为首的西方国家分庭抗礼长达半个世纪。然而，苏联执政党却最终走上了失权解体的道路，苏联的解体，也标志着十月革命的成果在苏联的丧失。苏联的解体，直接加剧了美国霸权主义侵略的步伐，世界格局为之颠覆，社会主义力量也随之削弱，导致世界社会主义运动遭到重创，为世界政治、经济和军事等格局的发展，带来了不可估量的影响。

总的来说，苏联解体有着三个方面的原因

第一，高度集中的政治经济体制。首先高度集中的经济体制能够在短时间内通过凝聚国内力量，在工业以及劳动密集产业上快速获得成功，特别是在战争方面。但是高度集中的政治经济体制，严重背离经济发展的客观规律，打击了苏联劳动人民的积极性，阻碍了苏联经济快速腾飞的可能性。实际上在斯大林逝世时候，苏联人均的粮食产量和肉产品产量，甚至达不到沙皇俄国时代的水平。

第二，苏联特权阶级腐败问题。实际上苏联特权阶级腐败问题一直阻碍着苏联的发展，目前俄罗斯也深受腐败问题的困扰。高度集中的苏联模式，使得苏联共产党成为苏联国家独一无二的执政党群体。由于苏联的集权体制导致权力过度集中，再加上领导干部的终身制，使得上层阶级有机会相互庇护，相互提携。在很多情况下，苏联特权阶级在考虑问题时并不是以国家的利益为主，而是只考虑了自身的利益。

第三，美苏争霸及西方和平演变。随着世界两极格局的拉开，美苏两国展开了激烈的军备竞赛。美苏在国际上拉拢自己的盟国组成各自的阵营，进行着激烈的对抗，主要体现在经济、政治、军事和意识形态等方面。在使用武力没有胜算可能的形势下，西方开始逐渐采取"和平演变"的战略：竭力对苏联实行思想文化渗透，通过鼓吹以个人利益为重的自由、民主、人权等西方价值观来与苏联的马克思主义意识形态相对抗。美国和西方国家利用大众传播媒介，肆意地进行意识形态渗透，宣扬西方所谓的美好生活以及资本主义制度的优越性。面对这一攻势，戈尔巴乔夫放松了警惕，不仅不对国民进行爱国主义教育，反而向西方国家倒戈，鼓励民众去接受西方的熏陶，助长了西方国家对苏联的舆论攻势，苏联广大民众特别是青年受西方的生活方式以及消费方式影响深远，整个国家到了岌岌可危的地步。

苏联解体带来的思考和教训

用唯物史观来考察苏联历史，就会得出苏联历史是由人民创造，苏联人民是国家的真正英雄这一结论。由此可见，坚持群众观点和走群众路线是无产阶级执政党的根本观点和根本工作方法。

第一，从苏联解体的政治、经济、文化等因素来看，都表现出严重的对以人民为本原则的背离。执政党如果脱离群众，就不能得到群众的支持和拥护，就会被群众所抛弃，最终会导致执政党丧权失政。

第二，苏联执政党放弃对军队的领导对于国家是致命的。戈尔巴乔夫上台前，苏联一直秉承列宁的党对军队的绝对领导的传统，戈尔巴乔夫执政后，主动接受军队非党化的建议，抛弃了党对军队的思想和组织领导，骇人听闻的"8·19事件"爆发，苏军不接受党的指挥，却公开与党为敌，导致苏共被迫垮台，苏联也随之解体，去政治化的军队改革使得军心涣散，指挥失灵。

第三，文化专制带来的连锁反应。"苏联思想文化模式的最基本特征是思想文化专制主义"。20世纪20年代苏共非常注重文化方面的发展，灵活积极的方针政策为苏联营造了一种良好的人文氛围，可以引领当时先进文化的社会潮流。而到了20世纪30年代后期，苏联开始奉行政治、经济和文化专制的斯大林模式，文化专制主义抹杀了以往的文化活力。苏联的思想禁锢和文化专制，严重压抑了人民群众的主动性和创造性，也使整个国家政权失去了活力。

第四，背离人本原则，漠视民生。第二次世界大战后，苏联在军事和重工业方面几乎可以与美国匹敌和抗衡，但是，苏联人民生活水平依旧没有提高，人民的生活贫困潦倒，基本生活需求难以保障，民生问题已经成为苏联必须面临的非常棘手的问题。在勃列日涅夫执政时，他无视苏联的经济困境，不顾人民群众的基本利益需求，仍然花费更多的人力、物力和财力与美国抗衡，人民依旧生活在水深火热之中。苏联人民逐渐对苏联执政党产生了怨恨，使得苏共大失民心。而戈尔巴乔夫没有考虑从人民最迫切的基本需求入手解决问题，努力发展经济，提高人民生活水平，反而空谈民主，试图将民生问题代替为民主问题。比如，不顾人民的反对，执意推行反酗酒运动，给百姓带来了伤害。苏联执政党对人民的漠视，对以人为本原则的背离，使得苏联执政党不得人心，为后来的苏联解体埋下了重要祸端。

第五，政治是骨骼，经济是血肉，文化是灵魂，成为一个强大富足的国家缺一不可。

资料来源：知识晓说．深度分析：从冷战之后苏联的解体中，我们应该认识到什么？［EB/OL］．［2020-10-10］．https://baijiahao.baidu.com/s？id=1680158104639692631&wfr=spider&for=pc.编者有改编。

【讨论问题】
苏联解体给我们带来了哪些思考和教训？
【参考答案】

第一，从苏联解体的政治、经济、文化等因素来看，都表现出严重的对以人民为本原则的背离。执政党如果脱离群众，就不能得到群众的支持和拥护，就会被群众所抛弃，最终会导致执政党丧权失政。

第二，苏联执政党放弃对军队的领导对于国家来说是致命的，戈尔巴乔夫上台前，苏联一直秉承列宁的党对军队的绝对领导的传统，戈尔巴乔夫执政后，主动接受军队非党化的建议，抛弃了党对军队的思想和组织领导，骇人听闻的"8·19事件"爆发，苏军不接受党的指挥，却公开与党为敌，导致苏共被迫垮台，苏联也随之解体，去政治化的军队改革使得军心涣散，指挥失灵。

第三，文化专制带来的连锁反应，"苏联思想文化模式的最基本特征是思想文化专制主义"。20世纪20年代苏共非常注重文化方面的发展，灵活积极的方针政策为苏联营造了一种良好的人文氛围，可以引领当时先进文化的社会潮流。而到了20世纪30年代后期，苏联开始奉行政治、经济和文化专制的斯大林模式，文化专制主义抹杀了以往的文化活力。苏联的思想禁锢和文化专制，严重压抑了人民群众的主动性和创造性，也使整个国家政权失去了活力。

第四，背离人本原则，漠视民生。第二次世界大战后，苏联在军事和重工业方面几乎可以与美国匹敌和抗衡，但是，苏联人民生活水平依旧没有提高，人民的生活贫困潦倒，基本生活需求难以保障，民生问题已经成为苏联必须面临的非常棘手的问题。在勃列日涅夫执政时，他无视苏联的经济困境，不顾人民群众的基本利益需求，仍然花费更多的人力、物力和财力投入到与美国抗衡方面，人民依旧生活在水深火热之中，苏联人民逐渐对苏联执政党产生了怨恨，使得苏共大失民心。而戈尔巴乔夫没有考虑从人民最迫切的基本需求入手解决问题，努力发展经济，提高人民生活水平，反而空谈民主，试图将民生问题代替为民主问题。比如，不顾人民的反对，执意推行反酗酒运动，给百姓带来了伤害。苏联执政党对人民的漠视，对以人为本原则的背离，使得苏联执政党不得人心，为后来的苏联解体埋下了重要祸端。

第五，政治是骨骼，经济是血肉，文化是灵魂，成为一个强大富足的国家缺一不可。

综合案例 第二次世界大战对美国经济的深远影响

【案例正文】

美国在经历了经济兴旺的20年代之后和全球同步陷入了经济大萧条。然而，第二次世界大战之后，美国一跃成为世界上经济最强大的国家之一，很明显，第二次世界大战对美国经济有着重大而深远的影响。1929年10月29日，华尔街股市崩盘，著名的美国经济大萧条正式拉开了序幕。到1932年，工业生产总值降低了45%，人均收入减少了40%，1 300万人失业，200万人无家可归，5 000所银行倒闭，900万个账号被冻结。这样的浩劫是美国历史上绝无仅有的。当然，当时的美国政府并没有坐视不管。胡佛总统在任期内颁布了一系列刺激经济的政策，如提高关税的《斯穆特–霍利关税法》和刺激住房建设的《联邦住房贷款银行法》。可惜的是，经济形势并没有因此而扭转，从而导致了胡佛连任的失败。1932年罗斯福上任后，依旧为了拯救美国经济而颁布新政，包含一系列救济百姓和改革工农业的政策。就当一切都慢慢好转的时候，1937年美国经济又一次极度下滑，失业率又回到了1932年的水平。当一切都陷入绝望的时候，第二次世界大战爆发了。当时没人能想到，第二次世界大战结束时美国的经济竟然复苏了：失业率下降到1.9%，GDP涨到了第二次世界大战初期的两倍。第二次世界大战后，美国成为了世界顶级的经济强国。很显然，第二次世界大战对美国经济产生了毋庸置疑的影响。

第二次世界大战对美国经济的一大影响是它增加了总需求和生产，尤其是军火和食品。第一次世界大战后，大多数美国人都厌倦了参与欧洲的争端，而且又值经济大萧条时期，所以美国没有立即参与第二次世界大战。可是，当战火在欧洲和亚洲蔓延时，美国政府知道他们要时刻为战争做准备。除了加强军事力量、招兵买马之外，政府还将工业向军事物资转型，很多汽车生产流水线都开始生产战斗机零件，渔业码头也停泊了军舰，越来越多的废弃的美国工厂又重新开始了生产。1941年不列颠之战后，美国政府颁布了《租借法案》，以中立国身份向外出口军用物资，从而进一步增长了军用物资的需求和生产。在之后的4年中，美国通过《租借法案》向英国和苏联等国提供了价值325亿美元的物资。珍珠港事件之后，美国正式向轴心国宣战，进一步促进了工业的发展。1944年，美国的名义GDP达到174.84亿美元，比1943年的136.44亿美元增长了28.14%。随着市场对军用物资需求的增长，劳动力需求也增长了。第二次世界大战期间失业率持续下降，战后已恢复到正常水平，见表1-1。

表1-1　　　　　　　　　　　1940—1945年美国失业率　　　　　　　　　单位：千人

年份		1940	1941	1942	1943	1944	1945
平民劳动力人口	总人数	55 640	55 910	57 410	55 540	54 630	53 860
	占总人口的百分比	55.70%	56%	57.20%	58.70%	58.60%	57.20%
失业人口	总人数	8 120	5 560	2 660	1 070	670	1 040
	占劳动力的百分比	14.60%	9.90%	4.70%	1.90%	1.20%	1.90%

失业率下降的原因有很多。其中最明显也是最重要的原因就是劳动力需求的增长。很多废弃的工厂重新营业，很多因经济萧条而失业的人也返回工作岗位。不仅如此，据统计还有近105万本来找不到工作（如未成年人）或者不会去找工作（如家庭妇女）的人也因战争而加入了劳动力市场。从表1-1中可以发现，平民劳动力的下降也轻微地影响了失业率。1943年，美国开始进攻德国领地，很多年轻力壮的男子被征去打仗，无疑对劳动力市场造成很大的损失。这个时候，美国经济需要挖掘更多的劳动力。于是，妇女劳动力市场在当时显示出很大的挖掘潜力。1890年时，只有5%的妇女加入了劳动力市场，而第二次世界大战期间，妇女劳动参与率有了显著的增长，而且这个增长的趋势一致持续到了1990年。起初，劳动市场雇佣妇女似乎是种很无奈的做法，但人们很快就发现女工人并不比男性逊色。当时民间还兴起了"铆工罗西"，一个身穿工作服手持铆钉的强悍女性形象。第二次世界大战后，女工人们越来越受到尊敬和信任，女性的就业率也直线上升。

不仅女性在就业市场上得到了战争的好处，一直在美国社会处于弱势的黑人也因第二次世界大战而获益。在战争期间劳动力短缺时，市场尽可能地开发人力资源，但在雇佣黑人的问题上很多人还是因为对黑人的偏见和蔑视而犹豫不决。为了解决这个问题，1941年，美国总统罗斯福建立了公平就业委员会，确保所有人都可以在军事工业公平就业，无论肤色，种族和国籍。到1943年，委员会已经在16个城市建立了办事处，负责安排黑人就业并处理对黑人不公平待遇的问题。一系列政策发布以后，在1940年到1950年间，黑人在就业市场上所占的比率从16.2%升到了23.9%。20世纪，黑人在美国的地位越来越高，而其中最多的变化就发生在40年代。因此可以说，第二次世界大战加速了美国黑人的经济发展，并使得更多的就业领域向黑人打开了大门。以上是美国在第二次世界大战中所获得的直接的利益。

间接方面，在为战争所付出的代价上，主要表现在：首先，在人员伤亡方面，美国在第二次世界大战中的伤亡人数大约有418 500人，占美国人口的0.32%，这和别的国家的伤亡人数比起来是很少的。英国损失了449 800人，占国内人口的0.94%；法国损失了567 600，占国内人口的1.35%；苏联损失了2 310万人，占国内人口的13.7%，日本和德国分别损失了国内人口的3.45%和10.4%。其次，由于第二次世界大战基本没有发生在美国，美国几乎没有遭受直接经济损失。相比之下，其他国家的损失要严重得多：英国被德国空军日夜轰炸，苏联被德国侵略了一年之久，日本遭受了两颗原子弹的浩劫，德国战后被分割，等等。总而言之，第二次世界大战期间，在其他世界强国遭受战争破坏经济停止发展时，美国却在几乎没有战争损失的同时加速发展着经济。因此，第二次世界大战后美国一举超越了他们成为世界经济最强的国家。第二次世界大战前，美国正处于经济萧条时期，无论政府如何努力都无法挽救日趋颓势的美国经济。但第二次世界大战开始后，由于军事工业的需求剧增，各项工业全面复苏，就业市场向妇女和黑人扩张，失业率也逐步降低，恢复到正常水平。在美国享受经济复苏的同时，欧洲和亚洲各强国的经济正被战争所破坏，使得美国迅速地超越了他们成为了新兴的经济强国并一直维持到现在。因此，第二次世界大战对美国经济的影响是重大而深远的，甚至可以说没有第二次世界大战就没有美国的今天。

资料来源：晏戈博.“二战”对美国经济的深远影响［J］.中国总会计师，2009（8）：134-135.

【案例使用说明】

一、讨论问题

第二次世界大战对美国经济的复苏有多重要？

二、参考答案

相当重要，从以下几个方面来看。一是直接的经济利益。第二次世界大战前，美国因为经济危机，差点使国家经济崩溃，罗斯福新政之后有了些许起色，真正促使美国经济爆发式复苏的是第二次世界大战提供的战争财。第二次世界大战前期，美国并没有直接参战，而是通过贩卖军火大发战争财，参战后更是成为盟军的军火库。这一笔军火巨款可以说直接助推了美国经济的发展。二是战后国际地位。第二次世界大战中美国与盟国协作，击败了德日法西斯，不仅以强大的军事实力让全世界折服，更让全世界见识了美国完整、强大的工业体系。可以说是第二次世界大战让美国成为了资本主义世界的头号强国，其强大的政治经济影响力成为了战后美国经济复苏的一个重要推力。三是战后国际秩序。第二次世界大战后美国主导建立了雅尔塔体系、布雷顿森林体系等一系列国际政治经济秩序，再加上马歇尔计划，这使得美国控制了整个资本主义市场。美国在占世界经济格局大头的资本主义世界建立了“美国主导体系”，将自己的触角伸向资本主义世界各处，这为美国复苏乃至称霸提供了条件。所以，第二次世界大战对美国经济复苏的作用相当之大。如果没有第二次世界大战，不能说美国经济会一蹶不振，但极可能要花上比第二次世界大战久很多的时间去复苏。

第二章　科技革命及其对世界经济的影响

开篇案例

蝴蝶效应

【案例正文】 ◢

蝴蝶效应（The Butterfly Effect）是指在一个动力系统中，初始条件下微小的变化能带动整个系统的长期的巨大的连锁反应，这是一种混沌现象。

美国气象学家爱德华·罗伦兹（Edward Lorenz）1963年在一篇提交纽约科学院的论文中分析了这个效应。"一个气象学家提及，如果这个理论被证明正确，一个海鸥扇动翅膀足以永远改变天气"。在以后的演讲和论文中他用了更加有诗意的蝴蝶。对于这个效应最常见的阐述是："一个蝴蝶在巴西轻拍翅膀，可以导致一个月后得克萨斯州的一场龙卷风。"

世界经济是一个系统，主要由民族国家构成。各民族国家以商品、资本等交换为纽带，以跨国公司为平台，建立了世界经济这个有机整体。世界经济这个系统随着时间推移而变化，包括总量的变化、结构的变迁、交往方式的变革以及经济格局的不断演变。世界经济发展中也存在蝴蝶效应，那么那只扇动翅膀的蝴蝶在哪？第二次世界大战后，以信息技术、新材料技术和生物工程技术为核心的科技革命，在世界范围内蓬勃发展和不断扩展，其发展速度之快、规模之大和影响之深是前所未有的，对世界经济的发展变化产生了深刻影响。

【涉及的问题】 ◢

第二次世界大战后，以信息技术、新材料技术和生物工程技术为核心的科技革命是那只扇动翅膀的蝴蝶吗？其发展速度之快、规模之大，对世界经济的发展变化产生了哪些深刻的影响？

思政案例

新一轮科技革命影响人民生活福祉

当前，新一轮科技革命和产业变革正在重构全球创新版图、重塑全球经济结构。以人工智能、量子信息、移动通信、物联网、区块链为代表的新一代信息技术加速突破应用，以合成生物学、基因编辑、脑科学、再生医学等为代表的生命科学领域孕育新的变革，融合机器人、数字化、新材料的先进制造技术正在加速推进制造业向智能化、服务化、绿色化转型，以清洁高效可持续为目标的能源技术加速发展将引发全球能源变革，空间和海洋技术正在拓展人类生存发展新疆域。

信息、生命、制造、能源、空间、海洋等领域的一系列突破，为前沿技术、颠覆性技术提供了更多创新源泉。学科之间、科学和技术之间、技术之间、自然科学和人文社会科学之间，日益呈现交叉融合趋势。可以说，科学技术从来没有像今天这样深刻影响着国家前途命运，从来没有像今天这样深刻影响着人民生活福祉。

我们要把握数字化、网络化、智能化融合发展的契机，以信息化、智能化为杠杆培育新动能，推进互联网、大数据、人工智能与实体经济深度融合，以智能制造为主攻方向推动产业技术变革和优化升级，以鼎新带动革故，以增量带动存量。

2.1　科技革命概述

2.1.1　历次科技革命的基本特点

案例

科技改变世界——三次科技革命

【案例正文】

第一次科技革命始于18世纪后期，以蒸汽机的发明和广泛应用为主要标志，以纺织工业、冶金工业、机械工业、造船工业大发展为主要内容的工业革命，是这次科技革命的产物，它使人类从手工工艺时期跃进到机器工业时代。

第二次科技革命始于19世纪末，以电的发明和广泛应用为标志，电力工业、化学工业以及电报、电话等的迅速发展，使人类跨入一个新的时代，实现了向现代社会的转变。

第三次科技革命始于20世纪中期，到70年代中后期进入了一个新的阶段。它是以原子能、计算机，特别是微电子技术、生物工程技术和空间技术为主要标志。这是人类历史上规模最大和最深刻的一次科技革命。

【讨论问题】

历次科技革命的基本特点是什么？

【参考答案】

第一次科技革命：极大提高了生产力；从社会关系来说，科技革命使得工业资产阶级和工业无产阶级逐步形成和壮大，资本主义制度最终得以确立。第一次科技革命还大大加强了世界各地之间的联系，改变了世界的面貌，最终确立了资产阶级对世界的统治地位。

第二次科技革命：在第二次科技革命的推动下，资本主义经济开始发生重大变化，资本主义生产社会化的趋势加强，推动了企业间竞争的加剧，促进生产和资本的集中，少数采用新技术的企业挤垮大量技术落后的企业。生产和资本的集中到一定程度便产生了垄断，主要资本主义国家进入帝国主义阶段。

第三次科技革命：涉及领域和参与国家更加广泛；科技革命和军事发展密切相关；科学革命和技术革命同步发展；科技发展及其在生产中的应用得到了政府的有力支持；信息成为重要的生产要素，信息产业发展迅速。

2.2　科技革命对世界经济的影响

2.2.1　科技革命对生产力发展的推动作用

------------------------------ 案例 ------------------------------
科技革命如何驱动经济发展

【案例正文】▶━━━━━━━━━━━━━━━━━━━━━━━━

如今，以互联网为核心的新一轮科技和产业革命已经来临，人工智能、虚拟现实等新技术日新月异，虚拟经济与实体经济的结合给人们的生产方式和生活方式带来革命性变化。新兴技术也正在加速与经济社会各领域深度融合，日益成为引领经济社会发展的先导力量，也成为各国推动经济社会转型、培育经济新动能、构筑竞争新优势的重要抓手。

新兴技术推动着产业界和全社会的数字转型，人类生产生活的一系列生产要素都在数字化，数字经济已经成为一种新的社会经济发展形态。数据显示，数字化程度每提高 10%，人均 GDP 增长 0.5%~0.62%。尤其是在全球经济增长乏力的当下，数字经济更是被视为撬动全球经济的新杠杆。据预测，数字技能和技术的应用将使全球经济到 2020 年有望累计增加 2 万亿美元；到 2025 年，全球经济总值的一半来自于数字经济。

在数字经济时代，科技企业日益成为经济的重要组成部分和创新发展的重要推力。不久前，美国科技股打破了近 20 年来的历史最高纪录，标准普尔 500 指数信息科技分类指数突破 2000 年 3 月互联网泡沫鼎盛时期创下的历史高点 988.49 点。苹果、谷歌母公司 Alphabet、微软、Facebook、亚马逊等科技巨头的股价都达到了历史高点。而在最新公布的"世界500强企业"排名中，也不乏科技巨头，包括来自中国的华为、阿里巴巴、腾讯和京东。科技企业争相布局移动智能终端、无人驾驶汽车、无人飞机、智能医疗诊断、智能家居、智能安防等领域，引领着智能科技的发展。

新技术正快速发展成为潜力巨大的新兴产业。据预测，2020年全球人工智能市场规模将超过1 000亿美元，年均增速约为20%，我国人工智能市场规模也将达到百亿美元量级，年均增速超过50%，行业发展前景极为广阔。普华永道的报告显示，到2030年，人工智能对全球经济的贡献将高达15.7万亿美元。

另一方面，新兴技术也有望成为促进产业变革和经济转型升级的关键驱动力。通过与传统的制造业企业进行融合，新技术不仅推动了制造业的数字化，还重塑了商业模式，助力新一轮产业革命。如今，先进的制造业企业纷纷利用新兴技术进行数字化转型，把握新一轮产业革命机遇。美国通用电气公司（GE）在2015年成立了独立的"通用电气数字部门"（GE Digital），把软件和IT所有数字职能全部转移到这一部门，逐步建立并完善了工业互联网平台Predix。

如果说信息化和工业化深度融合让企业拥有了更多的数据，人工智能则让数据真正在制造领域体现价值，有望带来智能制造的新模式、新手段和新业态。商业智能服务商Qlik通过帮助丰田汽车分析1.8亿个行车数据，大大缩短了其查找问题的时间；日本九州电力通过对旗下84家工厂10万台设备的数据进行分析，将维护模式从定期维护转变成基于风险的预测性维护；GE也宣布将成立一家人工智能公司，通过数据分析、机器人和人工智能技术，为油气、运输和能源等行业提供检测服务。

业内人士认为，未来人工智能技术将进一步推动关联技术和新兴科技、新兴产业的深度融合，推动新一轮信息技术革命，成为经济结构转型升级的新支点。而随着互联网、智能科技与传统行业融合创新发展，智能科技更是在除制造业外的教育、医疗、农业等各个领域发挥重要作用。

可以预见，在未来很长一段时间内，数字经济将是全球经济发展的主线。移动互联网、云计算、大数据、物联网、人工智能等技术正在推动数字经济迅速发展，而虚拟现实、区块链技术等新兴技术有望在未来推动数字经济持续发展，高级机器人、自动驾驶、3D打印、数字标识、生物识别、量子计算、再生能源等技术也可能成为未来的重要技术。把握创新、新技术革命和产业变革、数字经济的历史性机遇，将能够抢占未来发展先机，提升世界经济中长期增长潜力。

资料来源：周明阳. 科技革命如何驱动经济发展［EB/OL］.［2017-08-18］. http：//www. gov.cn/xinwen/2017-08/18/content_5218511.htm. 编者有改编。

【讨论问题】▇━━━━━━━━━━━━━━━━━━━━━━━━━━━━━━
科技革命对生产力发展的推动作用是什么？

【参考答案】▇━━━━━━━━━━━━━━━━━━━━━━━━━━━━━━
（1）生产力实体要素的变革：一是劳动者日益智力化；二是劳动工具日趋自动化；三是劳动对象日趋非天然化。

（2）生产力非实体要素的强化：一是科学技术成为第一生产力；二是教育成为现代生产力中重要的强化性要素；三是管理成为现代生产力中重要的整体组合性要素；四是信息成为现代生产力中重要的运筹性要素。

2.2.2　科技革命与产业结构升级

案例

习近平总书记谈新一轮科技革命和产业变革

【案例正文】

习近平总书记重要文章《努力成为世界主要科学中心和创新高地》就新一轮科技革命和产业变革如何重构全球创新版图、重塑全球经济结构进行了深刻阐述。

进入21世纪以来，全球科技创新进入空前密集活跃的时期，新一轮科技革命和产业变革正在重构全球创新版图、重塑全球经济结构。以人工智能、量子信息、移动通信、物联网、区块链为代表的新一代信息技术加速突破应用；以合成生物学、基因编辑、脑科学、再生医学等为代表的生命科学领域孕育新的变革，融合机器人、数字化、新材料的先进制造技术正在加速推进制造业向智能化、服务化、绿色化转型；以清洁高效可持续为目标的能源技术加速发展将引发全球能源变革，空间和海洋技术正在拓展人类生存发展新疆域。总之，信息、生命、制造、能源、空间、海洋等的原创突破为前沿技术、颠覆性技术提供了更多创新源泉，学科之间、科学和技术之间、技术之间、自然科学和人文社会科学之间日益呈现交叉融合趋势，科学技术从来没有像今天这样深刻地影响着国家前途命运，从来没有像今天这样深刻地影响着人民生活福祉。

【讨论问题】

新一轮科技革命和产业变革怎样重构全球创新版图、重塑全球经济结构？

【参考答案】

以人工智能、量子信息、移动通信、物联网、区块链为代表的新一代信息技术加速突破，以合成生物学、基因编辑、脑科学、再生医学等为代表的生命科学领域孕育新的变革，融合机器人、数字化、新材料的先进制造技术正在加速推进制造业向智能化、服务化、绿色化转型，以清洁高效可持续为目标的能源技术加速发展将引发全球能源变革，空间和海洋技术正在拓展人类生存发展新疆域。

总之，信息、生命、制造、能源、空间、海洋等的原创突破为前沿技术、颠覆性技术提供了更多创新源泉，学科之间、科学和技术之间、技术之间、自然科学和人文社会科学之间日益呈现交叉融合趋势。科学技术从来没有像今天这样深刻影响着国家前途命运，从来没有像今天这样深刻影响着人民生活福祉。

2.2.3　科技革命对世界经济的影响

------- 案例1 --------

第三次科技革命的影响

【案例正文】 ■────────────────────────────────

学者们从多方面对第三次科技革命的影响进行了探讨，由于论述角度不同，因而结论各异，现将其归纳如下：

第一，对经济发展的影响：一是它引起生产力各要素的变革，使劳动生产率有了显著提高；二是使整个经济结构发生了重大变化，第三次科技革命不仅加强了产业结构非物质化和生产过程智能化的趋势，而且引起了各国经济布局和世界经济结构的变化。

第二，对社会生活和人的现代化的影响：它不仅带来了生产的现代化，引起劳动方式和生活方式的变革，而且也造就了一代新人与之相适应，使人的观念、思维方式、行为方式、生活方式逐步走向现代化。

第三，对人类社会的影响：电子计算机的发明和广泛使用，以及各种"人-机控制系统"的形成，使生产的自动化、办公的自动化和家庭生活的自动化（即所谓的"三A"革命）有了实现的可能。

第四，对资本主义的影响：第三次科技革命推动资本主义由一般垄断向国家垄断过渡。由于第三次科技革命极大地促进了社会生产力的发展，使生产的社会化程度不断提高，这就使得原有的私人垄断不能适应生产力高速发展的需求，因而迫切要求国家垄断的充分发展和国家对经济的全面干预。

第五，对世界经济的影响：提高了世界生产力水平，加速了战后世界经济的恢复和发展；促进了国际贸易的发展、世界货币金融关系的变化和生产要素的国际流动；推动了跨国公司和国际经济一体化的发展，并引起了世界经济结构和经济战略的变化。

第六，对国际关系的影响：它一方面加剧了资本主义各国发展的不平衡，使资本主义各国的国际地位发生了新变化；另一方面使社会主义国家在与西方资本主义国家抗衡的斗争中具有强大的动力。同时，第三次科技革命扩大了世界范围的贫富差距，促进了世界范围内社会生产关系的变化。

第七，对全球问题的影响：科技革命的发展一方面扩大了人类改造自然的活动领域，提高了人类向自然作斗争的能力，从而把人类社会的物质文明和精神文明推进到一个前人所无法想象的新高度；另一方面也带来一系列棘手的社会问题，如：生态环境的恶化、自然资源和能源的过度消耗以及核灾难的威胁，这些问题难以控制的恶性发展使人类的处境受到越来越严重的困扰，成为举世关注的全球问题。

【讨论问题】▮━━━━━━━━━━━━━━━━━━━━━

科技革命对世界市场产生了哪些深刻影响？

【参考答案】▮━━━━━━━━━━━━━━━━━━━━━

（1）世界市场上的商品结构发生了重大变化；

（2）世界市场的范围和规模扩大。

━━━━━━━━━━━ 案例2 ━━━━━━━━━━━

广东：以科技创新为引领，促进经济高质量发展

【案例正文】▮━━━━━━━━━━━━━━━━━━━━━

创新是引领发展的第一动力。近年来，广东围绕深入实施创新驱动发展战略，巩固壮大实体经济根基亮出实招，科技创新成果加速应用，为经济社会发展打造出全新引擎，形成高质量发展的"新动能"。

江门中微子实验，是继大亚湾反应堆中微子实验之后，由我国主持的第二个大型中微子实验。目前，江门中微子实验站正在进行配电系统、排水系统、暖通系统等设备安装，同步开始中心探测器等实验设备安装，计划2023年开始运行取数。如今，广东已布局散裂中子源、强流重离子加速装置等多个大科学装置。这些"大国重器"的高效运行，不仅提升了广东的基础研究和源头创新能力，也为粤港澳大湾区集聚了一大批顶尖科研人才和科创企业。

面向重大需求和经济主战场，广东推动10家省实验室和多家省重点实验室建设，研究方向涵盖新一代电子信息、新材料、新能源、高端装备制造等重点领域，让科研"种子"转化为产业"果实"。

高新技术企业是广东区域创新能力提升的"发动机"。2021年，广东省科技厅组织高企服务团系列活动，为企业开展认定申报专家诊断咨询、金融路演对接、成果对接、人才对接等服务。服务企业超过6 000家，线上线下政策宣讲覆盖超100万人次。据统计，2021年广东高新技术企业总量达6万家，总量继续位居全国第一。广东区域创新综合能力实现"五连冠"。全省研发经费支出预计超过3 800亿元，占地区生产总值比重预计达3.14%。有效发明专利量、PCT国际专利申请量等指标均居全国首位。

"十四五"期间，广东绘就科技创新"施工图"，将继续优化实验室体系建设，实施省实验室提质增效行动。重点聚焦量子科技等13个领域，启动实施基础与应用基础研究十年"卓粤"计划。探索出台进一步强化企业创新主体地位的若干措施，引导构建龙头骨干企业牵头、高校院所支撑、各创新主体相互协同的创新联合

体，着力提升科技支撑引领能力。

资料来源：广东科技发布.广东：以科技创新为引领 促进经济高质量发展［EB/OL］.［2022-03-28］. https://baijiahao.baidu.com/s? id=1728508029273034424&wfr=spider&for=pc.编者有改编。

【讨论问题】 ■━━━━━━━━━━━━━━━━━━━━━━━━━━━━━━━━━━━━━

科技革命给发展中国家带来了哪些新问题？

【参考答案】 ■━━━━━━━━━━━━━━━━━━━━━━━━━━━━━━━━━━━━━

（1）发达国家大力发展信息和高技术产业，发展中国家即使发展现代制造业也仍落后于发达国家；

（2）发达国家的一部分制造业转向发展中国家，另一部分将进行技术改造，从而赢得更高的劳动生产率；

（3）发达国家大力发展新工艺和新材料，从而进一步减少了对发展中国家的原材料的依赖，造成即使原材料价格上升，发展中国家也得不到多少收益；

（4）技术进步率对经济增长率的贡献越来越大，使发达国家的优势越来越明显，发展中国家对发达国家产生新的依赖。

综合案例 新科技革命改变世界发展格局

【案例正文】 ■━━━━━━━━━━━━━━━━━━━━━━━━━━━━━━━━━━━━━

当前，新科技革命与产业变革正蓄势待发。历史已多次证明，每一次科技革命与产业变革都将对世界发展格局产生重大影响。新科技革命正以人工智能、物联网、能源互联网、生命创制等为核心快速孕育发展，给人类社会带来前所未有的影响和变革。

科技革命改变世界发展格局的一般进路

18世纪工业革命以来，科技创新日益成为世界经济政治与社会发展的核心动力。所谓科技革命，从演化经济学和创新经济学的理论与实践来看，就是技术-经济范式发生革命性变化。换言之，经济发展所依赖的技术和产业体系及其运作机制发生了根本性改变。

工业革命以来，已经发生了5次技术-经济范式转变，目前世界正处于第5次技术-经济长波的下行阶段。观察以往历次革命对世界发展格局的改变，往往是以新科技带来新产品、形成新产业、创造新供给、引发新需求、缔造新生活、发展新经济而实现的。在这个过程中，随着科技创新的扩散，逐步形成了相适应、相匹配的政治、社会与文化发展新格局。

科技革命孕育出新产业，改变了经济发展格局。科技革命的直接结果就是产生新兴主导产业，从纺织、蒸汽机、铁路、石油化工、汽车等一直到ICT、互联网，技术体系、产业组织、就业结构、国际分工等都发生了一次又一次的嬗变。现代信息技术和交通技术直接导致了经济全球化。

科技革命带来了新文化，改变了社会发展格局。在西方工业革命早期，"勤勉革命"和"工业启蒙"带来了当时的新文化，19世纪以来美国的崛起则带来了大众文化。硅谷的兴盛，与嬉皮士文化和技术乌托邦密不可分。留声机和摄影技术创造了电视电影，互联网带来了新媒体和网络文化。文化样式、社会组织、生活方式等都因科技革命发生深刻变化。

科技革命提供了新工具，改变了生态发展格局。科技革命极大促进了社会生产力，由此也深刻改变着人与自然的关系。从矿产采掘到材料创新，从原始农业到现代农业，从煤炭石油到能源变革，从污染到治理，历次科技革命形成的新工具，广泛而深入地改变着地球生态圈的面貌。

科技革命还发展出新组织，改变了国际政治格局。科技革命带来生产力的巨大进步，对生产关系和上层建筑产生了巨大影响。信息传播技术、组织管理技术等的革命性进步，对阶层流动、政治组织、对抗对话机制等产生了巨大影响，两次世界大战、冷战以及世界范围内的科技竞赛，都左右着世界政治格局的演变。

新科技革命正在涌现的新特征

与过往科技革命不同的是，当前正在孕育兴起的新科技革命在累积历次科技革命成果基础上，正发生着新变化，涌现出新特征。

一是智能化。得益于自动化和大数据等的发展，人工智能正迎来发展新高潮。从智能终端到智能网络，从信息的智能化处理到智能制造、智能物流，新科技革命将不仅更有力地提升人类的体力，也将有效地延伸人类的智力。

二是分散化。与以往工业革命凸显集中化、批量化、规模化有所不同，随着互联网、物联网、能源互联网、3D打印等技术的发展，本次科技革命正带来分散化的新趋势。分布式能源、分布式制造、个性化定制、众包式研发、共享经济等日益模糊着生产者与消费者、创造者与应用者的界限并带来了前所未有的个人美好体验。

三是高速化。整体而言，每次科技革命的一个重点都在于交通手段的重大变革，人们对更快速度的追求永无止境。随着电力和无线电的出现并得以广泛应用，能量和信息传输已经实现了光速化，与之形成对比的是，物质的移动速度仍然不高。根据40多年前丹尼尔·贝尔《后工业社会》中的计算和预测，人类目前正处于动力速度发展S曲线的快速跃升期。为实现更广泛的全球化，新科技革命将带来更高速度的新交通、新物流和新动力。

四是生态化。与以往对自然资源的掠夺性开采和对自然环境的野蛮式破坏不同的是，绿色生态可持续将是新科技革命的重要主题。这不仅是因为地球环境不容继续恶化，更是因为中国和印度等新兴大国正在努力开辟新的工业化道路、新的发展模式，从而确保不再发生类似两次世界大战那样的悲剧，在和平环境中形成新的、更公平的世界权力结构分布。

新科技革命正深刻地改变着世界发展格局

相关研究表明，从现在到2040年前后，将是新科技革命孕育发展的关键时期，世界发展格局将发生深刻变化。谁能真正把握住新科技革命的趋势、特征和战略先机，谁就有可能在未来发展中获得领先优势。

新科技革命发生发展的根本动力，在于解决人类发展中面临的诸多问题。

一是不均衡、不充分的发展。除去中国和印度，世界范围内，南北差距在拉大。不仅许多发展中国家和地区，甚至一些发达国家内部都出现了两极分化的情况，社会撕裂，政治动荡。

二是不环保、不持续的发展。传统工业化带来了严重的生态环境问题，不仅危害着人们的身体健康，也因资源争夺而给世界和平带来严峻挑战。

三是不智慧、不幸福的发展。研究表明，工业革命带来的创造力顶峰早已过去，几十年来，科技创新推动经济社会发展的潜在能力尚未得到充分开发。如何进一步提升人的创造力，让人们在更加幸福舒适的环境中实现发展，正在成为越来越多人的追求。

新科技革命迫切需要回应这些人类的重大关切和重大命题，并在解决这些问题、促进新发展中使科技创新的动力得到最大限度上的释放。为此，各国都在努力拼抢未来发展的战略先机。

2016年召开的全国科技创新大会上，习近平总书记发出了建设世界科技强国的号召。刚刚召开的党的十九大上，习近平总书记在报告中明确提出，到2035年基本实现社会主义现代化，到2050年前后基本建成社会主义现代化强国。这是基于我国科技创新、经济社会发展趋势所形成的科学研判，也为主动把握新科技革命带来的重大战略机遇提出了新的更高要求。

一是实施更具世界引领性的原始创新。针对世界科技创新强国建设宏伟目标，在人工智能、量子计算与通信、未来新型智能高速交通装备、生物医药、航天航空、地球深部等领域启动实施新一轮重大专项项目。在脑与认知、生命科学、新物质创制、新型能源等领域，以提高全人类福祉为理念，汇聚全球顶尖科学家群体，发起和实施国际大科学计划。

二是超前部署世界级水平的智能基础设施。充分考虑诸如可充电的自动化公路、中低空无人机通道、基于分布式制造技术的城市生产等带来的新需求，对基础设施从全生命周期进行规划、建设、管理和运维，全面提升基础设施的可感知程度。系统部署支持自动驾驶、无人机、量子通信、5G、能源互联网、物联网等智能基础设施，加大对现有基础设施智能化升级改造的投资力度。

三是以最优厚条件吸引和培养世界顶尖人才。聚天下英才而用之。在生活方面，要给予顶尖人才及其团队最大限度的便利，使他们能够安心、专心、尽心于创新活动。在信息方面，要给予顶尖人才充足的国内外交流便利，能够与全球科研与创新网络有效链接。改革投入和评价制度，给予顶尖人才及其团队"十年磨一剑"的"耐心资本"和宽松氛围。以创新能力培养为重点，呵护和涵养敢于质疑、探求未知的科学精神，改革发展基础教育和高等教育。

四是形成引领未来的科技创新治理体系。积极推进政策创新，对科技创新创业中涌现出的大量新技术、新业态、新模式（如网约车、共享单车、自动驾驶、无人机等），给予最大程度的包容尊重，定期系统梳理现有法律法规和政策条文，建立各类法律和政策的创新绩效评价制度，凡阻碍创新的应及时予以改进，形成对创新创业最便利的商事主体管理规制，使我国成为未来技术和产业国际规制的重要策源地之一。

资料来源：李万. 新科技革命改变世界发展格局［EB/OL］.［2017-12-13］. http：//theory. people.com.cn/n1/2017/1213/c40531-29703386.html.编者有改编。

【案例使用说明】

一、讨论问题

新科技时代发达国家和发展中国家在经济发展中的贡献及影响是什么？

二、参考答案

（1）发达国家在经济发展中的贡献及影响

发达国家大多数都是从第二次工业革命崛起并开始自己的经济发展，自己本身就积累了足够的财富和资源，再在时代和机遇的推动下向着更加好的方向发展。以美国为首的发达国家在第二次世界大战结束后迅速发展科技，逐渐在科技领域取得了巨大的成功，同时也带来了丰厚的利益，经济方面也飞速提升，这大大提高了其他国家对于科技发展前景的期望，各国逐步启动科技项目工程。这也是短短几十年间经济空前发展的原因。通过以前和最近的数据我们不难看出目前发达国家对于全球经济的贡献依旧占据很大比例，虽然近些年发展中国家逐渐在世界经济中占有一定地位，但毕竟起步晚，想要完全比上乃至超过发达国家还需一定的时间。

（2）发展中国家在经济发展中的贡献及影响

发展中国家由于第二次工业革命时期处于被压迫的地位，起步时间较晚，所以相比于发达国家并没有先天的优势。不过发展中国家人口数量多，虽然起步晚，但是效率却比发达国家要高。随着科技革命到来，发展中国家也迅速加入高科技研究工作中，并且成果丰硕，对于经济的贡献并不比发达国家差。当今经济发展全球化趋势越来越明显，发展中国家在经济中所占的比重也越来越大。发展中国家虽然发展速度缓慢，但逐渐在世界经济体系中占据主导地位，全球的经济市场不再被发达国家所垄断，以中国为代表的发展中国家正在飞速发展，可以说，如果没有发展中国家的贡献，就不会出现这样的繁华景象。

第三章 不同类型市场经济体制的形成与变迁

美国市场经济模式

【案例正文】

美国市场经济模式，即"企业自主型"市场经济模式，又称"自由主义的市场经济"。它十分强调保障企业作为微观经济活动主体的权利，政府"这只看得见的手"一般较少直接触碰企业，而是指向市场。其体制与运行特征主要有：（1）企业享有比较充分的自主权。美国市场经济体制的基石是自由企业制度。企业作为市场活动的独立主体，拥有比较完整、充分的权利，生产什么、生产多少和怎样生产等微观决策通常由企业自行决定。美国自由市场经济的重点是企业的自由。当然，企业的这种"自主性"是建立在较完备的法律基础上的。因此，企业经营中一般都很重视法律方面的工作，较小的公司聘有专职律师，较大的公司一般都设立法务部。（2）市场是经济运行的中心环节，政府宏观调控活动集中在市场上。美国政府比较强调市场的合理性，注重限制垄断，保护竞争。美国通过了反托拉斯立法，以法律手段尽力为企业创造公平竞争的社会环境。最早的反托拉斯法是1890年通过的《谢尔曼法》，对托拉斯的行为做出了限制。其后100多年间，针对反托拉斯过程中的问题又通过了不少相关立法。另外，由于市场调节的有效与否取决于市场提供给企业的信号是否真实，美国政府把尽可能地使市场信号真实作为自己的一项重要职责，目标主要是反周期和反通货膨胀。（3）政府宏观调控手段偏重财政政策与货币政策。美国政府对经济运行的介入和干预也是依法进行的，在法律授权的范围内，依据对市场总需求的分析，采用或松或紧的财政政策和货币金融政策。其直接目的是扩大或压缩市场上的有效需求，通过市场上供求总态势的变动，引导企业对市场做出反应从而进行决策调整。相对而言，美国政府宏观调控手段不那么强调具体功能以及经济计划和产业政策。（4）体制关系的透明度较高。政府、市场和企业的相互关系以及各自地位，一般都有明确的法律做出规定。尤其是政府的行为，都要以立法为依据。政府的宏观干预和调节，也必须落实到法律上，通过立法来贯彻执行，具有较高的公开性。

造成市场经济体制多样性主要有以下几个方面的原因：（1）生产力发展水平的差别。在世界各国的经济发展水平还存在较大差距的时候，各国的市场经济发展水平和形态也就必然呈现出很大差异和多样性。（2）经济制度的差别。不同国家的生产力发展水平不同，生产资料所有制结构就不同，经济制度也就不同，这种差别必然要通过与之相适应的经济体制反映出来，这就决定了不同国家市场经济体制的特点和差异，决定了市场经济体制的多样性。（3）政治和法律制度的差别。世界各国的上层建筑并不是整齐划一的，由于经济发展水平的差别和基本经济制度的差别，各国的上层建筑的形态各不相同，这就决定了各国建立的市场经济体制也各具特点，彼此间存在很大的差异。（4）社会文化传统的差异。不同的社会存在着不同的文化传统，基于这些文化传统建立的市场经济体制也就有很大差别。市场经济体制的建立和发展不可能脱离本国的文化传统，只有符合并反映本国文化传统特点的市场经济体制才能有效地规范人们的市场行为，才能有效地运行。

【涉及的问题】

美国市场经济体制是如何形成的？其原因是什么？找到市场经济体制多样性的原因及不同类型经济主体市场经济体制建立与发展过程、特点及面临的问题。

事实上，以上问题都可以通过本章的学习来解决，上述案例揭示了不同类型市场经济体制形成与变迁过程的特点。

思政案例

中共中央国务院关于新时代加快完善社会主义市场经济体制的意见

社会主义市场经济体制是中国特色社会主义的重大理论和实践创新，是社会主义基本经济制度的重要组成部分。改革开放特别是党的十八大以来，我国坚持全面深化改革，充分发挥经济体制改革的牵引作用，不断完善社会主义市场经济体制，极大调动了亿万人民的积极性，极大促进了生产力发展，极大增强了党和国家的生机活力，创造了世所罕见的经济快速发展奇迹。同时要看到，中国特色社会主义进入新时代，社会主要矛盾发生变化，经济已由高速增长阶段转向高质量发展阶段，与这些新形势新要求相比，我国市场体系还不健全、市场发育还不充分，政府和市场的关系没有完全理顺，还存在市场激励不足、要素流动不畅、资源配置效率不高、微观经济活力不强等问题，推动高质量发展仍存在不少体制机制障碍，必须进一步解放思想，坚定不移深化市场化改革，扩大高水平开放，不断在经济体制关键性基础性重大改革上突破创新。为贯彻落实党的十九大和十九届四中全会关于坚持和完善社会主义基本经济制度的战略部署，在更高起点、更高层次、更高目标上推进经济体制改革及其他各方面体制改革，构建更加系统完备、更加成熟定型的高水平社会主义市场经济体制，现提出如下意见。

（一）指导思想

以习近平新时代中国特色社会主义思想为指导，全面贯彻党的十九大和十九届二中、三中、四中全会精神，坚决贯彻党的基本理论、基本路线、基本方略，统筹推进"五位一体"总体布局和协调推进"四个全面"战略布局，坚持稳中求进工作总基调，坚持新发展理念，坚持以供给侧结构性改革为主线，坚持以人民为中心的发展思想，坚持和完善社会主义基本经济制度，以完善产权制度和要素市场化配置为重点，全面深化经济体制改革，加快完善社会主义市场经济体制，建设高标准市场体系，实现产权有效激励、要素自由流动、价格反应灵活、竞争公平有序、企业优胜劣汰，加强和改善制度供给，推进国家治理体系和治理能力现代化，推动生产关系同生产力、上层建筑同经济基础相适应，促进更高质量、更有效率、更加公平、更可持续的发展。

（二）基本原则

坚持以习近平新时代中国特色社会主义经济思想为指导。坚持和加强党的全面领导，坚持和完善中国特色社会主义制度，强化问题导向，把握正确改革策略和方法，持续优化经济治理方式，着力构建市场机制有效、微观主体有活力、宏观调控有度的经济体制，使中国特色社会主义制度更加巩固、优越性充分体现。

坚持解放和发展生产力。牢牢把握社会主义初级阶段这个基本国情，牢牢抓住经济建设这个中心，发挥经济体制改革牵引作用，协同推进政治、文化、社会、生态文明等领域改革，促进改革发展高效联动，进一步解放和发展社会生产力，不断满足人民日益增长的美好生活需要。

坚持和完善社会主义基本经济制度。坚持和完善公有制为主体、多种所有制经济共同发展，按劳分配为主体、多种分配方式并存，社会主义市场经济体制等社会主义基本经济制度，把中国特色社会主义制度与市场经济有机结合起来，为推动高质量发展、建设现代化经济体系提供重要制度保障。

坚持正确处理政府和市场关系。坚持社会主义市场经济改革方向，更加尊重市场经济一般规律，最大限度减少政府对市场资源的直接配置和对微观经济活动的直接干预，充分发挥市场在资源配置中的决定性作用，更好发挥政府作用，有效弥补市场失灵。

坚持以供给侧结构性改革为主线。更多采用改革的办法，更多运用市场化法治化手段，在巩固、增强、提升、畅通上下功夫，加大结构性改革力度，创新制度供给，不断增强经济创新力和竞争力，适应和引发有效需求，促进更高水平的供需动态平衡。

坚持扩大高水平开放和深化市场化改革互促共进。坚定不移扩大开放，推动由商品和要素流动型开放向规则等制度型开放转变，吸收借鉴国际成熟市场经济制度经验和人类文明有益成果，加快国内制度规则与国际接轨，以高水平开放促进深层次市场化改革。

资料来源：中共中央 国务院．关于新时代加快完善社会主义市场经济体制的意见〔EB/OL〕．〔2022-05-18〕．http://www.gov.cn/zhengce/2020-05/18/content_5512696.htm.编者有改编。

3.1 世界各国市场经济取向的改革

3.1.1 市场经济体制的多样性

------ 案例 ------
市场经济模式多样性的马克思主义解读

【案例正文】

一种有竞争力的、可持续发展的市场经济模式一定是经济效益和社会效益均衡发展的模式。而经济效益与社会效益的均衡发展，实质就是生产力与生产关系、经济基础与上层建筑的有机统一的发展。金融危机后，世界范围内不同市场经济模式的调整，也反映了经济社会发展的这一内在要求。

马克思主义经济学运用唯物史观和唯物辩证法，把对制度整体结构和多样性特征的分析建立在"科学抽象"的基础上，从而为我们认识市场经济模式的多样性问题提供了钥匙。笔者依据马克思主义方法论的本质特征，尝试从系统性原则、层次性原则和整体性原则三个方面，构建一个研究市场经济模式多样性的分析框架，以期能够对马克思主义经济学的发展以及市场经济模式多样性问题的研究提供一种思路。

一、模式多样性研究的系统性原则

马克思主义经济学运用唯物史观，把社会经济有机体看作一个系统，将其中的关系抽象为生产力、生产关系（经济基础）和上层建筑三个层面。生产关系和上层建筑构成了一个社会的制度结构，而生产力则构成了社会制度的物质基础。这种科学抽象方法是其他经济学范式所不具备的。在马克思主义经济学中，制度不是被简单定义为肤浅的"游戏规则"或者文化现象，而是各种利益关系的载体，这些利益关系包括不同层次的内容。在各种利益关系中，经济利益居于中心地位，所以，经济制度即社会生产关系构成了社会制度结构的"中心制度"，它体现了一个社会的基本经济关系，因此也成为马克思主义政治经济学的研究对象。而为了维护经济利益关系，必然有与之相适应的上层建筑方面的各种制度，它们构成了社会制度结构的"外围制度"。外围制度又分为不同层次，比如有处于生产关系与上层建筑交叉的外围制度，如产权制度、政企关系制度等；有处于上层建筑层面的文化、意识形态等制度。不同层面的外围制度对中心制度的保护重要性也不同。

中心制度和外围制度的有机结合，形成一个"制度合成体"。生产力决定社会制度基本结构。在生产力水平相当、中心制度相同的情况下，不同的外围制度往往形成不同的制度合成体。例如同为资本主义制度，美国、日本、德国等国由于政治、文化等方面的差异，导致市场经济模式有不同的制度性特征。这种分析只是研究市场经济模式多样性的一个方面，它还不能从经济关系本身对市场经济模式的多样性做出解释，因此我们要引入第二个分析原则，即层次性原则。

二、模式多样性研究的层次性原则

马克思主义经济学运用唯物史观，不仅把经济有机体作为一个系统，划分为制度基础和制度结构，而且还进一步把对中心制度即社会生产关系的研究划分为不同层次。马克思在《资本论》德文版第一版序言中，曾明确指出："我要在本书研究的，是资本主义生产方式以及和它相适应的生产关系和交换关系。"笔者认为马克思的这种提法是非常科学的，尽管我们理解政治经济学的研究对象时通常将其内容概括为生产、交换、分配和消费四个方面的关系，但实际上，在现代市场经济中，生产关系（狭义）和交换关系构成了社会经济关系的两个基本层面，恩格斯称之为"经济曲线的横纵坐标"。从制度层面来看，这两种关系反映了不同层次的制度关系：生产关系（狭义）是由生产资料所有制的性质决定的，它构成了中心制度的"内核"，因此，生产资料所有制是一个社会的"内核制度"。交换关系是生产关系（狭义）的实现形式，它体现的是与市场经济体制相适应的一系列制度，这些制度包括企业制度、金融制度、市场制度、保障制度等，可以称为"保护带制度"。党的十四大报告提出"建立社会主义市场经济体制"这一命题，之所以体现了对马克思主义政治经济学的发展，就是因为我们在理论上把基本经济制度和经济体制这两个不同层面的经济关系区别开来了，这与西方经济学始终把市场经济等同于资本主义私有制的方法是完全不同的。

有了这样的方法，我们就可以对市场经济关系中不同层面的制度进行研究，比如资本主义市场经济与社会主义市场经济是在"内核制度"上有着本质区别的两种制度，前者以资本主义私有制为基础，后者以社会主义公有制为主体。与之相适应，两者在"保护带制度"方面也会存在区别。在"内核制度"相同的资本主义国家，由于经济关系的"保护带制度"不同，也会形成不同的经济模式，比如美国的自由市场经济模式、日本的法人垄断市场经济模式、德国的社会市场经济模式等等。

由此可见，任何一个市场经济有机体都是由复杂的制度结构组成的，这些制度既有"核心制度""中心制度"，也有"外围制度""保护带制度"等。它们之间互相交错，镶嵌在一起，形成一个多层次、多维度的复杂"制度合成体"。我们运用马克思主义经济学的科学方法，从系统原则和层次性原则出发，就可以对这个复杂的制度结构进行科学抽象和层层解剖，进而分析制度层次的多样性是如何决定市场经济模式的多样性的。

三、模式多样性研究的整体性原则

市场经济模式存在多样性，那么不同经济模式究竟孰优孰劣？对此，理论界争论不休，有人竭力推崇美国模式，甚至把它作为市场经济的标准模式；也有人持反对意见，认为美国模式存在诸多社会弊端，相反，欧洲模式有其自身的优越性；金融危机后，一些人又开始青睐"中国模式"。目前，对不同市场经济模式优劣的评价，还没有一套成熟的标准。在经济学上通常采用国内生产总值、就业水平、通货膨胀率、国际收支状况、投资规模和质量等来衡量一个经济体的总体绩效。但这些指标无法反映经济增长带来的社会后果。近些年来，一些经济学家、社会学家们也试图建立新的指标体系，来克服GDP等指标的局限性。

确立评价市场经济模式的标准，在方法论上最终还要回归到马克思主义的唯物史观上来。评价不同经济模式，可以考虑采用两类指标，一类是与社会制度运行基础相关联的指标，主要反映生产力层面的内容，比如经济增长水平、就业水平、工资水平、劳动生产率等，可称之为"经济绩效"；另一类是与社会制度结构相关联的指标，比如收入差距、社会平等、教育、健康、民主参与等，可称之为"社会绩效"。这种构想遵循的是模式绩效的整体性原则。一种有竞争力的、可持续发展的市场经济模式一定是经济绩效和社会绩效均衡发展的模式。而经济绩效与社会绩效的均衡发展，实质就是生产力与生产关系、经济基础与上层建筑的有机统一的发展。金融危机后，世界范围内不同市场经济模式的调整，也反映了经济社会发展的这一内在要求。

资料来源：刘凤义. 市场经济模式多样性的马克思主义解读［EB/OL］.［2011-04-12］. http：//hprc.cssn.cn/gsyj/yjdt/zdgz/201104/t20110428_4002358.html.编者有改编。

【讨论问题】
市场经济体制多样性的原因主要表现在哪几个方面？

【参考答案】
第一，生产力发展水平的差别；
第二，经济制度的差别；
第三，政治和法律制度的差别；
第四，社会文化传统的差异。

3.2 发达国家市场经济体制的确立与调整

3.2.1 20世纪30年代凯恩斯主义的兴起与国家干预经济

案例
国家干预主义在西方世界的兴起与衰落

【案例正文】
1926年，英国经济学家凯恩斯发表了《自由放任主义的终结》。1936年，凯恩斯的《就业、利息和货币通论》在大萧条背景下问世，凯恩斯主张采用积极的财政政策和国家干预来影响市场经济过程，凯恩斯认为国家干预能够减少市场经济的不稳定性，克服经济危机并改善经济预期。这在某种程度上代表着国家干预主义的需求经济学埋葬了扎伊尔的供给经济学。

事实上，国家干预是20世纪西方资本主义国家的特征。30年代大萧条之后，整个西方资本主义社会中的大众舆论强烈呼吁要对市场进行规制、控制，以及其他直接或间接形式的国家干预。彼时，马歇尔开创的剑桥新古典主义经济学阵营早已被凯恩斯和他的门徒占领。放眼整个世界，唯有奥地利学派的米塞斯与哈耶克拔出个人自由之剑，祭起市场经济的大旗与其正面抗衡。即使在当时那样一个全世界都开始信奉计划经济的时刻，孤独的米塞斯依然相信，繁荣所要求的是一个决不会被国家干预"妨碍"的市场经济。

米塞斯指出当时西方各国政府的经济计划试图把两个方面的最优点都结合起来：资本主义自由市场的优势和利用中央财政、货币政策和市场规制等手段进行有意识的保护。米塞斯认为，混合经济作为一条可行的"第三条道路"完全是一个神话。国家干预政策一个最坏的结果是不可避免地导致政府对经济一步更甚一步的控制。

1974年诺贝尔经济学奖得主哈耶克接过了米塞斯的衣钵，哈耶克认为市场经济是人类所能发现的最有效率的资源配置体制，市场经济可以根据需要自动地进行调节，国家干预会导致资源配置扭曲，阻碍经济的发展。哈耶克认为如果要政府管控经济，那么为了更好地控制经济，政府必然要选择与之相匹配的制度，而这些，最终会直接影响到个人自由。哈耶克指出当时许多进步人士的理想是通过消灭私有财产来达到社会收入的平等，来缩小收入分配的差距，这是一个莫大的误识。

到了20世纪70年代，国家干预的恶果显现，实体经济完全爆仓，大量企业严重亏损，经济全面崩塌。欧美世界的大滞胀危机终结了凯恩斯主义长达40年的统治，以芝加哥学派弗里德曼为首的新自由主义再次回归。

弗里德曼主张经济自由，反对任何干涉，并认为任何干涉都是罪恶的选择。弗里德曼还把经济制度分为中央计划经济和市场经济，并认为只有在市场经济中才能更好地实现经济自由。弗里德曼认为只有经济自由的市场经济才能实现资源的最佳配置，让社会更繁荣。因此，在弗里德曼看来，强调国家干预的凯恩斯主义的财政政策和货币政策，对社会经济的调节是无效的。里根政府采用弗里德曼的经济策略，推动结构性改革，包括缩减政府规模、相信企业家力量、放松行业管制等措施，终于慢慢带领美国走出了大滞胀的泥潭。

之后数十年，越来越多的国家走上了市场经济的道路。

资料来源：万象堂. 国家干预主义在西方世界的兴起与衰落［EB/OL］.［2022-04-26］. https://www.163.com/dy/article/H5TLM45605532UYW.html.编者有改编。

【讨论问题】■━━━━━━━━━━━━━━━━━━━━━━━━━━━
国家干预经济是如何兴起的？

【参考答案】■━━━━━━━━━━━━━━━━━━━━━━━━━━━

1929—1933 年大危机的爆发，使市场经济理论与体制都发生了重大变化。1936 年，凯恩斯（1883—1946）出版了《就业、利息和货币通论》，提出了系统的就业理论和国家干预经济政策主张，这标志着古典学派的自由主义经济理论让位于必须进行国家调节的凯恩斯主义。此后几十年，凯恩斯主义对整个资本主义世界的经济发展产生了重要影响，西方各国普遍将凯恩斯关于实行国家干预和进行宏观调节的理论运用于实践之中，采取了一系列宏观经济政策，包括：扩大政府职能；设法提高消费倾向，扩大消费；增加投资，弥补由于消费不足而留下的缺口，尤其是追求充分就业、扩大财政开支、实行"赤字"财政等。

3.3 发展中国家市场经济体制的建立与发展

3.3.1 发展中国家经济现代化面临的困难及前景

━━━━━━━━━━ 案例 ━━━━━━━━━━

中国经济发展面临的风险及对策建议

【案例正文】■━━━━━━━━━━━━━━━━━━━━━━━━━

2022 年以来，在地缘政治冲突加剧、全球滞胀风险上升、新冠疫情反复等国际国内复杂局面下，中国经济所面临的风险和不确定性加大，上半年宏观经济偏离正常增长轨迹，给实现全年经济发展目标带来挑战。下半年，宏观经济还将面临怎样的风险和挑战？宜采取何种应对之策？

课题组认为，下一步面临的主要风险有：

一是房地产企业债务压力增加，信用风险持续释放。房地产企业 2022 年到期债务接近万亿元，预计个别房地产企业将有大量债券展期或者实质性违约。鉴于房地产行业关联面较广，若其信用风险持续释放，或将进一步加大金融机构风险敞口。

二是中小企业经营困难。在国际形势复杂、国内疫情反复的冲击下，中小企业销货不畅，营业收入和盈利水平下降，甚至停工停产，对未来经营的预期和信心将会下降。

三是地方政府债务规模攀升，个别地区债务规模扩张可能给经济增长带来新的风险点。受疫情冲击，部分地区经济财政承压。当前政策强调扩大有效投资、全面加强基础设施建设、保障平台合理融资需求，各地区债务风险分化或将进一步加剧。

四是金融机构风险敞口有所扩大。截至2022年第一季度，商业银行不良贷款率为1.69%，较上季度末下降0.04%，资产质量整体有所改善，但内部分化加剧，城商行和农商行不良贷款率呈上行态势，与之对应的拨备覆盖率呈现下降趋势。

五是产业链、供应链紊乱以及"内缩外移"的风险。"内缩"风险方面，国内某些地方疫情防控政策的加码可能会阻断国内与国外产业链、供应链体系中各种要素资源的正常流动，削弱和阻碍中国参与全球产业链、供应链的战略空间。"外移"风险方面，在以美国为首的西方国家推动和全球疫情冲击等多重因素叠加影响下，全球重点制造业产业链、供应链向印度和东南亚地区转移和集聚，这可能会对中国形成不容忽略的竞争效应和替代效应。

六是存在疫情反弹的风险。2022年下半年经济发展最大的"黑天鹅"仍是疫情。未来疫情输入性压力或将进一步提升，仍存在较大的不确定性。

资料来源：中国经济报告. 中国经济发展面临的风险及对策建议［EB/OL］.［2022-08-10］. https：//mp. weixin. qq. com/s? __biz=MzA3ODMwNDgxNQ== &mid=2650622648&idx=3&sn= 6c9a7ffebbda30c5777000f447e2d2c4&chksm=874d29f8b03aa0eebd1968bcb02041cb5f9b4af8919aeb8 adc9c9257cfe2d0d3803d4a59537f&scene=27.编者有改编。

【讨论问题】▬▬▬▬▬▬▬▬▬▬
针对所面临的风险，当前中国经济发展应采取哪些应对措施？

【参考答案】▬▬▬▬▬▬▬▬▬▬
一是继续实施积极有为的财政政策，着力提升政策效能。应加快财政支出进度，督促指导地方加快预算执行进度并做好资金拨付工作。

二是实施灵活适度的稳健性货币政策，积极推动贷款利率下行，确保市场流动性合理充裕。

三是宏观审慎政策要与逆周期货币政策协调配合，在防范化解风险的同时，避免造成市场预期的紊乱。

四是社会政策要兜住民生底线，完善社会保障体系，优化收入分配结构，推进实现共同富裕。

五是结构性政策要着力打通生产、分配、流通、消费各个环节，确保产业链、供应链稳定。

3.4　俄罗斯和东欧转型国家的市场化改革

3.4.1　"休克疗法"与社会经济混乱、倒退

┌╌ 案例 ╌┐

休克疗法

【案例正文】 ■─────────

休克疗法（shock therapy）：本来是医学上的治疗方法，美国哈佛大学教授杰弗里·萨克斯（J. Sachs）创造性地将其用于经济改革实践中，指通过实施财政货币紧缩政策，治理恶性通货膨胀的一系列严厉经济措施。后来成为计划经济国家实行的激进经济改革纲领，指采取一步到位的激进方式实现从计划经济向市场经济的过渡。

1985年，玻利维亚出现恶性通货膨胀（通胀率达24 000%），财政收支出现大幅赤字，外债负担沉重，本币汇率动荡，经济秩序混乱，人民生活水平大幅度下降。玻利维亚总统聘请萨克斯担任经济顾问，协助该国政府制定克服经济危机的纲领。萨克斯针对玻利维亚出现的这些"病状"，开出了非常激进的"药方"：实行紧缩的财政政策，限制政府支出；实行紧缩的货币政策，通过货币贬值实现汇率稳定；取消价格管制，实行价格自由化；取消进出口限制，实行外贸自由化；改革公营部门和国有企业，实行民营化；重新安排债务，缓和外债危机。这些措施实施以后很快奏效，最大成效是恶性通货膨胀得到遏制，市场趋于稳定，1986年通货膨胀率就降为21.5%，1989年又下降到16.6%。与此同时，财政、汇率、债务等状况也得到改善。"休克疗法"取得了一定成效，同时也产生了负面问题，主要是生产下降和失业增加。

20世纪80年代末期，东欧剧变并开始向市场经济过渡，萨克斯又被波兰等东欧国家聘为政府经济顾问。这些国家面临反危机和经济转轨的双重任务。在反危机方面，这些国家与玻利维亚存在相同的问题，如通货膨胀、财政危机、债台高筑，等等；在经济转轨方面虽然与玻利维亚不同，但也存在类似问题，如实行私有化、自由化等。由于东欧国家面临的问题和任务与玻利维亚相似，萨克斯决定把他在玻利维亚的经验应用到东欧。在他的建议下，这些国家的经济转轨都采用了"休克疗法"。同样，由于相同的和特殊的原因，俄罗斯在1992年初转轨时也聘请萨克斯担任政府经济顾问，推行"休克疗法"。

曾任波兰第一副总理、财政部长（1994—1997年），被称为波兰改革的总设计

师的科勒德克（现任世界银行高级访问学者、波兰总统经济顾问）认为，人为的
"休克疗法"的所谓"创造性"力量，并未带来经济增长的奇迹。一方面，制度真
空加剧了经济的紧缩；另一方面，持续的紧缩又使得这种既无计划又无市场的"综
合后遗症"更加难以治愈。波兰的成功主要来自从只有"休克"而无疗法的所谓
"休克疗法"转向一种没有"休克"的政策。换句话说，波兰的成功来自抛弃了
"休克疗法"，而非相反。另外，匈牙利、爱沙尼亚、亚美尼亚、立陶宛、捷克等对
转轨第一阶段效果不满意的国家，纷纷抛弃"休克疗法"而转向渐进改革。这些国
家经过 1990—1993 年的负增长，1994 年以后开始步入回升轨道并一直保持了良好
的发展势头。

【讨论问题】■━━━━━━━━━━━━━━━━━━━━━━━━━━

"休克疗法"的含义是什么？

【参考答案】■━━━━━━━━━━━━━━━━━━━━━━━━━━

"休克疗法"是一个医学术语，在经济学中本来指针对恶性通货膨胀而采取的
激进治理方法。按照这种方法，为了遏止恶性通货膨胀，稳定宏观经济，政府采取
紧缩性货币政策和财政政策、放开物价、实行货币自由兑换等措施，这些政策措施
的实施在短期内会造成经济剧烈震荡，仿佛病人进入休克状态。进入 20 世纪 90 年
代以后，"休克疗法"成为俄罗斯和东欧国家向市场经济转型的重要政策工具，这
些国家希望以短暂的"休克"之剧痛来换取宏观经济的稳定，实现经济体制和经济
制度快速转型，直接进入资本主义市场经济。这样，"休克疗法"就成为激进经济
转型方式的代名词。

3.4.2　转型国家市场经济体制的特点及面临的问题

━━━━━━━━━━━ 案例 ━━━━━━━━━━━

俄罗斯社会市场经济模式的基本特征

【案例正文】■━━━━━━━━━━━━━━━━━━━━━━━━

社会市场经济也称"社会取向的经济"，是苏联解体后俄罗斯致力建立的经济
模式。经过近 20 年的发展和完善，这一模式日臻成熟。俄罗斯经济不是纯粹自由
主义市场经济，也不宜简单定性为"资本主义经济"。本文试着分析和揭示俄罗斯
社会市场经济模式的特征，以便更加客观地认识俄罗斯。

社会市场经济模式产生的历史条件是，由于社会和市场经济发展到一定阶段，
国家资本和私人资本都无权完全控制经济，国家资本和私人资本必须共同承担社会
义务。国家的作用是在市场主体之间确立责任，保护良性竞争，并坚持以社会为导
向的收入分配方针。在社会市场经济模式下，发展市场经济的目标是社会发展，市

场调节促进经济发展，国家调节则保障市场公平竞争和社会公平，即保障所有居民享受经济增长的成果。俄罗斯社会市场经济模式有以下三个基本特征。

特征之一：混合所有制结构基本形成

数据表明，2009年俄罗斯公有制占全国固定资产的40%。其中，国家所有制的两种形式，即联邦所有制和联邦主体所有制合计占22%，地方自治体所有制占18%。俄罗斯的地方自治体是指除莫斯科市和圣彼得堡市以外的所有城市以及基层地方自治体。俄罗斯作为一个联邦国家，其公有制接近一些国家的国家所有制。数据还表明，公有制占全国固定资产40%的比例是近20年来俄罗斯在私有化过程中保持的基本底线。目前，国家借助国有企业掌控着约50%的国内生产总值。由于近年建立了大量中小私企，国有企业数量所占比重降到了8.2%，但国企就业人数占全部就业人数的比例高达31.5%。这样，即便不考虑大量合作制集体企业的因素，也可以认定，俄罗斯已经确立了公有制起主导作用的多种所有制结构。

以公有制为主导的多种所有制结构是俄罗斯最基本的经济现实。这一基本现实常被轰轰烈烈和形形色色的私有化所掩盖。俄罗斯的公有制以国家所有制为主。随着国家资本逐步集中于国家核心经济领域，俄罗斯的国家所有制所占比重可能会下降，但这并不必然意味着降低了国家对经济的调节能力。公有制是社会市场经济模式下国家保持对市场经济调控力的最重要的物质基础。国家拥有调控市场经济的物质基础，是为了使市场经济的发展有利于社会。无论公有制的固定资产占比，还是国营企业就业人数占比，俄罗斯均高于许多市场经济国家。

特征之二：实行国家调节与市场调节相结合

社会市场经济要求国家调节与市场调节有机结合。国家调节是为了保障市场经济的社会方向，以及保护居民利益免受市场经济自然力量的侵害。在俄罗斯，国家调节的手段不仅有税收调节、预算调节、货币调节、价格调节、计划调节，还有行政调节。俄罗斯联邦经济发展部是专门从事国家计划调节的职能机构，相当于国家计划委员会，负责制定国家社会经济发展预测和发展规划、制定国家宏观经济政策、制定和管理社会经济领域的联邦专项纲要和联邦定向投资纲要、进行国家宏观经济调节。

行政调节是很有俄罗斯特色的国家经济调节手段。如2010年7月，俄罗斯联邦政府通过决议，规定了对居民生活最重要的食品实行最高零售限价的规则。如果一个地区在30天内某种食品价格上涨幅度达到或超过30%，将由联邦政府在此后的90天内对该种食品实行最高零售限价。这一措施有效防止了不法商人囤积居奇、串通哄抬价格，保护了广大居民的利益。这也表现出保护居民利益进而维持社会稳定的原则高于"市场原则"。俄罗斯政府常使用非市场调节手段，完全不在乎自由主义经济学家的批评和来自境外的议论。

俄罗斯实行国家价格调节的包括民用天然气、居民用电、用水、供暖、市内交通费、固话费等一系列与民生有关的商品和服务。

特征之三：建立了有利于所有居民的分配制度

有利于全体居民的分配制度是社会市场经济的本质特征。这一特征直接反映了国家发展市场经济的目的。

俄罗斯宪法规定，联邦政府负责执行联邦预算，保障实行国家统一的文化、科技、教育、医疗、生态和社会保障政策。俄罗斯在许多方面继承了社会主义苏联时期的社会保障制度，所有俄罗斯人均享受免费的基本医疗保险，保险费的来源是联邦统一社会税。医疗机构对任何人（含外国人）的医疗急救都是免费的，费用由政府预算承担。所有居民（含农村居民）都可获得基本养老金。所有人都可享受11年制义务教育。所有高中毕业生有权经考试竞争后获得免费大学教育。所有居住在苏联时期分配住房的居民可无偿获得房屋所有权，俄称"住宅无偿私有化"。所有年轻家庭都可向政府申请购房补贴或抵押贷款帮助。与发达国家相比，俄罗斯在社会保障程度、质量和水平方面还有明显差距，但俄罗斯正实实在在地缩小差距。

无论政府采取怎样的措施，国有资产流失仍是包括俄罗斯在内的几乎所有转型国家的普遍现象。私有化过程中，与国有资产流失相关的腐败现象形形色色，出现了巨富阶层，广大普通居民生活水平提高缓慢甚至下降，出现了严重的社会两极分化，这成了转型国家被迫付出的道德代价。所以，在转型任务基本完成后，且在经济和财政收入增长的条件下，转型国家主动对居民进行普遍补偿是合理和必要的。最近10年来，俄罗斯特别强调优先发展社会领域，坚定执行有利于所有居民的分配政策，这就是对大多数居民的国家补偿。

一个典型事例是，在国际金融危机的影响下，尽管俄罗斯经济在2009年下降近8%，但由于政府实行了优先保民生的分配政策，贫困人口不仅没有增加，反而减少。2010年6月，世界银行驻俄机构的报告指出，贫困人口比例在2007—2009年分别为15.5%、12.6%、12.1%，并预计2010—2011年下降到10.2%和8.6%。俄罗斯贫困人口是指收入低于最低生活水平线的居民。俄罗斯政府根据生活成本的变化，不断主动提高最低生活水平线。2011年，俄罗斯有劳动能力者的最低生活标准线为6 157卢布/月（合205美元，折合每人每天6.84美元）。

资料来源：李福川. 关于俄罗斯的社会市场经济模式［J］. 俄罗斯中亚东欧市场，2011（10）：6-8.

【讨论问题】 ▓━━━━━━━━━━━━━━━━━━━━━━━━━━━
俄罗斯市场经济体制面临的主要问题包括哪几个方面？

【参考答案】 ▓━━━━━━━━━━━━━━━━━━━━━━━━━━━
一是市场经济的"制度质量"有待提高；二是不少企业缺乏创新动力；三是人力资本质量偏低。

综合案例　关于西方国家市场经济体制的对比与思考

【案例正文】■

现代市场经济有两种基本形态，一种是现代资本主义市场经济，或称现代西方市场经济；另一种是社会主义市场经济。深入地研究西方市场经济体制特别是政府干预体制，对于建立和完善我国社会主义市场经济体制，有着十分重要的借鉴意义。接下来，我们就走进西方的市场经济，来感受西方的经济体制。

一、西方市场经济的类型

当代资本主义世界包括西方主要工业国家和主要发展中国家，在这里我们主要以前者为研究对象。因为无论是西方工业国家还是发展中国家，都属于现代市场经济国家，其区别仅在于经济发展水平和市场经济发育程度的不同。各主要西方工业国家处于国家垄断资本主义阶段，其经济体制或经济制度均具有国家垄断资本主义的根本特征，即垄断包括私人垄断和国家垄断占统治地位，国家对国民经济进行各种形式的干预，也即宏观调控，这是最大的共同点。

另一方面，由于历史的和现实的国情不同，各主要西方工业国家在国家干预上又有自己的特色，这是大同中的小异。我们在对各主要西方工业国家的市场经济进行比较研究时，必须同时注意到这两个方面，而不可偏废。国内一种常见的分类法，将现代西方市场经济国家分为三种类型即美国式自由市场经济、德国式社会市场经济和日本式政府主导型市场经济。深入研究西方市场经济体制特别是政府干预体制，对于建立和完善我国社会主义市场经济体制，有着十分重要的借鉴意义。

有的学者分类更细，将现代西方工业国家区分为美国式垄断主导型市场经济、英国式传统市场经济、德国式社会市场经济、法国式指导性计划混合经济、瑞典式福利国家经济体制，以及日本式政府主导型市场经济体制。这种分类值得商榷。

1. 现代西方国家不存在自由市场经济或传统市场经济，即非垄断私有制加自由放任的市场经济，而只存在垄断资本主义所有制和国家干预的市场经济，美国和英国也不例外。

2. 现代西方工业国都是垄断资本占统治地位的市场经济国家，非独美国为然，垄断是所有西方工业国家市场经济的共同特征之一。

3. 现代市场经济国家的共同特征是国家干预或宏观调控，政府在经济发展中有着重要的作用，因而从这个意义上说，都是政府主导，非独日本如此。如果说日本的国家干预程度更高一些，力度更大一些，也即中央集权更多一些，那么，法国完全可以与之媲美，甚至有过之而无不及。

4. 指导性经济计划也绝非法国所独有。第二次世界大战后日本每届政府都制订中长期宏观经济计划，即使是被人称为传统自由市场经济的英国，也存在着指导性国民经济计划。

5. 社会市场经济国家如果着眼于社会二字，则社会二字无非意味着国家干预，或者意味着福利国家（严格地说，福利国家的实质是政府的转移支出，亦即为国家干预的内容之一）。无论是何种含义，都不是德国所特有。同样，福利国家是所有西方国家所奉行的政策，也不是瑞典和其他北欧国家独具的特征。同时瑞典的国家干预也不仅仅限于福利国家政策。

上述种种理论产生的根源，是对现代资本主义市场经济的本质特征即垄断加国家干预未能把握，特别是对现代市场经济中的国家干预内容之丰富多彩，形式之不拘一格缺乏深刻的认识。有些人自觉不自觉地片面强调"看不见的手"的作用，容易把国家干预视为不规范的手段，而把自由竞争和自由放任视为现代市场经济的常态。

应当承认，由于西方各工业国家作为现代市场经济国家，在根本制度、经济体制和国家干预这三个方面的雷同，的确很难对各国市场经济体制和国家干预做出准确的分类。如果勉为其难的话，可区分为这样三种类型：美国式的以立法和间接干预为主的市场经济类型；西欧式的具有深厚的社会民主党传统的市场经济类型；日本式或东亚式的带有浓重儒家传统色彩的市场经济类型。

美国式市场经济制度的特点是国有经济比重较小，连续性的全国性经济社会发展计划很少，但也不是没有全国性计划，如战后时期肯尼迪政府的"伟大社会计划"，里根政府的"经济复兴计划"，以及克林顿提出的"美国经济振兴计划"。至于部门性计划和区域性开发计划就为数更多了。美国的福利国家政策，与西欧相比固然自愧弗如，与日本相比则过之。不过，与西欧各国及日本相比，美国宏观调控更偏重立法，偏重财政和金融手段的间接干预，则是毫无疑义的。

西欧国家市场经济体制之社会民主党传统有三点主要内容：一是占国民经济相当大比重的国有经济；二是相当严密和系统的宏观经济计划；三是以"从摇篮到坟墓"的著名口号为旗帜的福利国家政策。

儒家学说的基本教条是"君君、臣臣、父父、子子"，"普天之下，莫非王土；率土之滨，莫非王臣"。儒家传统所注重的是大一统和中央集权，服从和集体。凯恩斯主义是第二次世界大战后所有西方工业国家奉行的政策理论，其精髓是国家干预。日本秉承儒家传统和凯恩斯主义，乃是双料的国家干预。在主要发展中国家市场经济体制的分类问题上也存在类似的情形。第二次世界大战后在经济上重要性较大的发展中国家集中在东亚、南亚和拉美地区，有代表性的国家是韩国、印度、巴西、阿根廷、智利、墨西哥等。

在国际经济组织和学术界，韩国有时被列为政府主导型市场经济，有时被列为出口主导型市场经济；印度有时被列为苏联式中央计划型国家，有时又被列为发展主义型"混合经济"国家；拉美国家巴西通常被列为发展主义国家，有时又被列为进口替代型国家。这里，分类标准的概念混乱是显而易见的。政府主导型、中央计划型、混合经济是以经济体制为标准，而发展主义、出口主导型和进口替代型，则是以经济发展战略为标准。二者并不是一个范畴。

二、现代资本主义企业制度

建立在垄断资本主义所有制基础上的现代西方企业，它虽然是微观经济单位，但与自由竞争市场经济中的企业迥然不同，其最基本的特征是规模巨大的垄断集团对生产和流通起支配作用。因此，实力雄厚的现代西方垄断企业集团与政府宏观调控联系极为密切，它既是政府宏观调控的对象，又对政府的宏观调控产生直接或间接的影响。

与古典市场经济的以老板与厂长（所有者）与经营者合二为一的单厂制企业相比，现代西方垄断企业集团具有三点基本特性：一是所有权和经营权分离，所有权属于整个集团和所有者，而经营权为组成该集团的众多子集团的经理人员所掌握。企业所有者脱离企业的直接经营，不直接操纵经营权；直接经营者不是企业的所有者，不拥有所有权。这种企业所有权和经营权的分离构成了现代西方企业制度最引人注目的特色。二是企业集团规模宏大，经济实力雄厚，有能力从事新技术、新产品的研究开发，有能力对所属企业进行技术改造和产品调整升级，从而具有发展生产、提高效率的巨大潜力。三是垄断企业集团有力量操纵市场，形成垄断价格，从而产生阻碍技术进步和生产发展的腐朽趋势。

近年来，西方各国关于国有企业的效益问题争议很大，一般而论，这种争议带有浓厚的党派色彩和意识形态色彩。右翼党派往往反对国有企业，宣传国有企业缺乏效率；左派政党则相反，主张企业国有化，认为国有企业不仅社会效益良好，企业经济效益也不低于私有企业。

根据国内外学术界的客观研究成果，可得出两点基本结论：第一，西方国有企业除了盈利目标外，还担负着社会效益目标，如建设微利或无利的基础设施，对社会提供福利性的公用服务；提供就业机会以对抗失业现象等。因此，不少国有企业承受私有企业所无法承担的政策性亏损。第二，如果剔除政策性亏损，则国有企业和私有企业在经营效率上并无伯仲之分，在非基础性工业即竞争性工业部门中尤其如此。

资料来源：洞鉴财经. 关于西方国家市场经济体制的对比与思考［EB/OL］.［2022-06-02］. https://baijiahao.baidu.com/s? id=1734508446856869771&wfr=spider&for=pc.编者有改编。

【案例使用说明】

一、讨论问题

美、德、日三国市场经济的主要特点是什么？

二、参考答案

美国市场经济的主要特点：十分强调市场力量对经济发展的主要作用，认为政府对经济发展只能起次要作用；推崇企业家精神和市场效率，批评政府对经济实行干预；生产要素可以自由流动；每个人都有无限制的法律诉讼权利；政府进行调控与否，以是否有利于消费者利益为目标，而较少从生产者角度出发；社会习惯和政府政策倾向于私人消费，而不倾向于储蓄；政府实行赤字财政政策。

德国市场经济的主要特点：强调对经济的宏观调控，反对经济的自由放任，但也反对把经济统紧管死；将个人自由创造和社会进步原则结合起来，既保障私人企业和财产的利益，又要给公众带来好处；国家对市场进行必要的干预，为市场运作规定总的框架，以保证市场自由和社会公平的协调。

日本市场经济的主要特点：政府对市场进行行政干预，制定经济计划和产业政策；以私有经济为主体，同时有国有经济和合作经济；发挥社团组织管理经济的作用。

第四章　经济全球化与世界经济发展

反经济全球化浪潮评析

【案例正文】 ■

　　在经济全球化加速发展的同时，近几年来，国际社会有一个现象十分引人注目：反对经济全球化的群众性示威浪潮一浪高过一浪。在西方国家，凡举办国际会议的地方，总有一批存心闹事的反全球化斗士，他们簇拥在任何一个世界大会的会议厅前，用身体筑成人墙，打起示威的标语，在大厦外喷漆、涂鸦。这些人并非散兵游勇，他们来自一些有组织的大小团体，以示威游行的方式向国际组织施压，甚至不惜以流血和暴力来唤起全世界对反全球化运动的关注。1999年11月，世界贸易组织在美国西雅图举行部长会议，约10万名示威者爆发骚乱。经历了此次暴乱冲击，西雅图已成为惊弓之鸟，不但拒绝主办亚太经济合作组织会议，还放弃了申办2012年奥运会；2001年5月，英国伦敦市中心金融区1万多人集会，打出"我要全球生态保护，不要全球自由经济""全球化，当心点，我们不会放过你！"等巨幅标语。示威者认为，大国推动的全球化政策造成大量失业、贫富悬殊和生态破坏，摧毁了大多数人的生活、幸福和希望。在抗议过程中，警方与反全球化示威群众发生混战，有50人受伤，多家店铺被洗劫，其经济损失超过1亿美元；2001年7月，八国首脑会议在意大利热那亚召开。在大会开幕的前一天，有近10万名抗议者从世界各地云集该地，与近2万名会议治安警察形成对垒之势。会议召开当天，抗议者向警察投掷燃烧弹，一个青年被警察当场开枪打死，另有200多人受伤。一些银行、商店、邮局被砸，一些汽车被烧。八国会议落幕之后，意大利花费1.2亿美元修缮被破坏的城市设施。2003年9月世界贸易组织第五次部长级会议召开之际，又遭到了来自世界各地反全球化斗士的示威抗议，其中一位韩国农民甚至自焚身亡。

　　有一位美国演员曾经说过："比遭受议论更糟糕的是根本不被议论。"迫于经济全球化的影响而敞开国门的国家也可能说同样的话："比开放本国经济更糟糕的是根本就不开放"。经济全球化是一把"双刃剑"。在全球化过程中，由于发达国家居于主导地位，现行国际机构和国际规则由发达国家主导制定，因此，发达国家在经济全球化进程中处于主导和有利地位，获益最大。如果发展中国家能够抓住机遇，加快发展，经济全球化将会加快其工业化、现代化和市场化进程；如不能适时调整自己的发展战略，错过了发展机遇，则有可能陷入"贫困化陷阱"。经济全球化既为广大发展中国家带来机遇，同时也带来挑战和风险。作为一种不可逆转的历史潮流，我们别无选择，只能融入全球化的洪流中，尽可能扬长避短、趋利避害。

【涉及的问题】■

经济全球化作为一把"双刃剑"对世界经济会产生怎样的影响？是利大于弊还是弊大于利？

事实上，以上问题通过本课程的学习都可以解决，上述案例揭示了经济全球化对世界经济影响的重要性。

思政案例

单边主义的美国优先——美国"退群"

2017年1月23日，美国宣布退出跨太平洋伙伴关系协定；2017年6月1日，美国宣布退出《巴黎协定》；2017年10月12日，美国宣布将于2018年年底退出联合国教科文组织；2017年12月2日，美国宣布退出联合国《全球移民协议》；2018年5月8日，美国宣布退出伊朗核问题全面协议；2018年6月19日，美国宣布退出联合国人权理事会；2018年10月20日，美国宣布将退出《中导条约》；2019年4月26日，美国宣布将退出联合国《武器贸易条约》；另外，美国还扬言要退出世界贸易组织，甚至退出联合国。美国作为唯一的超级大国，敢于冒天下之大不韪，不顾一切，疯狂"退群"，这反映了霸道的美国优先价值观。其实，美国政客所奉行的单边主义与保护主义才是全球各国合作发展的绊脚石。

逆全球化现象的出现将促使国际社会反思和正视经济全球化的负面影响，更加重视解决经济全球化所带来的各种经济与社会问题，通过改善国内治理体系与加强国际合作，积极推动经济全球化朝着均衡、普惠、共赢方向发展。

资料来源：根据互联网资料整理。

4.1 经济全球化的形成与表现

4.1.1 经济全球化的主要表现

------ 案例 ------
推动经济全球化不断向前

【案例正文】■

2022年11月4日晚，国家主席习近平以视频方式出席在上海举行的第五届中国国际进口博览会开幕式并发表致辞，肯定了进博会的重要作用，强调中国坚持对外开放的基本国策，阐释了以中国新发展为世界提供新机遇的开放举措，为建设开放型世界经济注入了强大正能量。接受采访的国际人士认为，中国践行真正的多边主义，坚定不移推进高水平对外开放，有利于推动经济全球化不断向前，增强各国发展动能，让发展成果更多更公平惠及各国人民。

"扩大贸易渠道、促进投资合作的重要平台"

"进博会是展现中国更高水平对外开放的窗口，是促进各国机遇共享和人文交流的大舞台。"泰国中华总商会副主席奔勇表示，习近平主席的致辞让世界进一步了解中国式现代化是走和平发展道路的现代化，展现了中国主动向世界开放市场、分享发展机遇的决心和信心。

巴西圣保罗州立大学经济与国际研究所主任马科斯·皮雷斯表示，在保护主义抬头、经济全球化遭遇逆流的情况下，中国连续5年举办进博会，以实际行动表明中国开放的大门只会越开越大，推动了全球贸易多元化发展。进博会有利于提高中国民众的生活水平，也让各国企业有更多机会向中国出口优质产品。

俄罗斯莫斯科国立大学亚非学院院长阿列克谢·马斯洛夫曾参加首届进博会俄罗斯馆的活动，展会上的热烈气氛给他留下深刻印象。"中国积极推动贸易和投资自由化便利化，进博会已经成为扩大贸易渠道、促进投资合作的重要平台。"

"在中国持续努力下，进博会成为举足轻重的国际公共产品。"埃及《金字塔报》副总编辑塔里克认为，进博会为发展中国家提振经济、增加民众收入带来希望，习近平主席的致辞为促进全球合作、携手共克时艰增添了信心和力量。

专业服务机构毕马威亚太区主席陶匡淳表示，进博会为中国企业以及在华外企发展提供了诸多机遇，推动全球经济互惠互利、共同繁荣。毕马威将在本届进博会期间展示绿色创新成果，期待与各界加强交流，为实现更加强劲、绿色、健康的全球发展注入更多动能。

阿尔巴尼亚全球化研究所执行主任马塞拉·穆萨贝留表示，当前世界经济复苏动力不足，进博会为各国企业提供了进入中国市场、共享发展机遇的绝佳机会。

"阿联酋企业连续多年参加进博会，我们鼓励企业利用这一平台建立更多合作关系。"阿联酋经济部助理次长朱玛表示，进博会是中国主动向世界开放市场的重大举措，成为推动全球发展繁荣的重要力量。阿联酋正致力于推动可持续发展，希望与中国在多个领域携手合作。

"不仅是贸易上的开放，更是思想理念上的开放"

以开放纾发展之困、以开放汇合作之力、以开放聚创新之势、以开放谋共享之福，中国智慧为共同应对全球经济发展面临的困难和挑战指明方向。

德国柏林普鲁士协会名誉主席福尔克尔·恰普克表示，历届进博会吸引了全球知名企业积极参展，中国推进高水平对外开放，让发展成果更多更公平惠及各国人民，为推动经济全球化不断向前树立了榜样，得到国际社会广泛认同。

"开放是人类文明进步的重要动力，是世界繁荣发展的必由之路。我非常赞同这一重要论述。"墨西哥国立自治大学国际问题专家伊格纳西奥·马丁内斯表示，世界各国应摒弃意识形态偏见，坚持真正的多边主义，开展互利合作，推动构建人类命运共同体，促进共同发展与繁荣。

皮雷斯说："习近平主席在致辞中多次强调'开放'，当今世界应通过开放合作解决分歧、实现互利共赢。"他表示，进博会广受欢迎、应者云集，彰显经济全球化仍是不可阻挡的历史潮流。中国始终站在历史正确的一边、站在人类进步的一边，为世界各国树立了典范。

松下控股集团全球副总裁本间哲朗表示，改革开放以来，中国在全球经济中发挥着越来越重要的作用，松下很荣幸与中国经济稳步发展一路同行。"中国推进高水平对外开放的诸多举措，让我们看到中国推动经济全球化的决心，也对中国经济充满期待。"

迅销集团全球执行董事吴品慧表示，进博会已经成为中国构建新发展格局的窗口，中国加快构建以国内大循环为主体、国内国际双循环相互促进的新发展格局，为各国企业带来更多发展机遇。集团将持续深耕中国市场，与更多消费者共同创造美好生活。

"'开放'代表了发展的正确方向。"摩洛哥非洲中国合作与发展协会主席纳赛尔·布希巴说："蓬勃发展、高水平开放的中国充满机遇，在进博会上，众多发展中国家企业找到了新渠道、新市场，获得更大发展空间。"

马斯洛夫说，多年来，中国为全球经贸发展提供了强大动力，展现了维护和促进经济全球化的大国担当。"中国连续举办5届进博会，不仅是贸易上的开放，更是思想理念上的开放。中国的开放承诺将进一步重振国际贸易。"

"一个繁荣稳定发展的中国将为世界创造更多机遇"

"中国正昂首阔步行进在全面建设社会主义现代化国家的新征程上，中国的成功发展经验激励着其他国家。"奔勇表示，中国举办进博会等高水平展会，加快建设海南自由贸易港，推动《区域全面经济伙伴关系协定》生效实施，与世界共享中国巨大市场和发展机遇。

日本东京大学社会科学研究所教授丸川知雄表示，中国举办进博会等经贸盛会，主动敞开怀抱，积极扩大进口，促进世界各国互利合作进一步发展，推动世界经济复苏。

"中国将推动各国各方共享深化国际合作机遇，坚定支持和帮助广大发展中国家加快发展，令埃及等非洲国家备受鼓舞。"埃及工业与外贸部经济学家梅特沃利表示，中国给予最不发达国家98%税目产品零关税待遇，扩大中国自非洲进口，并为非洲农产品输华建立"绿色通道"。中国还大力支持非洲发展清洁能源，助力其应对气候变化、实现可持续发展，体现了推动构建人类命运共同体的大国情怀和责任担当。

"任何想要发展和拓展市场的企业，都不能忽视进博会及其背后的中国市场。"布希巴表示，中国言必信、行必果，一系列务实高效的开放举措逐步落地落实，为世界经济复苏注入信心和力量。

"中国式现代化是走和平发展道路的现代化，中国追求的是践行真正的多边主义而非零和博弈。"穆萨贝留表示，中国是世界经济增长的主要稳定器和动力源，"一个繁荣稳定发展的中国将为世界创造更多机遇"。

资料来源：龚鸣. 推动经济全球化不断向前［EB/OL］.［2022-11-06］. https：//m.gmw.cn/baijia/2022-11/06/36141421.html.编者有改编。

【讨论问题】■
经济全球化的主要表现是什么？
【参考答案】■
（1）贸易自由化；
（2）金融全球化；
（3）生产国际化与全球价值链。

4.2　经济全球化对世界经济的影响

4.2.1　经济全球化对发达国家的影响

------------ 案例 ------------
经济全球化与发达国家收入不平等

【案例正文】■

自2008年国际金融危机以来，一些西方发达国家不得不面对的压力或困境之一，就是其国内持续恶化的收入不平等，在这种情况下，经济全球化被一些人认为是导致西方发达国家内部收入不平等加剧的罪魁祸首。事实上，西方发达国家自身的政治体制、经济制度、经济结构以及教育公平性等方面长期存在的问题和弊端，才是导致其内部收入不平等加剧的重要原因。

一、经济全球化不是发达国家内部收入不平等加剧的主要原因

2008年国际金融危机之后，西方主要发达国家不仅经济长期陷入低迷和失业率上升，而且国内的收入不平等状况也进一步恶化。在国际金融危机之前，美国、加拿大、英国、法国和意大利的国内失业率分别约为4.5%、6.5%、6%、10.2%和7%，而在国际金融危机之后的2009—2011年，上述各国的平均国内失业率则分别上升至约9.6%、8.5%、8.2%、11.5%和9.5%。伴随着经济增长的放缓和就业机会的减少，这些发达国家的中低收入群体的境况也不断恶化，收入分配差距进一步拉

大，社会财富在不同收入群体中的分布也更不平等。一些具有民粹主义价值观或思想的政客以维护低收入群体利益为名，将民众的不满情绪直接引向抵制经济全球化，从而使得其支持者相信"本国优先"战略会从根本上改变其国内的收入不平等状况。然而，这种一厢情愿的欲加之罪却没有理论和经验研究证据给予充分的支撑。

1.理论逻辑不支持经济全球化与发达国家收入不平等加剧的因果关系。

经济全球化涵盖了对外贸易、资本流动、技术转移、劳动力流动和信息传播等各个方面，而本轮抵制经济全球化者主要将矛头指向国际贸易和资本流动。国际贸易影响一国收入不平等的理论基础源于赫克歇尔-奥林（Heckscher-Ohlin）的资源赋予理论和斯托尔珀-萨缪尔森（Stolper-Samuelson）理论。根据上述理论，国际贸易在整体上会增进各贸易国的福利水平，却有可能在改善一部分人收入状况的同时，使得另一部分人的收入受损，进而对一国内部的收入分配格局产生负面影响。对于发达国家来说，国际贸易一方面会通过减少发达国家低技能劳动力的就业机会而使其收入状况恶化，另一方面则有可能使低技能劳动力的相对报酬或收入水平降低，从而拉大其与高收入群体之间的差距。2017年7月17日，美国总统特朗普签署公告，正式启动"美国制造周"。他希望借此为美国工人以及美国工业提供更有利的竞争环境，并认为"产品实现美国制造可以保证本国的就业岗位，增加美国工人的收入，并且创造的利润也会留在美国"，其反对经济全球化的逻辑正符合上面的理论。

然而，上述推论有着严格的前提或假设，如短期内生产要素不能自由流动、没有劳动力从低技能向高技能的转变机制、一国没有最低工资标准的法律规定、政府也没有对低收入人群进行转移支付等。但现实并非如此，中长期来看生产要素在国内基本可以实现自由流动，通过教育和培训可以实现低技能劳动力向高技能劳动力的转变，目前主要发达国家都有严格的最低法定工资标准，政府也会对低收入群体进行转移支付。就此而言，突破这些前提条件和假设之后，前述理论的各种推论都将不再成立，所以，理论推导并不能得出现实中进口贸易与发达国家内部收入不平等加剧之间的确定关系。

理论上来讲，金融一体化发展对一国内部收入不平等的影响主要通过两个渠道，其中，基于直接渠道的影响机制主要取决于低收入群体的金融市场参与程度和金融中介服务的可获得性，而基于间接渠道的影响机制则通过资本流动对劳动力市场需求结构的改变来实现。一方面，相比于发展中国家，发达国家的金融市场系统更为发达和完善，因此低收入群体将有更多的金融市场参与机会并分享金融一体化发展所带来的好处，从而可能会改善而非恶化其收入分配状况。另一方面，由于发达国家总体上以资本净流出为主，如果资本流出主要导致低技能或劳动力密集型产业向国外转移，则短期内可能会影响到发达国家相应产业劳动力的就业和收入水平，从而对其内部收入不平等状况产生负面影响。所以，金融一体化发展对发达国家内部收入不平等的作用方向，将主要取决于该国金融服务的受众面或普惠程度，以及资本流动对不同技能劳动力需求的实际影响程度，而这两种效应的大小，会因一国金融市场的发展程度和相应的制度设计而有所不同，再考虑到发达国家的经济增长总体上受益于金融一体化发展，由此增加的社会总收入会通过政府转移支付等渠道流向低收入群体，由此更难得出金融一体化发展与发达国家收入不平等之间的确定性联系。

2.经验研究无法给出经济全球化加剧发达国家收入不平等的确凿证据。

在研究经济全球化影响收入不平等的相关文献中，国际贸易强度和金融一体化程度被绝大多数研究者所重点关注，并且进出口总额和外商直接投资与国内生产总值GDP的比值一般被分别用作贸易强度和金融一体化的衡量指标。总体而言，对于大量进口低收入国家产品的发达国家，国际贸易发展会导致其国内收入不平等状况恶化。但是，这种影响只是在短期内存在的，中长期内经济全球化带来的整体经济增长会改善低收入群体的经济状况，并且长期内生产要素会随着产业结构调整而进行重新配置，从而会弱化国际贸易对发达国家低技能劳动力的负面影响。所以，如果笼统地谈经济全球化会改善还是恶化发达国家内部的收入不平等状况，就很难得出令人信服的结论。

与贸易一体化相比较，金融一体化发展对一国内部收入不平等的影响有所不同，并且这种影响也会由于一国总体发达程度和收入水平的差异而有所区别。大量的经验研究表明，一方面，金融一体化过程中发达国家的资本流出会对其收入分配产生负面影响；另一方面，发达的金融市场体系和高度的市场参与率同时也会缩小发达国家的收入不平等。除此之外，还有一些研究发现，在经济全球化发展过程中，与技术进步、资本回报率变化、教育公平性、人口老龄化和资产价格变化等因素相比较，经济全球化本身对发达国家内部收入不平等程度的恶化只起到非常有限的作用或影响。

不仅如此，在理论逻辑上，以解决内部不平等问题为理由而抵制或反对经济全球化，并不能反推出经济全球化就是导致一国内部收入不平等的主要原因这一结论。哈佛大学肯尼迪政府学院讲席教授丹尼·罗德里克所提出的全球化发展中的"不可能三角"理论，论证了一国不可能同时实现民主政治、国家主权和经济全球化这三个目标。例如在一个高度全球化的经济体里，由于金融和企业都能够自由流动，因此政府的政策空间会受到很大限制，这使得一国政府可能无法有效满足国内利益相关者的诉求，从而通过劳动者保护和累进税制改革等措施来解决社会发展不平等问题。现实中，"不可能三角"理论表现为经济高度全球化发展中国家所面临的国家主权和民主政治之间的冲突。对于西方发达国家的政客们而言，选择以解决国内收入不平等问题的名义来抵制或反对经济全球化，不但可以在避免上述冲突的同时赢得普通民众的支持，而且能使其承担相对更低的政治成本。由此可见，西方国家一些执政者（政党或政客）目前采取的各种措施以抵制或反对经济全球化，并不是真的相信抵制了经济全球化就会改善其国内收入不平等加剧的困境，而极有可能是出于赢得更多选票和巩固其执政地位等方面的考虑。

综上所述，从理论逻辑上看，经济全球化与发达国家内部收入不平等之间的因果关系并不存在，并且已有经验研究也没有给出确凿的证据和得到一致性的结论，证明经济全球化导致了发达国家的内部收入不平等。由此可见，目前西方发达国家各种反对经济全球化的言论和行动，并非想在经济层面上改善普通民众的生存状态，而是以此来转移国内矛盾并在政治层面上取得或稳固其统治地位。

二、自身制度弊端是发达国家内部收入不平等加剧的主要原因

如果深入分析发达国家内部收入不平等的特征和变化历史，可以发现，与经济全球化所可能引致的收入不平等相比，发达国家自身与政治、经济和社会相关的制度或政策设计中存在的结构性问题和体制性弊端，更有可能是其收入不平等加剧的重要原因。

1.政治体制弊端。在政治体制方面，发达国家金钱与政治活动和政党竞选的密切关系会加剧其收入不平等状况。一方面，对于处于经济社会底层的弱势群体及普通纳税人而言，由于缺乏组织性，也没有足够的经济影响力去影响政治选举、立法和政策制定，从而无法有效保护低收入群体的基本利益。此外，由于资本左右选举和公共政策制定，使得贫困者、失业者和普通工薪阶层等弱势群体的利益诉求很容易被漠视，而长期缺乏话语权又反过来影响了低收入阶层的政治参与热情。贫穷导致弱势群体失去了维护自身利益的能力，甚至丧失了努力改变境遇的欲望，这种金钱政治影响经济利益分配的体制弊端，最终甚至会不幸地在低收入群体中形成代代相传的恶性循环。

另一方面，高收入阶层的财富占有状况会直接影响到西方发达国家的政治进程，通过政治献金或直接参加政治选举，处于财富顶端的高收入阶层能够利用其资本优势，通过影响立法和左右政策制定，从而为高收入群体谋取更多的利益，使得社会收入和财富进一步向富人集中，从而加剧了收入不平等状况。

所以，西方发达国家富人或高收入群体能够利用其财富优势，有更多机会影响或参与总统和国会议员的竞选以及高级官员的任命，进而导致政府的法律和公共政策制定更偏向于保护富人和特殊利益群体，最终加剧了其内部收入分配的不平等状况。

2.经济制度弊端。在经济制度方面，发达国家的税收制度和政府转移支付体系设计方面的问题，是导致其内部收入不平等加剧的另一个重要原因。正如经济合作与发展组织在一份报告中所指出的那样，一些发达国家对高收入者按较低税率征税是导致收入不平等扩大的原因之一。以美国的收入所得税为例，美国国税局对工薪阶层收入征税的覆盖率（约为100%）远高于对商业和投资收入征税的覆盖率（约为70%），而商业和投资收入通常是高收入阶层的主要收入来源。在过去的30多年间，随着美国联邦税率的下调，与收入来源单一的中低收入阶层相较，高收入阶层

来自于各种资产的收入可以享受到更多的减税好处，因此就连美国著名投资人沃伦·巴菲特也提到美国的税收制度"不应当让富人更富"，而是要让不同收入阶层更公平地纳税。

不仅如此，在西方发达国家，由于绝大部分金融资本都被高收入阶层所拥有，因此资本所得税制被期望能够有效调节高收入群体的所得或财富水平。然而，与普通收入所得税相比较，缺乏公平性的资本所得税不仅无法实现财富调节目标，反而极大加剧了收入分配不平等。例如，2010年美国约81%的股票被处于收入顶端10%的群体所持有，约69%的股票被收入最高的前5%的群体所持有，并且近年来这种资本过度集中于高收入人群的趋势仍在进一步上升。然而，多年来美国的资本所得税率却呈现出不断下降的趋势。在小布什的任期内，这一税率被下调至15%，甚至低于普通收入所得税率35%的一半。由此可以看出，现实中发达国家的资本所得税方面的制度设计，不但没有起到调节收入分配的效果，反而会进一步拉大不同阶层的收入分配差距。

除此之外，不合理的累进税收制度和政府转移支付制度会进一步拉大税后的收入分配差距。根据美国国会预算办公室发布的报告，由于联邦税率和政府转移支付政策在调节收入分配方面的递减效应，在1979年到2007年期间，美国基于市场收入计算的基尼系数上升了23%，考虑了政府转移支付后的基尼系数上升了29%，而在考虑了税收和政府转移支付因素之后的基尼系数则上升了33%。造成这一现象的主要原因在于，和低收入阶层从政府转移支付中获得的补贴或福利相比，高收入阶层从政府税收支出中享受到了更多的税收优惠或抵免等好处。所以，无论是收入所得税和资本利得税的制度设计，还是税收支出和政府转移支付体系，都客观上成为加剧发达国家内部收入不平等的重要原因。

3.经济结构失衡。在经济结构方面，进入21世纪以来，伴随着网络信息技术的迅速发展和传统制造业向发展中国家的转移，发达国家产业发展中偏向技能的技术变化，形成了对不同技能劳动力的需求差异，同时拉大了高技能劳动力和低技能劳动力的薪资差异，这种工作机会和收入上的差异逐渐成为发达国家内部收入不平等加剧的原因。

另外，发达国家经济发展的过度金融化，使得收入和财富快速向金融从业人员倾斜，从而成为加剧其内部收入不平等的另一个原因。相比于实体经济从业者，金融行业的高管们可以轻松获得高额的年薪和分红。2016年美国摩根大通银行和富国银行主席的薪酬分别为2 720万美元和1 920万美元；高盛集团和摩根士丹利首席执行官的薪酬则分别为2 200万美元和2 250万美元。在这些高额收入中，超过2/3为股票奖励或分红收益。正如法国经济学家托马斯·皮凯蒂在《21世纪资本论》中所指出的，资本收入高于劳动收入是导致收入不平等的关键原因之一。

在发达国家，相比于普通工人的收入增长，资本拥有者和金融资产持有者的收入增长幅度更大。据《纽约时报》公布的统计数据，2015年，全美400家大企业首席执行官的平均年收入为1 050万美元，这些收入中的大部分也无一例外地来自于股票分红或期权激励。此外，金融资产持有者有着更多的选择以规避各种不确定性所引致的财富缩水风险，例如2008年国际金融危机爆发之后，美国的低收入群体由于失业和房价下跌而导致收入和财富迅速下降，然而政府的救市政策却成了高收入阶层所持有金融资产的避风港，华尔街的高管们甚至利用救市实现了自身财富的进一步增长，从而使得社会收入不平等状况更加恶化。

4.教育有失公平。近年来发达国家不同收入群体的教育机会公平问题备受诟病，根据美国宾州大学发布的《2016年历史趋势报告》中披露的数据，在2014年，如果把美国家庭按收入水平高低划分为四个层次，可以发现，当年全美被授予本科学位的24岁年龄段的大学毕业生中，有77%都来自于收入最高的前两类家庭，而这一比例在1970年为72%；不仅如此，当年全美超过50%的本科学位获得者都来自于收入水平位于前25%的家庭，而来自收入水平最低的家庭的学位获得者，其占比仅为10%。这意味着出生在富裕家庭的孩子，会有更多的机会接受高等教育。

通过以上描述和分析可以发现，理论分析和经验研究都难以证实经济全球化与发达国家内部收入不平等之间的因果联系，而更多的证据却表明两者之间可能没有明确的相关关系。因此，在世界各国普遍受益于全球一体化发展的大背景下，近年来部分发达国家以影响收入不平等为理由而抵制或反对经济全球化，将很难在世界范围内得到广泛支持。不仅如此，多年来经济全球化的高速发展，无论从广度还是深度上，都使得世界各国之间的经济联系已经无法割裂，很少有一种商品是完全由单一国家进行生产和制造的，并且事实上一种产品不管是本国制造还是外国制造，都将依赖并受益于庞大的全球供应链。除此之外，不同经济体之间的资本流动也已经成为常态，资本融合和全球金融一体化发展也使得产业投资难以简单地以国别来加以判定。

毋庸置疑，一些西方发达国家的政党或政客试图通过抵制或反经济全球化来解决自身问题和转移国内矛盾，但这在现实中是行不通的，例如提高进口商品的关税或者强制推行本国制造的各种产品，其结果将使低收入家庭不得不承担更高的生活成本，并因此遭受远高于富人的利益损害，最终会进一步拉大贫富差距，而不是改善收入不平等状况。西方国家一些政党利用抵制经济全球化来转移国内矛盾和巩固其执政地位，在短期内也许会有一定效果，但在中长期内这种政策或行为会导致执政党向民众的各种承诺都无法兑现，因此其最终难逃被选民抛弃的命运。西方发达国家如果不能从自身社会结构出发思考造成贫富分化的制度性根源，而把造成问题的原因引向经济全球化，就会在错误的道路上越走越远。

资料来源：李奇泽，黄平．经济全球化与发达国家收入不平等［EB/OL］．［2017-11-22］．http://www.qstheory.cn/dukan/hqwg/2017-11/22/c_1121993554.htm.编者有改编。

【讨论问题】

经济全球化对发达国家的消极影响是什么？

【参考答案】

第一，经济全球化加大了发达国家的金融风险；

第二，经济全球化使部分发达国家出现产业"空心化"。

4.2.2　经济全球化对发展中国家的影响

案例

印度尼西亚驻沪总领事：赞赏中国坚持更高水平对外开放

【案例正文】

在2022年进博会虹桥国际经济论坛上，研讨区域经济一体化的"RCEP与更高水平开放"高层论坛吸引了国内外政商学界，尤其是发展中国家政要的高度关注，印度尼西亚驻上海总领事戴宁就参加了本次论坛。对于付出十年努力积极推进《区域全面经济伙伴关系协定》的印度尼西亚来说，是怎么看待RCEP和中国持续推进高水平开放的？参加本届进博会，他又有哪些期待？

印度尼西亚共和国驻上海总领事戴宁：首先RCEP作为一种机制，它能使印度尼西亚跟上全球化进程的脚步，因为印度尼西亚经济目前正处于衰退的劣势，所以我们需要在越来越多的发展阶段上努力。而RCEP将为印度尼西亚走向全球化搭建平台。其次，RCEP能够给本区域带来稳定、可预测的贸易和经济规律，这是RCEP的一个重要特征。它能通过促进投资和商业活动使工商界重振信心。所以毫无疑问，RCEP将是一个推进区域经济一体化和经济全球化的绝佳平台。

对于该论坛的另一个主题——更高水平的开放，戴宁也十分认同，他对于习近平主席在本届进博会开幕式上视频致辞中提到的"以开放聚创新之势，推动全球经济不断向前，让发展成果更多更公平惠及各国人民"表示赞赏和支持。

印度尼西亚共和国驻上海总领事戴宁：我们感谢习近平主席和中国政府的这一政策，中国倡导和引领的更高水平的开放，是包括印度尼西亚在内的发展中经济体迫切需要的，因为贸易、投资和经济关系就应该是互惠互利的，各国开放合作能给大家都带来好处，我们也强调要更加公平地分享利益，因为开放和正能量是世界真正需要的，能更好促进全球经济的繁荣与发展。

戴宁说，从2019到现在，他连续参加了四届进博会。每年印度尼西亚馆的人气都很旺，通过进博会的平台和窗口，增强了印度尼西亚品牌在华的认可度和美誉度，也增强了印度尼西亚企业进一步开拓中国市场的信心。今年，印度尼西亚企业带来的燕窝、咖啡、棕榈油、热带水果等，再次受到了中国消费者的喜爱。他认为，印度尼西亚和中国共同利益广泛，合作空间广阔。

印度尼西亚共和国驻上海总领事戴宁：去年印度尼西亚和中国双边贸易额增长

了约56%，其中印度尼西亚的出口额增长了近70%，中国同印度尼西亚两国贸易额增加到了1 240亿美元，印度尼西亚和中国产业互补性强，两国经贸合作也日益密切，所以我对两国未来的关系非常乐观。

资料来源：孙欣祺. 进博面对面 印尼驻沪总领事：赞赏中国坚持更高水平对外开放［EB/OL］.［2022-11-08］. https：//baijiahao.baidu.com/s？id=1748919125727492823&wfr=spider&for=pc.编者有改编。

【讨论问题】■
经济全球化对发展中国家的负面影响是什么？

【参考答案】■
第一，发展中国家的经济主权和经济安全受到挑战；
第二，国际资本加速流动，加大了发展中国家的金融风险；
第三，盲目承接发达国家的产业转移容易损害经济可持续发展能力；
第四，经济全球化会使发展中国家的国家安全受到威胁。

4.3　世界经济发展的新阶段

4.3.1　国际经济秩序面临新挑战

案例1

全球化走到历史十字路口 中国如何发挥关键引领作用？

【案例正文】■
由全球化智库（CCG）主办的第八届中国与全球化论坛19日—21日在京举行。21日的闭幕论坛特别举办了中国全球化三十人圆桌，全球化研究领域权威专家们齐聚一堂，共同探析21世纪的中国与全球化。

CCG理事长、西南财经大学发展研究院院长王辉耀在开场致辞中表示，新冷战、逆全球化的言论层出不穷，全球化走到了新的十字路口。中国在这个特殊时间点上，可以在后疫情时代、后俄乌危机时代，为推动经济全球化再繁荣发挥关键的引领作用。

世界面临百年未有大变局，全球化何去何从？

当前，全球化正面临百年未有之大变局，新冠疫情肆虐、贫富差距扩大、地缘政治博弈、供应链波动等因素叠加，国际体系面临重置。在此情形下，全球化会如何发展？将衰弱还是重构？针对以上问题，与会专家认为，审视全球化的发展趋势不仅要拉长时间维度，还要从多角度进行分析思考。

纽约大学东亚系、比较文学系教授，北大国际批评理论中心主任张旭东认为，如果把资本主义全球化理解为现代世界历史的进程，它从来未在和谐、光滑的"历史地表"上扩展，而是成长于各种矛盾冲突和社会障碍中。所以，"当前的境况不是逆全球化和去全球化，而是符合全球化历史的发展趋势"。

中国社科院亚太与全球战略研究院院长李向阳表示，如果生产关系的规则和秩序无法适应跨境生产要素和商品流动，就会阻碍全球化，反之则会推动全球化。"因此，全球化是有周期性的"。

"全球化没有终结"成为与会嘉宾共识。CCG特邀高级研究员、德国波恩大学全球研究中心主任辜学武指出，全球化不会终结，因为其真正动力是市场经济。他认为，尽管遇到诸多障碍和反复打击，但只要以资本为导向的市场经济终结，全球化就会继续下去。

南京大学政府管理学院教授郭忠华则认为，尽管全球化在某些领域有所回潮，但是在另外一些领域更加强劲，比如说数字化、人工智能等技术发展领域。

面对当今全球化局势，中国该扮演怎样角色？

CCG学术委员会专家、中国国际经济交流中心总经济师陈文玲认为，"世界是倾斜、不均衡的，而当今世界是乱的，我们处在急剧的变动和演化之中"。在这种情况下，全球化处于历史十字路口，人类也面临着沟通、分裂、经济危机、信用赤字等多重"考题"。面对如今的全球化局势，和全球化一同站在历史十字路口的中国该扮演怎样的角色，又该发挥怎样的作用？

中央党校（国家行政学院）国际战略研究院副院长吴志成认为，站在全球化发展的十字路口，中国作为负责任的大国，"需坚持正义，不断地推动全球化砥砺前行"。他提出以下建议：

保持清醒和战略定力，认清全球化，统筹好两个大局；加快国家治理现代化；推动建设新型国际关系和大国关系；积极引导全球化发展导向；有效加强参与全球化的能力建设；推动共建人类命运共同体走深走实。

资料来源：张铭心. 全球化走到历史十字路口 中国如何发挥关键引领作用？［EB/OL］.［2022-06-21］. ttps://baijiahao.baidu.com/s? id=1736256411563291468&wfr=spider&for=pc.编者有改编。

【讨论问题】

国际贸易体制的缺陷是什么？

【参考答案】

虽然以关贸总协定和世界贸易组织为核心的多边贸易体制在推动贸易自由化进程、规范世界贸易行为准则、解决贸易争端等方面发挥了重要作用，但其缺陷也十分明显。主要体现在发达国家掌握话语权，主导着贸易自由化进程，对发展中国家提出各种不切实际的开放市场要求，而发展中国家的要求又受到忽视，利益被损害；发达国家频频使用反倾销、反补贴、保障措施等贸易救济手段对发展中国家出口产品进行限制，严重损害发展中国家贸易利益。

------------------------------ 案例 2 ------------------------------
世界经济论坛把脉全球化面临的挑战与变革

【案例正文】

在瑞士达沃斯召开的世界经济论坛年会上，遭受新冠疫情、俄乌冲突等挑战的经济全球化问题成为各方讨论焦点。尽管不少与会者对经济全球化前景表达担忧，但一些专家认为，正在经历变革的经济全球化仍具备较强韧性。

今年的年会有十多个主论坛或分论坛涉及全球化议题。"全球化死了吗""在危急时刻平衡全球化和韧性"，这些论坛主题凸显各方对全球化的担忧。在一场名为"全球化的未来"的分论坛上，面对"全球化是进步了还是倒退了"的提问，多数参与者选择了后者。

克劳斯·卢夫特曾任高盛欧洲公司副主席，多次参加世界经济论坛年会。他表示，世界经济论坛最早只聚焦欧洲，后来逐渐发展到关注全球，"这正是因为全球化，也体现了全球化"。

卢夫特承认，现在全球化遇到一些困难。疫情仍在影响全球正常交往，越来越多的国家和地区寻求建设更独立的供应链。俄乌冲突促使欧盟极力摆脱对俄能源的依赖。"不管你喜欢与否，全球化程度会减弱"。

"近几年，全球化面临的压力不断增加，特别是一些地缘政治事件影响到了供应链。"全球物流公司亚致力物流首席执行官兼副主席塔里克·苏丹说。

诺贝尔经济学奖得主施蒂格利茨告诉新华社记者，世界的确处在全球合作困难的时刻。"人们指责全球化带来一些问题，其实并不是全球化造成的，而是资本主义本身"。

也有不少与会者认为，全球化有强大的生命力，正在转变形态和重组，并未出现倒退。

据联合国国际贸易中心执行主任帕梅拉·科克-汉密尔顿介绍，尽管受到疫情冲击，全球贸易额仍在 2021 年创下新高，"说明一切都在强劲反弹"。

塔里克·苏丹认为，全球化正遭遇挑战，但其两大驱动力——人口结构变化和技术变革没有停止。全球化未来可能以不同的速度和方式继续发展。

哥伦比亚大学欧洲研究所所长亚当·图泽说，全球化不会出现大幅倒退，但"缺乏一个清晰的发展方向"。"我们要认识到一个现实，那就是全球化正在重组"。

图泽说，全球化具有韧性，"中国仍将是全球贸易体系中不可分割的重要组成部分"。

多名出席年会的政要和专家表示，多重因素导致世界经济前景不容乐观。

国际货币基金组织（IMF）总裁格奥尔基耶娃在论坛上表示，"2022年将会是艰难的一年"，IMF下调了143个经济体今年的增长预期，这些经济体经济总量占全球经济总量的86%。IMF4月发布的《世界经济展望》报告将2022年和2023年全球经济增速预期均下调至3.6%。

格奥尔基耶娃表示，全球多国能源和食品价格飙升，其中食品价格更是关乎民生的关键因素。她说，展望未来，一些国家可能出现经济衰退，多数为经济疲软、尚未从疫情中恢复或非常依赖俄罗斯石油的国家。

花旗集团首席执行官简·弗雷泽在论坛上表示，欧洲饱受供应链问题和能源危机困扰，大概率将遭遇经济衰退。

凯雷投资集团联合创始人鲁宾斯坦日前接受新华社记者专访时表示，目前很难判断世界经济将走向何方。他认为，随着多国调高利率，世界经济增长可能放缓。

资料来源：任珂. 世界经济论坛把脉全球化面临的挑战与变革［EB/OL］.［2022-05-25］. https://baijiahao.baidu.com/s? id=1733780247031769892&wfr=spider&for=pc.编者有改编。

【讨论问题】

国际分工体系的缺陷是什么？

【参考答案】

在现行国际分工体系中，发达国家处于国际价值链高端，获取了国际贸易的主要利益，而发展中国家只能从事简单的加工装配，始终未能摆脱所谓"微笑曲线"效应，其结果是发展中国家出口数额很大，但实际获益甚少。

综合案例　经济全球化："一半海水一半火焰"

【案例正文】

当前，经济全球化正以水银泻地般的速度向世界各个角落扩展，经济全球化使各国经济的相互依赖越来越深，资本、技术、人力等生产要素在全球范围内优化配置，跨国公司作为全球化的主要推动力和载体，在国际经济活动中表现尤为突出。

经济全球化反映了生产力发展的内在要求，为世界各国提供了前所未有的机遇。对于发达国家来说，经济全球化使其能够依托自己的技术、资本、人力优势，进一步扩展市场规模，获得更大竞争优势和红利。对于发展中国家而言，经济全球化使其有可能利用资本、技术、贸易等多方面的全球化趋势，为自己找到一条快速发展道路。发展中国家可以利用"后发优势"，在经济全球化进程中，攫取更多红利。正如经济论坛主席施瓦布所说，"新世纪将由全球化主宰，就像20世纪被工业化主宰一样。但有一点不同，工业化革命用了100年，才分出工业国和欠发达国家，而全球化完成这一进程，只需要20年就够了"。

经济全球化绝不是平衡发展的，全球对外投资 20 年来增长了 6 倍，但 70% 都是在富裕国家之间展开的，8 个发展中国家得到了 20%，其他 100 多个穷国只得到了 10%。在激烈的全球化竞争中，有的国家成为全球化的受益者，有的国家成为全球化的牺牲者。全球化还加剧了经济风险传播，例如，1997 年的亚洲金融危机，就是由投机资本的过度投机所造成了负面效应。在全球化的过程中，由于西方发达国家居于主导地位，现行的国际规则也是发达国家主导制定的。因此，经济全球化进程加快，对于发达国家利大于弊，对于大多数发展中国家则是一把"双刃剑"，既有机遇又有挑战，那些最不发达的国家则面临被"边缘化"的危险。20 世纪 90 年代中期以后，随着全球化的加速，反全球化的声音也在提高，其中贫富差距成为人们谈论最多的话题。达沃斯世界经济论坛的一些与会者认为，随着全球化的推进，已产生了"一个结构化的断层，在断层的一边是有权势者和富有者，另一边是弱势者和穷人"。

经济全球化是一把"双刃剑"，它既是加快经济增长速度、传播新技术和提高各国生活水平的有效途径，也是一个侵犯国家主权、侵蚀当地文化和传统、威胁经济和社会安全的一个有很大争议的过程。对于发展中国家来说积极影响和消极冲击同在，发展机遇和严峻挑战并存。作为世界上最大的发展中国家的中国，要从本国实际情况和国家经济政治利益出发，决定参与经济全球化的步骤、速度和深度，尽可能采取有利的战略决策和方针政策，争取做经济全球化的"赢家"。

【案例使用说明】

一、讨论问题

经济全球化的两面性是什么？

二、参考答案

经济全球化的正面效应：经济全球化可使世界范围内的资金、技术、产品、市场、资源、劳动力进行有效合理的配置；经济全球化为发展中国家提供了一次迎接机遇和挑战的机会；经济全球化为世界各国人民提供了选择物美价廉的商品和优质服务的好机会；经济全球化将会促使世界大文化的产生和发展；经济全球化将促进贸易和投资的自由化；经济全球化加速技术转让和产业结构调整的进程；经济全球化能够促进国际间政治的协调；经济全球化有利于减少国际冲突。

经济全球化的负面效应：经济全球化加剧了世界经济的不平衡，使贫富差距拉大；经济全球化使世界经济不稳定性加强；现行的全球经济运行规则不尽合理，大多有利于发达国家；经济全球化还可能导致发展中国家生态环境遭到破坏；经济全球化使发展中国家所付代价巨大；经济全球化必然对民族文化带来一定的冲击。

第五章 区域经济一体化与世界经济发展

开篇案例

欧盟东扩

【案例正文】 ■———————————————————————

2004年5月1日，中东欧10个国家加入欧盟，欧盟一举由15国扩大到25国，人口由3.8亿人增加到4.5亿人，国内生产总值加在一起大约为与美国大致旗鼓相当的10万亿美元，对世界经济的影响力有所增强。自欧盟的前身欧洲经济共同体（EEC）1958年1月1日正式建立以来，已经经历了五次扩大，由原来的6个国家（法国、联邦德国、意大利、比利时、荷兰、卢森堡），到1995年增加到15个国家。尽管这次又有10个国家入盟，但仅仅使整个欧盟的GDP增加了4.8%（见表5-1），对欧盟的经济实力影响不大。按照购买力平价方式计算，这10个国家的人均国民收入仅为原15国人均国民收入的47%（2002年数据）。

表5-1 欧盟（包括其前身欧洲经济共同体和欧洲共同体）历史上的五次扩大

扩大年份	新成员
1973	丹麦、爱尔兰、英国
1981	希腊
1986	西班牙、葡萄牙
1995	奥地利、瑞典、芬兰
2004	波兰、匈牙利、立陶宛、爱沙尼亚、拉脱维亚、捷克、斯洛文尼亚、斯洛伐克、马耳他和塞浦路斯

资料来源：根据欧洲委员会的有关资料制作。

【涉及的问题】 ■———————————————————————

这次欧盟东扩对新老成员国在哪几个方面产生了重要影响？

思政案例

倡导自由贸易促进区域经济一体化

2018年5月，在日本东京举行的第七次中日韩领导人会议，就进一步深化和拓展协作达成诸多重要共识。中日韩三国重拾合作势头，增进互信，相向而行，深化经贸投资金融等多领域的配合，符合三国共同利益，有利于推动东亚区域经济一体化进程，共同维护开放型世界经济。

深化合作，利于三国自身发展。中日韩三国互为隔海相望的重要近邻，多领域往来密切，在贸易、投资、技术、金融等领域的合作已取得丰硕成果。就贸易而言，2017年三国间贸易总额超过6 400亿美元，比上一年增长11%。2018年前三个月，中日、中韩双边贸易都保持两位数增长。在投资领域，日韩是中国主要外资来源国，两国在华设立企业总数超过10万家，日本累计对华投资约1 100亿美元，韩国超过700亿美元。中日韩三国经济各有特色，彼此间互补性强，在基础设施建设、节能环保产业、高端制造、数字经济、共享经济等领域的合作空间十分广阔，发展潜力巨大，"一带一路"倡议为三国合作打开新的空间。三国加强配合与协调，有利于促进各国经济结构调整和可持续增长，实现共同繁荣发展。

深化合作，惠及区域经济融合发展。中日韩是东亚地区最大的三个经济体，相互深化合作有着较强的示范意义和引领作用。本次领导人会议发布的联合宣言指出，三国将深化经贸合作、推动东亚地区贸易投资自由化与便利化，并明确表示，"将进一步加速三国自由贸易协定谈判，力争达成全面、高水平、互惠且具有自身价值的自由贸易协定。"中日韩一致同意加快自贸区建设和推进《区域全面经济伙伴关系协定》谈判，表明地区国家有共同的愿望，推进东亚经济共同体建设和区域一体化进程。同时，中方还倡议以"中日韩+X"模式开展国际产能合作，共同开拓第四方市场，促进地区内外可持续发展。三国加强合作，有利于打造东亚地区持续稳定的经济增长极，促进整个地区的包容性增长和融合发展。

深化合作，有利经济全球化和维护自由贸易。中日韩三国人口总量超过15亿，经济总量超过欧盟，占全球20%以上。三国都是经济全球化的受益者、支持者，也都经历过贸易保护主义的打压，是贸易保护主义的受害者。作为世界重要经济体，中日韩三国对自由开放的贸易和投资的重要性有着清醒的认识，对维护世界经济来之不易的向好局面肩负着共同的责任。面对当前单边主义抬头的严峻形势，三国领导人已形成高度共识，反对一切形式的保护主义，继续致力于经济自由化，共同维护以规则为基础的多边贸易体系。李克强总理指出，中方对日韩贸易长期存在逆差，去年超过1 000亿美元，但中方不搞贸易保护，而是着眼通过扩大相互开放做大共同利益"蛋糕"。三国支持自由贸易和开放市场，扩大利益融合，对构建开放型世界经济具有重要意义。

资料来源：徐惠喜. 倡导自由贸易 促进区域经济一体化［EB/OL］.［2018-05-11］. https：//www.gov.cn/xinwen/2018-05/11/content_5290027.htm.编者有改编。

5.1 区域经济一体化的类型及其与经济全球化的关系

5.1.1 区域经济一体化与经济全球化的关系

------------------------------ 案例 ------------------------------

RCEP发展红利为经济全球化持续蓄能

【案例正文】

近日，《区域全面经济伙伴关系协定》（RCEP）对马来西亚正式生效，至此15个RCEP签署方中，正式生效成员数量已达到12个。RCEP生效两个多月来，随着"朋友圈"越来越大，发挥的效应进一步增强，正在为区域内企业和消费者带来实实在在的发展红利，为疫情后世界经济的恢复与增长注入强劲动力。

1.大幅拓展了中国的外贸体量。根据RCEP规定，区域内90%以上的货物贸易将最终实现零关税，并且与区域内现有的双边自贸协定叠加互补，这无疑给中国与区域各国的货物、服务贸易带来巨大机遇。一方面，RCEP拉升了中国优势产品出口。例如，在电子商务方面，各方承诺促进"无纸化贸易"，承认电子签名的效力，为网络交易的开展提供了制度性保障，有利于中国企业借助跨境电商平台扩大出口。可以预见，随着原产地规则、海关程序、检验检疫、技术标准等统一规则落地，取消关税和非关税壁垒效应的叠加将逐步释放RCEP的贸易创造效应，进一步提升中国出口商品的竞争力。另一方面，让中国消费者能够享受到更加质优价廉的产品。2022年前两个月，中国与RCEP贸易伙伴合计进出口1.85万亿元，同比增长9.5%。从外贸体量来看，前两个月，中国与RCEP贸易伙伴合计进出口额约占总额的30%。

2.拉动了成员国间的双向投资。RCEP各成员国均采用负面清单方式对投资部门做出较高水平开放承诺，不仅大大提高了区域内外商准入水平，而且大幅提高了各方政策的透明度。一方面，RCEP为中国加快对外投资布局创造了重要的契机。在RCEP的带动下，区域各国采用负面清单推进投资自由化，这不仅将进一步拓宽东盟等中国传统投资地的外资准入水平，而且为提高中国对日本、新西兰等国的投资创造了巨大的空间。与此同时，RCEP各方承诺以准入前国民待遇加负面清单方式向其他成员国投资者开放市场，强调投资规则的非歧视性，这也为中国资本构建了更加公平的营商环境。另一方面，RCEP的落地有利于提升中国利用外资水平。随着中国在RCEP项下不断压缩外商投资负面清单，有利于区域各国对华投资取得新突破。特别是在当前全球经济面临困难的背景下，中国产业门类齐全，配套能力强的优势将进一步增强RCEP各方对中国的投资意愿，有效推动稳外资投资工作。

3.加速了亚洲区域经济一体化。RCEP自贸区的建成囊括了东亚和东南亚地区各主要国家，针对RCEP成员之间经济发展水平各异和成员国经济结构高度互补的特点，RCEP整合了东盟与中国、日本、韩国、澳大利亚、新西兰多个"10+1"自贸协定，以及中、日、韩、澳大利亚、新西兰5国之间已有的多对自贸伙伴关系，在市场准入、竞争政策、知识产权、电子商务、政府采购等领域提出了统一的经贸规则体系，将极大推动域内经济要素自由流动，提高成员间生产分工合作水平，推动区域一体化大市场的形成。而且RCEP在追求高水平的同时，兼具渐进、包容、开放的特点，给予各国一定政策空间，吸引更多国家参与，使自贸协定的成果能够更快惠及更大区域、更多国家。特别是在产业链供应链本土化、区域化趋势加强的背景下，RCEP的落地有助于区域各国优势互补，打造更强创新力、更高附加值以及更安全可靠的产业链供应链，保持亚洲区域的竞争力，提高区域内各国应对经济危机的能力和韧性。

作为全球规模最大的自由贸易协定，RCEP自生效以来一直对区域经济发展以及产业链供应链格局产生积极影响。随着RCEP的发展红利不断释放和集聚，必将为全球经济发展贡献更大力量。

资料来源：佚名. RCEP发展红利为经济全球化持续蓄能［EB/OL］.［2022-03-31］. https://www.ndrc.gov.cn/fggz/lywzjw/jwtz/202203/t20220331_1321374.html.编者有改编。

【讨论问题】■━━━━━━━━━━━━━━━━━━━━
RCEP的发展红利是什么？
【参考答案】■━━━━━━━━━━━━━━━━━━━━
（1）大幅拓展了中国的外贸体量；
（2）拉动了成员国间的双向投资；
（3）加速了亚洲区域经济一体化。

5.2　区域经济一体化的发展及其现状

5.2.1　美洲区域经济一体化的发展

━━━━━━━━━━━━━ 案例 ━━━━━━━━━━━━━
《北美自由贸易协定》是怎样的？

【案例正文】■━━━━━━━━━━━━━━━━━━━━
北美自由贸易区的美国、加拿大和墨西哥三国签署的《北美自由贸易协定》

（North American Free Trade Agreement，NAFTA）自1994年1月1日起全面生效。1989年，美国和加拿大两国签署了《美加自由贸易协定》（America-Canada Free Trade Agreement）。1991年2月5日，美、加、墨三国总统同时宣布，三国政府代表从同年6月开始就一项三边自由贸易协定展开谈判。经过14个月的谈判，1992年8月12日，三国签署了一项三边自由贸易协定——《北美自由贸易协定》，北美自由贸易区成立。协定决定自生效之日起在15年内逐步消除贸易壁垒、实施商品和劳务的自由流通，以形成一个拥有3.6亿消费者，每年国民生产总值超过6亿美元的世界最大的自由贸易集团。

《北美自由贸易协定》的宗旨是减少贸易壁垒，促进商品和劳务在缔约国间的流通；改善自由贸易区内公平竞争的环境；增加各成员国境内的投资机会；在各成员国境内有效保护知识产权；创造有效程序以确保协定的履行和争端的解决；建立机制，扩展和加强协定利益。

《北美自由贸易协定》是《美加自由贸易协定》的进一步扩大，突破了贸易自由化的传统领域，纳入了服务贸易，并在自由化步伐上迈得更大，在一定程度上成为乌拉圭回合谈判《服务贸易总协定》的范本。

【讨论问题】▪

美国、加拿大、墨西哥成立自由贸易区的原因是什么？

【参考答案】▪

首先，从这三个国家之间的相互关系来看，一个美国领导的、加拿大和墨西哥为南北两翼的政治结构，以及美国和加拿大为核心、墨西哥为辅助的经济格局，符合三个国家相互合作和共同发展的愿望。其次，美、加、墨三国出于自身利益考虑，希望通过合作来共同应对外部压力，尤其是来自欧洲经济一体化运动不断发展的挑战。再次，北美自由贸易区是世界上第一个由发达国家和发展中国家一起参与组成的"南北型"区域经济一体化组织。它的成功实践开辟了发达国家与发展中国家进行区域经济一体化运动的新路。

5.2.2　亚太区域经济合作的逐步发展与深化

------------------------------ 案例 1 ------------------------------

深化区域合作，推进亚太一体化进程

【案例正文】▪

2022年4月20日至22日，博鳌亚洲论坛2022年年会在海南博鳌举行。各方围绕应对新冠疫情挑战、推动世界经济复苏展开热烈探讨。其中，深化区域合作，构建安全稳定的区域和全球产业链和供应链，共同促进经济复苏，成为会议各方的普遍共识。

以往亚太合作的经验表明，每一次危机都会推动区域一体化合作的深入发展，作为区域国家应对危机的集体反应。新冠疫情导致全球供应链、价值链进一步朝着区域化、次区域化方向发展，推动深化亚太一体化合作机制，其中最为突出的是《区域全面经济伙伴关系协定》（RCEP）的缔结与实施。RCEP由东盟在2012年发起，疫情发生后谈判加速，于2020年11月完成并正式签署，2022年1月1日生效。共有东盟10国和中国、日本、韩国、澳大利亚、新西兰15个亚太国家加入协定。协定的实施，"标志着当前世界上人口最多、经贸规模最大、最具发展潜力的自由贸易区正式启航"。RCEP的建立是亚太一体化的标志性事件，表明在亚太构建起了统一的制度性经贸安排，不仅能够大幅促进区域内贸易和投资的增长，还将促进区域内产业链和供应链进一步稳定、畅通与融合。

疫情深化区域一体化合作，还体现在区域合作领域的拓展上。数字经济与绿色经济由于在应对疫情、环境和气候变化以及经济增长中的重要性，受到各国普遍重视，因此得到迅猛发展。数字经济与绿色经济催生新产业新业态，成为经济复苏的动力与可持续发展的方向。疫情也使区域国家意识到加强非传统安全合作的重要性。2021年11月，中国与东盟缔结了全面战略伙伴关系，加强在安全领域，尤其是非传统安全的合作成为双方合作的亮点，中国与东盟进入全方位合作的新时期。

为推动亚太国家疫后经济复苏，实现更高质量、更深层次的区域一体化，可遵循以下路径发力：一是深化中国-东盟"10+1"合作，尽早启动中国—东盟自贸区3.0版建设，拓展蓝色、绿色、数字经济等新领域合作，共建国际陆海贸易新通道，打造区域合作新标杆。二是继续深化RCEP合作，拓展合作领域，充实数字经济与绿色经济的合作内容，同时加强机制建设，提高协定的整体实施水平。三是高质量共建"一带一路"，以高标准、可持续、惠民生为目标，推进区域互联互通，促进区域产业链和供应链的安全稳定，帮助区域内国家实现疫后经济复苏与可持续增长。

在内外因素的作用下，当前亚太形势极为错综复杂。在推动亚太一体化深入发展时，应秉持如下几个原则。首先是同心协力聚焦发展。疫情对亚太各国经济造成极大破坏，恢复经济、改善民生是亚太各国的普遍愿望，是区域合作的主流。我们要反对其他大国在亚太搞意识形态对抗，搭建"印太"对抗小圈子，维护其霸权利益。其次，构建安全稳定的产业链供应链。中国应构建中国-东盟次区域、亚太与全球产业链供应链，促进亚太与全球经济发展。为此，中国应当深化与东盟、日韩、东盟产业链供应链合作，维护与欧美产业合作，推动全球产业链供应链稳定合作。最后，切实维护东盟在区域合作框架中的中心地位，维护兼顾各方诉求，包容各方利益的区域秩序。反对域内外大国破坏东盟的统一性，弱化东盟在区域合作中的中心地位。与此同时，作为亚太地区的大国和世界第二大经济体，中国是亚太合作中的关键国家，要继续发挥引领作用，推动区域多边主义进程。

资料来源：姜志达. 深化区域合作，推进亚太一体化进程［EB/OL］.［2022-4-21］. https://baijiahao.baidu.com/s? id=1730719503614906812&wfr=spider&for=pc.

【讨论问题】■

亚太经济合作组织是如何建立与发展的？

【参考答案】■

亚太经济合作组织（APEC，简称亚太经合组织）从亚洲和太平洋地区的一个区域性经济论坛和磋商机构起步，经过30年的发展，已逐步发展为亚太地区一个重要的经济合作论坛，在推动区域贸易和投资自由化、加强成员间经济技术合作等方面具有不可替代的作用。

1989年11月，澳大利亚、美国、加拿大、日本、韩国、新西兰和东盟6国在堪培拉举行了亚太经济合作组织第一届部长级会议，宣告了亚太经济合作组织的成立。1991年11月，中国以主权国家身份、中国台北和中国香港以地区经济体名义正式加入亚太经合组织。截至2014年9月，亚太经合组织共有21个正式成员和3个观察员。

从本质上说，亚太经合组织并非区域经济一体化组织，而仅仅是太平洋东西两岸和太平洋内经济体讨论本地区经济问题的官方论坛，迄今为止它没有一项强制性的条约或协定，其宗旨和目标是：相互依存、共同受益，坚持开放性多边贸易体制和减少区域内贸易壁垒。

------------------ 案例2 ------------------

RCEP是东亚经济一体化进程的重要里程碑

【案例正文】■

中国海关总署近日发布数据显示，2023年一季度，中国对《区域全面经济伙伴关系协定》（RCEP）其他14个成员国进出口总值同比增长6.9%，占同期中国外贸总值的30.4%；与韩国、马来西亚、新西兰等多个国家进出口同比增速超过两位数。对此，中国外交部发言人汪文斌评论说，RCEP是东亚经济一体化进程的重要里程碑，也是推进全球贸易与投资自由化便利化的重大步骤。

汪文斌在外交部例行记者会上介绍说，除了关税优惠，RCEP还在原产地规则、海关程序、检验检疫等方面为亚太地区经贸规则树立标杆，正在有力推动地区实现更高质量、更深层次的区域经济一体化。生效实施三个月以来，RCEP为推动域内国家经济复苏、繁荣发展、维护区域和平稳定发挥了实实在在的重要作用，广泛惠及各国企业与民众。对此，域内国家各界人士普遍予以积极评价。

汪文斌表示，中方是RCEP签署和生效实施的推动者，也是高质量实施RCEP的实践者。下一步，中方将与各方一道积极参与RCEP机制建设，共同推动提高协定的整体实施水平，为支持多边贸易体制，推动构建开放型世界经济，推动世界经济实现强劲、平衡、可持续和包容发展作出新的贡献。

【讨论问题】■

东盟是如何形成的？

【参考答案】

东南亚国家联盟（ASEAN，简称东盟），其前身是1962年7月由马来西亚、菲律宾和泰国3国组成的东南亚联盟。1967年8月，印度尼西亚、新加坡、泰国、菲律宾和马来西亚5国在泰国首都曼谷召开会议，发表了《东南亚国家联盟成立宣言》，东南亚国家联盟正式成立，并取代原来的东南亚联盟。1976年2月，东盟第一次首脑会议在印度尼西亚的巴厘岛举行，会议签署了《东南亚友好合作条约》和《东南亚国家联盟协调一致宣言》。此后又有5个国家先后加入东盟，即文莱（1984年）、越南（1995年）、老挝和缅甸（1997年）、柬埔寨（1999年）。2022年11月11日，东南亚国家联盟（ASEAN）领导人第40届和第41届集会原则上同意东帝汶加入东盟，成为该组积第11个成员国。至此，东盟共有11个成员国。

5.2.3 非洲区域经济一体化的进展

案例

非洲一体化历程与非洲自贸区运作

【案例正文】

时针已指向2021年岁末。2021年既是"西非漫谈"创立一周年，也是非洲大陆自贸区（AfCFTA）创立一周年。非洲自贸区于2021年1月1日启动，这意味着一个覆盖54个国家、12亿人口、拥有3万亿美元GDP的非洲单一市场将成为现实。按相关协议安排，从2021年1月1日开始，非洲大陆自贸区成员将依照产品类别和各自情况逐步取消例外产品之外的货物关税。非洲大陆自贸区官网和配套数据监测平台已经上线，位于加纳首都阿克拉的非洲自由贸易区秘书处也已经启用。

非洲自贸区与非洲一体化密切相关。爱德华·威尔莫特·布莱登（1832—1912）最早提出以"非洲个性"为中心的民族主义思想，这是非洲一体化的初始表达。联合国教科文组织《非洲通史》（9-11卷）探讨的主题之一是"泛非主义与非洲解放和统一的目标以及为这一目标而采取的不同途径"。从"泛非"概念的提出到非洲统一组织的诞生，从非洲联盟的成立再到非洲大陆自由贸易区的生效，非洲一体化经历了120年。这无疑是一个新的阶段、新的起点。

1900年，出生于西印度群岛并在伦敦开业的律师西尔维斯特·威廉姆斯赞助发起，泛非会议得以举行。这次会议引起了世人特别是流散在世界各地的非洲人的关注，从此在辞典中第一次出现了"泛非"这个概念。"20世纪的问题是种族界限的问题。"当时，著名的泛非主义思想家杜波依斯参加了会议。他一直筹办并负责所有的泛非大会，包括1945年会议，为非洲一体化贡献了毕生精力。他后来迁居加纳并加入加纳国籍，直到1963年逝世。

1958年4月，加纳独立后一年，第一次非洲独立国家会议在加纳首都阿克纳举行。会议提出了"非洲统一"的号召，并一致同意了共同的外交政策、协调的经济发展、解放非洲的一致行动和反对歧视和种族隔离制的四项原则。经过一系列会议的准备，31个非洲独立国家于1963年5月25日在埃塞俄比亚首都亚的斯亚贝巴通过了《非洲统一组织宪章》，非洲统一组织在此地正式成立，并制定了制度和机制，为非洲一体化打下了良好的基础。

安塔·迪奥普在1974年提出历史意识统一、语言统一和政治统一的"非洲联邦"的理想，并从能源统一的角度规划了非洲一体化。在完成了非洲各国独立即政治非殖民化后，非洲一体化的目标转向经济发展。2001年7月，在赞比亚首都卢萨卡召开的第37届非统组织首脑会议通过"非洲发展新伙伴计划"。随后非洲联盟举行第一届首脑会议并宣布非洲联盟取代非统组织，总部设在亚的斯亚贝巴。非洲自立自强的历史揭开了新的一页。

非洲有的区域一体化进展较快。2015年6月东南非洲共同市场（COMESA）、东非共同体（EAC）和南部非洲发展共同体（SADC）三个自由贸易区启动，代表着非洲区域经济合作走向更深层次。非盟于2015年开始就建立大陆自由贸易区进行谈判。2019年7月7日，非洲联盟非洲大陆自由贸易区特别峰会在尼日尔首都尼亚美开幕，正式宣布非洲大陆自贸区成立。非洲自贸区2021年1月正式启动。秘书处设在加纳。

肯尼亚经济学家丹比萨·莫约曾指出，从20世纪70年代以来，非洲签署了诸多经贸合作协议，但这些协议并未发挥应有的作用。她认为，从整合地区优势和提高地区一体化而言，一个简便而有效的办法是从消除大陆内的关税做起。非洲各地区之间的封闭现象和关税壁垒限制了非洲整体优势的发挥，也为各个国家的发展带来不小的障碍。基础设施和资金缺乏固然是发展的障碍，但国家间合作不足已成非洲重大基础设施建设的主要障碍。例如连接冈比亚和塞内加尔两国的冈比亚河桥梁修建因政治原因未动工。非洲国家间贸易额只占其总额12%，贸易壁垒的负面效应明显。其他发展中国家出口商品成本中运输费用占17%。非洲这一比例为30%~50%，有的高达75%。从日本进口一辆汽车到科特迪瓦的阿比让需1 500美元，但要将车从阿比让运到埃塞要花5 000美元。随着非洲大陆自贸区的启动，非洲交易的产品将逐渐实现零关税。非洲大陆自由贸易区秘书处秘书长梅内（Wamkele Mene）先生表示，自贸区的目标是在未来15年内对在非洲交易所有产品的97%实现零关税。他指出，"非洲自贸区将通过减少贸易壁垒来促进非洲内部贸易"。这无疑是一个雄心勃勃的目标。"有些国家在海关基础设施方面已经做好了准备。"他还指出，目前该协议正处于实施的初始阶段，谈判第一阶段的未决领域包括货物和服务贸易等。

虽然非洲大陆的发展面临着各种挫折和困难，但非洲一体化的理想一直存在，为实现非洲一体化的努力也一直在进行。非洲大陆自由贸易区的建立就是在克服各种困难后取得了一项重大成就。

当然，万事起头难。一年来，虽然所有 54 个非洲成员国都签署了非洲自由贸易区协定，但并非所有国家目前都是该区的积极参与者。首先，一些国家仍需要议会批准后才能正式加入贸易协定，而另外一些国家如南非、埃及、加纳和肯尼亚等，不仅已正式加入协定，还实施了必要的海关程序。这种情况表明非洲国家之间自由贸易的进展速度不平衡。其次，协议的实施也需分阶段进行。第一阶段涉及货物贸易、服务贸易、争端解决和人员自由流动。这一阶段谈判已充分进行。正在进行中的第二阶段谈判涉及知识产权、投资和竞争政策。第三阶段主要关于电子商务包括跨境电商。新冠疫情表明了非洲的跨境贸易存在着诸多障碍，电子商务变得更加重要。涉及跨境电商的谈判与第二阶段的谈判同时进行。非洲大陆自由贸易区的各种切实可行的贸易规则将通过成员国之间的持续对话来明确界定。再次，非洲自贸区会员国的发展程度不一，经济差别明显，放开关税的速度各异。成员国根据情况分为三类。发达经济体包括加纳、南非和肯尼亚等国。这一集团的经济体将在五年内放开关税。发展中经济体需要大约 10 年实现贸易自由化。最不发达经济体以及那些无法充分承受关税自由化带来的经济冲击的国家。这些经济体将在 10~15 年内逐步实现自由化，但在取消所有相关关税后，信用支持体系将延长两年。非洲自贸区的最终目标是为所有成员国建立零关税贸易环境，达到跨境贸易自由化，从而创造公平的竞争环境，鼓励各种企业和个人特别是妇女和青年的参与。这种大陆层面的自由贸易，需要各种银行主动支持成员国的基础设施建设。

近期，非洲大陆自由贸易区受到非洲金融机构的关注和支持。非洲开发银行（AfDB）表示，将在未来五年内为支持大约 2000 笔交易提供 70 亿美元的贸易支持。如果非洲企业得到足够支持，非洲大陆内部的贸易额每年将超过 3 500 亿美元，预计未来十年将增长 52%。非洲开发银行表示将为在整个非洲大陆销售产品的公司提供贷款担保。非洲进出口银行（Afreximbank）也表示计划在未来五年内为非洲大陆自贸区提供 400 亿美元资金支持，非洲金融公司也承诺将对非洲大陆自贸区提供相应支持。不言而喻，金融机构的这些举措将大大促进非洲大陆自贸区的发展。

非洲各国从独立开始就认识到，非洲大陆只有统一，发展才有出路。加强区域贸易可推动区域内部就业和商品流通，促进区域间的制造业和优势互补。内需拉动的经济增长可防止国际贸易带来的负面影响，减少对外援的依赖。非洲自由贸易区的建立旨在创造自由贸易区域，消除货物、运输以及服务的各种流通障碍，最终促成"非洲关税同盟"建立及加快一体化进程。非洲自贸区为非洲重返实现可持续发展目标的轨道创造了契机。

资料来源：李安山．西非漫谈［EB/OL］．［2021-12-30］．https: //baijiahao.baidu.com/s? id=1720566103933646327&wfr=spider&for=pc.编者有改编。

【讨论问题】▰▰▰▰▰▰▰▰▰▰▰▰▰▰▰▰▰▰▰▰▰▰▰▰▰▰▰▰▰▰▰▰▰▰

非洲主要的经济一体化组织包括哪些？

【参考答案】■

（1）东非共同体；

（2）东部和南部非洲共同市场；

（3）南部非洲发展共同体；

（4）三方自由贸易区。

5.2.4 中国参与区域经济一体化进程

------------------------------ 案例 ------------------------------

中国加入亚太经合组织以来，逐步深度融合亚太经济发展

【案例正文】■

"2021年亚太经济合作组织工商领导人中国论坛"于12月25日在北京举行。与会人士认为，中国正不断融入亚太和全球的产业链、供应链。有关人士表示，希望中国工商界能够用好用足自贸协定带来的巨大机遇，在区域经济一体化进程中实现高质量发展。

亚太经济合作组织（APEC）是亚太规模最大、成员最多、层次最高的区域经济合作组织，拥有全球38%的人口、50%的贸易额和62%的国内生产总值。今年是中国加入亚太经合组织30周年。中国贸促会、中国国际商会会长高燕指出，回顾过去，中国与亚太经合组织共同发展进步、彼此成就。亚太经合组织是中国扩大对外开放的"试验田"，也是中国融入亚太经济一体化进程的"助推器"。"自1991年加入APEC以来，中国循序渐进推进改革，不断加速对外开放步伐，多次通过APEC平台宣布自主降税，平均关税大幅下降，积极推动贸易投资自由化便利化，为此后加入世界贸易组织奠定了重要基础；依托亚太区域合作，中国开启了与亚太和世界经济深度互动的历史进程。中国与亚太经济早已深度融合、命运与共。"

数据显示，截至2020年，中国与亚太经合组织成员间贸易额达2.87万亿美元、实际利用外资1 246亿美元、直接投资1 123亿美元。中国贸易的62%、实际利用外资的86%和对外直接投资的73%都是与亚太经合组织成员进行的。中国商务部副部长兼国际贸易谈判代表王受文说，亚太经合组织是中国改革开放后参与的第一个区域经济合作组织，是中国深入参与经济全球化的一个重要里程碑。他说："加入APEC的30年，中国的平均关税从39.5%下降到今天的7.4%。今年中国还将继续压缩外资准入负面清单，扩大外商投资市场准入，加强投资促进和保护，并且将以实际的行动深化国内改革和扩大高水平对外开放，实现自身高质量发展，也为世界经济增长做出更多的贡献。"

他还表示，作为负责任的大国，中国以自身的改革开放和发展为亚太、为世界经济的复苏不断注入动力。中国申请加入《全面与进步跨太平洋伙伴关系协定》（CPTPP）、加入《数字经济伙伴关系协定》（DEPA）都是中国对外开放的重大举措，表明了中国支持自由贸易，支持推动经济全球化和区域经济一体化的坚定决心。

2022年1月1日，全球规模最大的自贸协定——区域全面经济伙伴关系（RCEP）正式生效。王受文透露，中方将发布关于高质量实施区域全面经济伙伴关系协定的指导意见，力争帮助企业了解和利用好这一重要协定。他还表示，企业家们要主动融入区域经济一体化，在区域经济一体化进程中实现自己的发展。

2022年亚太经合组织会议将由泰国主办。2022年APEC工商峰会主席波杰说，亚太经合组织这一平台为各国企业提供了诸多机遇，泰方希望未来和中方一起，共同在亚太经合组织框架下推动两国合作走深走实。"泰中长期坚定的伙伴关系对我们在这个生机勃勃的地区取得成功发挥了重要作用。大家都认识到，APEC过去所取得的成就为我们的发展创造了诸多良机。我坚信，保持APEC的合作势头非常必要，以促进本地区平衡、包容、可持续、创新并且安全地增长，也促进泰国和中国两个经济体在APEC框架下继续深化合作"。

资料来源：魏宇晨. 中国加入亚太经合组织以来逐步深度融入亚太经济发展［EB/OL］.［2021-12-27］. https://baijiahao.baidu.com/s? id=1720269393457358691&wfr=spider&for=pc.编者有改编。

【讨论问题】
中国是如何如何参与区域经济一体化进程的？

【参考答案】
首先，中国积极参与有关区域经济一体化的谈判进程；
其次，中国逐渐在区域经济一体化及规则制定中发挥参与者和引领者作用；
最后，中国坚持开放的区域主义，倡导平等协商、广泛参与、普遍受益的区域合作框架，帮助发展中成员更多从国际贸易和投资中获益。

5.3 区域经济一体化的经济影响

5.3.1 区域经济一体化对世界经济的影响

案例

RCEP遇见进博会带来双重积极效应 促全球经济共同繁荣

【案例正文】
2022年进博会正式开展，同时开幕的虹桥国际经济论坛作为进博会非常重要的组成部分，在11月5日开展了多场分论坛。其中，为更好把握RCEP带来的机遇，进一步提高开放水平，本届虹桥国际经济论坛举办了"RCEP 与更高水平开放"高层论坛。论坛深入讨论了 RCEP 生效实施对本地区和全球经济发展的影响，以及对加强区域和全球产业链供应链合作的作用，探寻促进贸易投资合作、实现更高水平开放的有效路径，推动经济全球化朝着更加开放、包容、普惠、平衡、共赢的方向发展。

RCEP，即《区域全面经济伙伴关系协定》，是由包括中国、日本、韩国、澳大利亚、新西兰和东盟十国共 15 方成员制定的协定。2022 年 1 月，RCEP 正式生效实施，标志着全球人口最多、经贸规模最大、最具发展潜力的自由贸易区正式落地。

11 月 5 日举行的"RCEP 与更高水平开放"高层论坛邀请了中外政府代表、国际组织负责人、全球知名企业界及学界人士与会，共同探讨区域经济一体化和推动更高水平开放等相关问题，为疫后经济复苏和增长建言献策。与会嘉宾认为，RCEP 的生效实施向全世界发出支持自由贸易和维护多边贸易体制的强烈信号，为区域乃至全球经济复苏和增长注入了强劲动力。

对外经贸大学副校长、教授洪俊杰表示：我们 90% 的货物都实现零关税，我们有很多贸易投资便利化自由化的安排，所以在整个区域进一步发展我们的产业链供应链，进一步促进亚洲生产网络的发展，对于我们的稳链、固链、补链、强链都会发生非常重要的作用。

商务部国际贸易经济合作研究院院长顾学明表示：RCEP 作为中国对外签署的经济体量最大的自由贸易协定，同时也是中国构建面向全球的高标准自由贸易区网络的重要基石，它的生效实施后，开放红利得到不断释放，对区域和中国经济发展的积极效应正在逐步显现。

与会人员认为，"RCEP 与更高水平开放"高层论坛的举办，充分体现了各方共同维护多边主义和自由贸易、促进区域经济一体化的信心和决心，凸显了中方高质量实施 RCEP，坚持高水平对外开放，同世界分享发展机遇的坚定信念与实际行动。而在区域合作加速的背景下，进博会作为外国企业迅速进入中国市场重要平台的价值也将进一步显现。

资料来源：唐国荣，张岗，周琨. RCEP 遇见进博会带来双重积极效应 促全球经济共同繁荣 [EB/OL]. [2022-11-06]. https://m.gmw.cn/baijia/2022-11-06/1303187559.html. 编者有改编。

【讨论问题】 ▰━━━━━━━━━━━━━━━━━━━━━━━━━━━━━
区域经济一体化对成员国经济的影响是什么？

【参考答案】 ▰━━━━━━━━━━━━━━━━━━━━━━━━━━━━━
第一，促进成员国商品的自由流动和贸易的增长；
第二，加速成员国对外直接投资的发展；
第三，促进成员国内部分工及合作的发展；
第四，贸易转移使成员国进口成本增加，福利减少。

综合案例　以RCEP推动区域经济一体化

【案例正文】 ■━━━━━━━━━━━━━━━━━━━━━━━━━━━━━

经过各成员国的不懈努力，《区域全面经济伙伴关系协定》（RCEP）于2022年1月1日正式生效。面对百年变局和世纪疫情，RCEP无疑将为饱受冲击的亚太及世界经济注入丰沛动能，为促进区域经济一体化、推动地区和全球经济增长带来新的机遇。

2020年11月15日，中、日、韩，东盟10国，澳大利亚和新西兰共15个国家在东盟峰会上成功签署RCEP，标志着自2013年5月开启的RCEP谈判成功达成，亚太经贸区域化合作掀开新篇章。2021年11月，已有文莱、柬埔寨、老挝、新加坡、泰国、越南6个东盟成员国和中国、日本、新西兰、澳大利亚4个非东盟成员国向东盟秘书长正式提交核准书，达到协定生效门槛。按规定，RCEP将于2022年1月1日起对上述10国生效。其他成员国在完成国内核准程序后，也将加入进来。

作为一个现代、全面、高水平和互惠的经贸协定，RCEP具有经济体量大、包容性强、发展潜力广阔等特点。RCEP涵盖全球29.7%的人口、28.9%的GDP以及全球最有增长潜力的中国市场和东盟市场。与全球其他自由贸易协定相比，RCEP包容性更强，它不仅涵盖货物贸易、争端解决、服务贸易、投资等传统议题，还涉及知识产权、数字贸易、金融、电信等新议题，其货物贸易开放水平将达到90%以上，高于WTO开放标准；中国和日本还首次通过RCEP达成双边关税减让安排，实现历史性突破。

RCEP的达成，既是各成员国主动顺应经济规律的内在需求，也是适应国际形势变化的要求。按协定要求，各成员国将大幅削减经贸合作限制，促进商品与要素流通，深化分工合作，提高生产效率和国际话语权，获得更大经济政治好处。有研究显示，RCEP生效后5年内，将给成员国GDP带来2.1%的增长效益，给全球带来1.4%的经济增长效应。同时，RCEP也将推动亚太各国加强协调整合，以此对抗"逆全球化"和疫情冲击带来的经济衰退压力，为亚太各国快速复苏开辟道路。

从国际贸易和对外投资理论看，RCEP意味着亚太区域市场一体化程度显著提升，各成员国比较优势将获得更好释放，资本流动更加便捷，传统的亚洲"雁形"模式将加速朝向"后雁形"模式过渡，亚太国家间水平分工关系逐渐增强，既有跨国生产体系和供应链将在RCEP的制度激励下进行重组，各国间"一荣俱荣、一损俱损"的相互依赖和利益联结变得更加紧密。

RCEP不仅有利于促进各成员国经济融合，也将由此带来溢出效应，助推各成员国实现更多领域的对接。这种溢出效应主要体现为经济溢出和政治溢出两个层面，这使得为了保障RCEP协定的顺利运行，各成员国将把政策沟通范围扩展到更多功能性部门，同时这一过程也将促使各国加强政治引领，充分展示各国推进经济合作的政治意愿，以此管理好相互间日趋复杂的经济相互依赖关系。

在RCEP框架下，伴随各成员国之间的物流、资金流、信息流和人员流动大大畅通，不仅仅商务往来的频率和总量加大，各国间旅游观光也将得到促进，在教育、科技、文化和体育等人文领域的合作潜力也将充分释放，以满足各国增进经贸合作的需要。实际上，与以往协定相比，RCEP将承诺适用范围扩展至服务提供者以外的投资者、随行配偶及家属等，协定下所有可能跨境流动的自然人类别，将会享受更加便利的签证发放，从而显著促进区域内的人际交流。而人文交流的加强将为跨越各国间语言沟通障碍和文化差异等提供重要桥梁，它与经贸合作相互影响、相互作用和相互塑造，为后者不断增添活力。因而RCEP对地区发展所产生的影响，并不仅限于经贸领域，而会涉及与经贸相关的人文活动上，为其注入源源不断的内生动能。

在推动地区融合发展上，中国与东盟志同道合，乐见其成。尽管RCEP是由东盟发起，但中国从一开始就对RCEP给予高度重视与大力支持，也反复表态支持东盟的主导地位，为RCEP达成倾注了大量心血。中国是非东盟国家中第一个正式完成核准程序的成员国，显示出中国推动RCEP早日生效的强烈意愿，也表明中国坚定不移推进区域自由贸易的战略决心。作为成员国中经济实力最为雄厚的大国，中国将为RCEP充分释放制度红利提供超大规模市场空间和完备产业体系支撑。为此，中国身体力行从自身做起，做好协定生效实施的国内相关工作，包括加强国内相关制度与RCEP协定条款的衔接调整、加紧进行人员培训和相关系统改造、开展RCEP协定的公共宣传辅导等，都将促使RCEP顺利落地，巩固成员国信心。

拓展RCEP各成员国产业链供应链合作。RCEP的生效，为区域产业链供应链的重组和布局调整提供了新的契机。由于RCEP在本地区使用区域累积的原产地原则，这在增加产业价值链布局灵活性和多样性的同时，也将使各成员国之间的产业链更紧密地联结，成员国企业参与跨国产业链更加顺畅。以电子信息产业为例，未来有望形成一种将日韩的研发技术、中国的制造和东盟的组装三者有机结合，并辐射带动其他成员国的发展新模式，加上区域内部大市场的支撑，构建出一个全新的供应链产业链。区域价值链不断融合、升级，将进一步激发各领域合作潜力，让各国企业更好分享大市场发展机遇。

总之，在世界面临公共卫生危机与经济下行双重挑战的当下，RCEP的生效无疑对各成员国推进协作、共克时艰、促进地区和世界经济增长具有重要意义。

资料来源：丁莹，李庆四. 以RCEP推动区域经济一体化［EB/OL］．［2021-12-27］．https：//baijiahao.baidu.com/s？id=1720245147093905659&wfr=spider&for=pc.编者有改编。

【案例使用说明】 ■━━━━━━━━━━━━━━━━━━━━━━━━━━━

一、讨论问题

RCEP如何推动更高水平区域经济一体化？

二、参考答案

RCEP将深化区域经贸合作。协议生效后，90%以上的货物贸易将实现零关税，贸易投资自由化便利化水平大幅提高，区域综合物流和供应链互联互通有效改善，各国之间商流、物流、资金流、信息流更加通畅，产业结构互补性明显增强，经济联系更加紧密，将形成一个更加开放更具发展潜力的大市场，推动区域经济一体化迈上新台阶。

RCEP将深化产业链供应链合作。在全球经济重心东移和产业链供应链呈现区域化、近岸化发展趋势的背景下，RCEP的累积原产地规则，将鼓励企业更多使用区域内原产产品，促进生产要素在区域内自由流动，有利于深化区域产业链分工和合作，降低企业生产成本，提高产品竞争力，增强供应链弹性和韧性，形成多方共赢的局面。

RCEP将激发服务贸易发展活力。RCEP成员国总体上均承诺开放超过100个服务贸易部门，涵盖金融、电信、交通、旅游、研发等，区域内服务贸易发展将迎来新浪潮。数字技术、电子商务等领域深化合作，将为区域内跨境电商、数字贸易发展开辟更大空间；研发、设计、资讯、专业服务等生产性服务加快开放，将为数字经济、医药健康、新能源等领域产业合作注入新动能。

第六章　国际贸易与多边贸易体制的发展

开篇案例

中美贸易逆差从何而来？美国真的吃亏了吗？

【案例正文】

一、中美贸易逆差从何而来

2018 年 3 月 22 日，美国总统特朗普签署备忘录，基于美贸易代表办公室公布的对华 301 调查报告，指令有关部门对华采取限制措施。有观点认为，美国此举的一个重要原因是希望借此缩减中美贸易逆差。

据媒体报道，美方统计的对华贸易逆差超过千亿美元量级。然而，对于美方的统计数据，不少专家认为"被不准确地高估"。美国南加州大学跨国法律贸易中心主任布莱恩·派克说，美国政府引用的贸易数据只包括货物贸易，并没有反映服务贸易，事实上，服务业占美国国内生产总值的 70% 以上。虽然美国对中国的货物贸易是逆差，但在对中国的服务贸易方面却是顺差。

在美方看来，从中国进口的商品比出口到中国的多，就形成"贸易逆差"。

二、是什么影响了美国对中国的出口？

"贸易竞争力从根本上说是产业竞争力。"国务院发展研究中心副主任隆国强说，中美双边贸易不平衡的重要原因是美国商品在中国市场的竞争力不足。中美之间，无论出口还是进口，都由"市场说了算"，是两国企业和消费者自主选择的结果。同样的汇率水平下，中方在劳动密集型产品方面是顺差，而在资本技术密集型产品、农产品和服务贸易方面都是逆差。这充分说明竞争力强的产业，顺差就会多。"美方要解决美中逆差问题，不应从削弱中国对美出口入手，而是需要美国企业增强自身产品的竞争力。"

相比之下，美国有两个领域最具出口竞争力，一是农业，由于自然禀赋优越，农业劳动生产率较高；二是高新科技行业，但在这个领域，美国是限制出口的，尤其是限制对中国出口。

"美贸易不平衡还与美方高技术对华出口的管制有关。"美国研究机构报告显示，如果美国对华出口管制放宽，对华贸易逆差可减少 35% 左右。

三、美国对中国的进口为什么多？

一方面，在全球化背景下，中国成为世界工厂，包括美国在内的外企搬到中国来生产，然后再由中国出口到美国。在这种模式下，即使许多商品在中国并没有产生统计数据中显示的附加值，但在外贸统计上就算作中国的外贸顺差。

另一方面，不只对中国，美国对全球贸易长期存在逆差。耶鲁大学高级研究员史蒂芬·罗奇表示，美国与100多个国家之间都存在贸易逆差。美国经济以服务业为主，低储蓄、高消费，本国生产无法满足国内消费需求，需要进口大量消费品。贸易逆差实质上是美国利用别国剩余储蓄，来维持超出自身生产能力的消费水平。

四、中美贸易逆差下，美国真的吃亏了吗？

专家认为，事实上，美方通过大量进口源自中国的低成本劳动密集型产品，大大降低了美国人的消费成本，提升了"消费者剩余"，实际上是改善了美国消费者的福利，在宏观上也有利于美国抑制通货膨胀。

"贸易逆差和利益逆差是两码事，在中美经贸合作中，美方是受益的，美国消费者享受到的实惠看得见、摸得着。"中国商务部研究院国际市场研究所副所长白明说。

中国商务部发布的《关于中美经贸关系的研究报告》显示，全球价值链中，贸易顺差反映在中国，但利益顺差在美国，总体上双方互利共赢。据中方统计，2017年，中国货物贸易顺差的57%来自外资企业，59%来自加工贸易。中国从加工贸易中只赚取少量加工费，而美国从设计、零部件供应、营销等环节获利巨丰。专家表示，中美贸易逆差形成原因复杂，与两国经济发展水平和产业结构相关。贸易逆差不是一天形成的，更不可能通过强制措施一下子解决。

【涉及的问题】
中美贸易逆差的根本原因是什么？

思政案例

贸易保护主义经典案例——美国 201 钢铁案

经济增长衰退阶段往往是贸易保护主义抬头或泛滥的时代。2001年世界经济和美国经济相继进入增长衰退阶段的经济大环境，为贸易保护主义的更趋加强和泛滥提供了温床。2002年3月5日，时任美国总统布什公布了进口钢铁201保障措施调查案最终救济方案。根据该方案，从3月20日起，美国对中国等国家和地区的板坯、板材、长材等12种进口的主要钢铁品实施为期3年的关税配额限制以及征收8%~30%的关税。

这个"保障措施"调查程序，由于其依据的是201条款，故俗称"201调查"。所谓201条款指的是《美国贸易法》第二部分的第一个条款"促进对进口竞争积极调整的措施",也叫"保障条款"或"进口救济法案"。该条款规定,如果美国国际贸易委员会裁定,某物品正以迅速增长的数量进口美国,以致成为对生产与进口物品相同或直接竞争物品的国内生产造成严重损害或严重损害威胁的实质原因,在其权限内,总统应根据本部分采取适当可行的、其认为会促进国内产业对进口竞争进行积极调整,努力提供比成本更大的经济和社会利益的措施。美国这次启动201条款的经济背景,是因为国内钢铁工业长期不景气。由于生产效率低,成本和价格居高不下而导致其企业大量破产和失业率大幅度提高。

这是迄今为止美国历史上对进口钢铁施加的最严厉的一次贸易限制。和以往出台的钢铁保护政策相比,这次钢铁保护措施明显具有被制裁国家面广、所涉产品面广、保护措施持续时间长的特点。这种自行其是的做法是布什政府上台以来在外交和贸易领域一意孤行、美国屡次违反贸易规则,推行单边主义做法的典型事例,也是对WTO贸易政策一次新的背离。

这一决定公布后,一石激起千层浪,各国反响强烈。根据WTO《关于争端解决规则与程序的谅解》的规定,在进入专家组审理程序之前,应进行磋商。为此受影响的中国、欧盟、日本、韩国、瑞士和挪威等成员先后与美国进行了双边磋商,均毫无成果。欧盟、日本、中国、韩国、新西兰、挪威、瑞士等向WTO提起诉讼。

2003年11月10日,WTO做出终审裁决,认定美国采取的保障措施违背了WTO有关规则,八国胜诉。美国于2003年12月4日撤销了保障措施。

美国进口钢铁201案可以说是全球钢铁业遭遇的最大一宗贸易壁垒案,美国所作所为是典型的贸易保护主义,表面上动用的是WTO框架下的保障措施,但实质上自说自话,抛开了WTO正常程序。并且,美国进口钢铁201案挥动大棒的对象是欧盟、日本、韩国、中国、俄罗斯等,却"豁免"了对美钢铁出口大户加拿大和墨西哥,完全不符合WTO的非歧视原则。由此案可以推知,贸易壁垒防不胜防。

资料来源:佚名.贸易保护主义经典案例分析——美国201钢铁案 [EB/OL].[2019-11-24].https://www.docin.com/p-2279774617.html? docfrom=rrela.编者有改编。

6.1 国际贸易的发展与作用

6.1.1 二战后国际贸易的发展与变化

------案例1------
2022年全球经济、贸易和发展趋势统计报告

【案例正文】

联合国贸易和发展会议2022年12月14日发布了《2022年统计手册》,就一系列经济和贸易指标提供了最新的可靠数据，为每年的全球贸易和发展趋势分析提供参考。

一、2022年全球经济将放缓

报告指出，全球实际国内生产总值增速将从2021年的5.7%降至2022年的3.3%。商品和服务贸易都将放缓。商品出口增长预计将下降一半，从2021年26.5%的强劲增长骤降至今年的13.8%。运输、旅游等服务出口增长将小幅下降，从2021年的17.2%降至2022年的14.6%。

虽然2021年的服务贸易增长强劲，但总出口额（6.1万亿美元）仍低于2019年新冠疫情前的水平（6.3万亿美元）。

二、消费价格飙升，通胀日益严峻

2021年，粮食和能源等初级商品的价格涨幅高达55%，其中燃料价格的增长占了22个百分点。今年的消费价格持续保持了这一上升趋势，在2022年8月达近30年来的历史新高。

全球的通货膨胀率也在飙升，尤其是在非洲，该区域2021年的消费价格上涨了22.7%。与此同时，拉丁美洲和加勒比地区的消费价格上涨了15%。

三、发展中经济体贸易顺差扩大

发展中国家，尤其是非洲国家的贸易顺差有所扩大，而发达经济体的贸易逆差也相应扩大。发展中国家与发达国家之间的贸易额（8万亿美元）超过了发展中国家之间的贸易额（5.4万亿美元）。发达国家之间的贸易额达8.5万亿美元，略高于发展中国家与发达国家之间的贸易额。

四、发展中国家出口多样性不足

2021年，许多发展中国家的出口多样性仍然不足。西亚和北非国家的出口产品种类最为单一，其次是大洋洲和撒哈拉以南非洲国家。

但各国赖以出口的产品因地而异。非洲约四分之三的出口产品为初级产品（77%），而亚洲和大洋洲的发展中经济体四分之三的出口产品为制成品（76%）。

五、最不发达国家未能实现增长目标

2021年，全球46个最不发达国家的实际国内生产总值增速仅为2%，不到全球平均水平5.7%的一半。最不发达国家的国内生产总值增速远低于联合国2030年可持续发展议程中规定的7%的人均年增长目标。

资料来源：联合国贸发会. 2022年全球经济、贸易和发展趋势统计报告［EB/OL］.［2022-12-14］. https://finance.sina.com.cn/tech/roll/2022-12-14/doc-imxwqtff9539488.shtml.编者有改编。

【讨论问题】

疫情过后，针对当前放缓的国际贸易趋势，中国出口企业应当如何适应？

【参考答案】

第一，在全球化趋势下，中国企业更应该了解并顺应市场发展的规律。

第二，当前我国的电商行业获得了快速的发展，尤其是跨境电商业务，让我国很多中小企业不再受到自身规模的限制。我国出口企业可以借助互联网电商平台开展跨境贸易，为自身的发展提供了巨大支持。

第三，中国出口企业应当遵循并合理利用国际经贸的相关规则，确保在国际经贸中能够保护自身的合法权益不受到侵害，从而实现自身的健康发展。

------- 案例 2 -------
中国外贸结构分析

【案例正文】■

据海关总署统计，2015—2022 年我国出口商品贸易增长变化分别为 -2.9%、-7.7%、7.9%、9.9%、0.5%、3.6%、29.6%、7%。受进口市场经济发展影响，我国出口增长出现一些波动，实属正常，月度波动更是不必见怪。其次，我国经常账户余额在国内生产总值的占比已经由 2007 年的 9.9%，降至 2022 年的 1.8%，外贸出口对经济增长的影响较小，内需市场才是关键。

一、我国对主要市场出口保持平稳增长

我国对美出口贸易基本恢复到 2018 年时的水平，美国依然是我国最大的出口市场。据美国商务部贸易局数据，2018—2022 年，我国对美出口贸易（按到岸价计算）分别为 5 386 亿、4 491 亿、4 327 亿、5 049 亿、5 368 亿美元。尽管美国政府内部在对华贸易问题存在一些分歧，但国内家庭和企业苦高通胀久矣，对华贸易政策调整势在必行，我国对美出口贸易有望继续回升。

2018—2022 年，我国对亚太地区出口贸易保持高速增长。据中国海关年度统计，我国对主要亚太国家和地区的出口总额分别为 6 049 亿、6 802 亿、7 014 亿、8 926 亿、10 007 亿美元。其中，中国对越南和泰国贸易稳定增长，而与其他国家和地区的出口贸易表现出一定波动。

我国对欧盟出口贸易也超过了对美出口贸易。2018—2022 年，我国对欧盟出口贸易额分别为 4 086 亿、3 664 亿、3 910 亿、5 183 亿、5 620 亿美元。总体而言，中国对美出口贸易波动较大，对亚太地区保持高速增长，而欧盟的出口增长较为迅速，战略布局初见成效。

具体而言，据海关总署最新统计，2022 年，欧盟、美国等 20 个出口市场占我国出口贸易总额的 80.04%，除中国香港及英国，其他市场对华进口贸易均出现大幅增长，其中增加额超过 100 亿美元的国家依次为欧盟（437 亿）、美国（319 亿）、新加坡（261 亿）、印度（209 亿）、澳大利亚（123 亿）、韩国（121 亿）、印度尼西亚（106 亿）、阿拉伯联合酋长国（100 亿）。可见，我国对外出口贸易总体发展态势良好。

二、我国对美出口商品结构持续优化

2012 年，中国对美十大出口产品分别为：计算机设备（14.8%）、通信设备

（12.3%）、其他制造产品（7.6%）、服装（6.4%）、半导体及其元器件（3.7%）、家庭和厨用橱柜（2.9%）、家电及配件（2.7%）、电气设备及配件（2.4%）、塑料制品（2.4%）、药物及药品（0.5%），合占57.4%。与2012年相比，2022年，我国对美出口十大产品占比57.1%，但电气设备及配件、药物及药品、家电及配件等占比上升较为明显。就十大出口产品而言，中国高科技占比较高，劳动密集型或初级产品占比较低，商品结构持续优化。

今年国际出口贸易面临多种挑战。尽管我国经济增长速度确定为5%，其他国家和地方各国正适应高通胀、高利率环境，且俄乌冲突局势更加复杂化，经济复苏速度较为缓慢，其中欧盟及其他发达国家经济低迷。此外，美国就业市场保持强劲，高通胀走势不明，高利率遏制企业和家庭消费，美联储货币政策具有较大的不确定性，资本市场纠结于软着陆和经济衰退之间。

资料来源：大风号. 中国外贸结构分析：出口市场多元化战略达预期，对美出口商品结构持续优化［EB/OL］.［2023-03-21］. https：//finance.ifeng.com/c/8OKQNeSJBlZ. 编者有改编。

【讨论问题】▋━━━━━━━━━━━━━━━━━━━━━━━━━━━━━━━━

多重因素影响下，中国外贸如何实现稳定增长？

【参考答案】▋━━━━━━━━━━━━━━━━━━━━━━━━━━━━━━━━

第一，加大外贸市场开拓，积极培育外贸新业态新模式，推进跨境电商综试区和海外仓建设。

第二，加大财税金融支持，助力外贸企业保订单、稳预期。充分发挥外贸信贷和出口信用保险的作用。

第三，加强缓解供应链紧张问题，缓解外贸企业物流成本压力。

6.2　国际贸易政策的演变

6.2.1　国际贸易政策的含义和作用

┌──────────────── 案例 ────────────────┐
欧盟的对外贸易法规和政策
└──────────────────────────────────┘

【案例正文】▋━━━━━━━━━━━━━━━━━━━━━━━━━━━━━━━

欧盟独享共同贸易政策（Common Commercial Policy，CCP）的管辖权。欧盟各机构在共同贸易政策中承担不同的职能。欧委会具有立法权和执行权等"实权"，负责处理具体的多双边贸易事务，向理事会和议会提出政策建议。理事会代表欧盟各成员国，发布贸易政策指令。欧洲议会代表公民，就有关贸易政策问题接受咨询。《里斯本条约》生效后，欧洲议会权力上升，在共同贸易政策获共同决定权，有权审批欧盟对外签署的贸易投资协定，并就欧盟重大贸易投资问题提出意见和建议。欧盟法院负责监督欧盟法律实施，解决争端并进行司法解释。

在欧委会内部，贸易总司（DG TRADE）专门负责欧盟贸易事务。贸易总司下设 8 个司，分别负责水平议题和双边经贸关系等问题，与中国经贸关系由 B 司负责，贸易救济措施由 H 司负责。

欧盟贸易法规方面：

欧盟共同贸易政策是规范欧盟成员国统一执行的、针对第三国的贸易政策、共同海关税则和法律体系。最初其内容仅涉及关税税率的改变、关税和贸易协定的缔结。进出口政策在 1999 年 5 月生效的《阿姆斯特丹条约》之前只包括货物贸易，《阿姆斯特丹条约》将其覆盖范围扩展到大部分服务贸易，2003 年 2 月生效的《尼斯条约》又将其扩及所有服务贸易和与贸易相关的知识产权。2009 年 12 月生效的《里斯本条约》则重点在外国直接投资（FDI）领域进一步扩大了欧盟在贸易政策领域的权限。

主要的欧盟贸易管理规定：

鉴于纺织品和农产品在多边贸易框架中的特殊安排，欧盟分别制定了纺织品和农产品的进口管理法规。而欧盟进口许可制度主要包括监控、配额、保障措施三类。此外，欧盟还将各种技术标准、卫生和植物卫生标准作为进口管理手段。目前，欧盟采取进口监控措施的产品包括来自第三国的部分钢铁产品、部分农产品、来自中国的纺织品。

欧盟鼓励出口，一般产品均可自由出口，仅对少数产品实施出口管理措施。根据欧盟出口管理法规，当短缺物资、敏感技术、初级产品出口将导致共同体产业损害时，成员国须马上通报欧委会及其他成员国。欧委会和成员国代表组成咨询委员会启动磋商，采取出口数量限制等措施减小损害。保护措施可针对某些第三国或针对某些欧盟成员国的出口。原则上讲，此类措施应由理事会以有效多数作出，欧委会在紧急情况下也可直接采取措施。欧盟法规还规定，出于公共道德、公共政策、人类和动植物健康保护、国家文化遗产等需要，或为防止某些重要产品供应出现严重短缺，欧委会和成员国政府有权对出口产品实行限制。

欧盟出口贸易限制政策属于欧盟共同外交与安全政策的一部分，如欧盟对中国的武器出口禁令。此外，欧盟还对两用产品和技术实行出口管制。欧盟理事会第 1183/2007 号法规附有一份禁止出口清单，并详细规定了共同体出口授权体系、信息交换条例、成员国间磋商等内容。

贸易救济措施：欧盟实施的贸易救济措施主要有反倾销、反补贴、保障措施、针对中国的特殊保障措施和纺织品特殊限制措施等。

进出口商品检验检疫：欧盟对食品、动植物及其产品和各种工业产品制定严格的检验检疫管理法规和标准。无论在欧盟内部流通的商品，还是从第三国进口或出口的商品都必须符合欧盟相关的法规和标准要求。对于不同的产品，有不同的检验检疫管理方式，有的需要对整个产品的管理体系进行符合性评估，有的需要在边境实施逐批检验、检疫，或抽查检验、检疫，有的需要在市场实施抽查、监督，有的需要加贴CE安全标等。

欧盟产品安全管理：根据欧盟通用产品安全指令（GPSD），生产者和进口商的责任是保证投放欧盟市场产品的安全，并采取适当的预防性措施，出现问题时有义务立即行动并通报主管机构。

为了有效实施消费者保护政策，欧盟近年来建立了一系列快速预警系统，如非食品类消费品预警系统（RAPEX）、食品和饲料预警系统（RASFF）以及医疗器械和药品等专门系统。

欧盟还对一些涉及安全的工业产品通过安全认证，即加贴CE标志进行管理。CE标志被视为制造商打开并进入欧洲市场的护照。CE产品可在欧盟各成员国内销售，无须符合每个成员国的要求。目前有超过30%的工业产品，包括电脑、玩具和电器设备必须强制性加贴CE标志。

另外，欧盟还实行自主关税暂停征收和配额制度。该制度对某些进口产品全部或部分免征正常关税。如该制度适用于数量有限的货物，则属于配额制；如其适用的货物数量没有限制，则属于关税暂停征收。原则上，该制度的适用范围仅限于欧盟境内无法获得的原材料、半成品，不包括成品。

欧盟对进口产品和本地产品征收相同增值税和消费税，欧盟制定并提倡统一税率（15%），但各成员国执行各自不同的增值税率和消费税率。欧盟对第三国倾销产品或补贴产品征收反倾销税或反补贴税。

欧盟同时实施非优惠原产地规则和优惠原产地规则，前者为欧盟共同税则及其相应执行法规明文规定者，后者则体现在欧盟与贸易伙伴签署的优惠贸易协定或安排中。非优惠原产地规则主要用于贸易救济，进口监控或限制，出口退税和贸易统计。享受进口优惠原产地规则的商品需要原产地证书，优惠原产地规则可采用累积方法，即使用享受优惠原产地国家的原料可被视为原产于出口国。

资料来源：全球中小企业联盟. 欧盟对外贸易法规和政策 [EB/OL]. [2020-12-03]. http://www.globalsmes.org/news/index.php? func=detail&detailid=1035&catalog=34&la.编者有改编。

【讨论问题】■▬▬▬▬▬▬▬▬▬▬▬▬▬▬▬

什么是国际贸易政策？

【参考答案】■▬▬▬▬▬▬▬▬▬▬▬▬▬▬▬

国际贸易政策从一个国家出发就是对外贸易政策，是一国政府在一定时期内为实现一定的政策目标对本国商品贸易、技术贸易和服务贸易制定并实施的政策，它从总体上规定了该国对外贸易活动的指导方针和原则。

6.2.2 保护国际贸易政策和自由贸易政策

------------------------------ 案例 ------------------------------
第二次世界大战以来美国贸易政策的演变

【案例正文】■━━━━━━━━━━━━━━━━━━━━━━━━━━

在美国独立后的200多年里，美国贸易政策的演变始终表现为贸易保护主义与贸易自由化的交替。第二次世界大战后美国的对外贸易政策同样也经历了一个从保护贸易到自由贸易，又从自由贸易回到保护贸易的过程。美国贸易政策的演变，其本质是美国从本国利益出发，选择最有利于自己的贸易政策。

一、第二次世界大战结束至20世纪70年代中期的自由贸易政策

第二次世界大战之后，美国由贸易保护主义转向自由贸易政策原因有三：

第一，自由贸易是美国强大经济基础发挥优势的迫切需要。1948年，美国工业生产和对外贸易在世界工业生产和国际贸易中的比重分别达到45%和18%；在资本输出方面，从1945—1960年，主要资本主义国家新增对外投资120亿美元，其中70%左右来自美国。显然，巨额出口有利于美国经济繁荣和保持低失业率；巨额进口则有助于美国维持低物价和高生活水准。而这一切只能靠大力推进整个世界的自由贸易来实现。

第二，自由贸易是美国国内经济结构调整的内在要求。第二次世界大战后，美国要将相对封闭的国民经济体系改造成开放经济，以建立开放的商品、资本和货币体系。

第三，自由贸易是美国遏制前苏联国际竞争、争夺世界霸权的战略选择。当时，在国家安全和意识形态方面，前苏联直接挑战美国。美国凭借其超强的经济实力，积极推广自由贸易政策，倡导建立以关税及贸易总协定（GATT）、世界银行和国际货币基金组织为主要内容的世界经济体系，重新安排了世界商品、资本和货币的流通秩序，以促使日本、西欧等重要战略盟国的经济和贸易复苏。

具体地，美国第二次世界大战后的自由贸易政策包括两个组成部分：其一，对本国贸易政策法规的调整；其二，推动GATT制度的建立和发展。

第二次世界大战结束后美国在成为世界上最强大的国家，迫不及待地在整个世界倡导自由贸易主义。1948年，在美国的主导下，GATT得以建立。1962年，美国国会制定了《扩大贸易法》，进一步扩大了总统的对外贸易授权，并对"免责条款"规定了较为严格的适用条件，使得保护主义措施的实施变得十分困难。

第二次世界大战后，美国积极参与和推动了GATT的建立及多轮多边关税减让谈判，倡导贸易和投资自由化，主导制定了世界经济的游戏规则，将贸易从高关税和其他壁垒中解放出来，并为解决国际争议提供了一个论坛。

美国在第二次世界大战后相当长一段时期，对其主要盟国开放了国内市场，而不要求对方履行对等义务。这不仅帮助了美国的主要盟国的经济和贸易快速复苏，还实现了美国宏观经济较长时期的稳定增长。发展中国家也认识到，较之强加于别国的单边贸易减让，双边贸易减让更有利于实现他们的利益最大化目标。但是，美国的自由贸易政策是一直以其自身利益为条件的、有限度的自由贸易政策。

二、20世纪70年代中期以来的"公平贸易"政策

20世纪70年代中期石油危机爆发以后，美国逐步从大力提倡自由贸易转向自由与公平贸易相结合的政策。这一政策的总目标是针对其他国家的"不公平贸易"行为，迫使外国市场对美国开放，保障美国获得更多的出口机会。

美国的公平贸易政策主要内容包括三个方面。其一，美国奉行自由贸易政策，则其他国家——美国的贸易伙伴也应实行同样的政策。其二，如果美国的贸易伙伴有"不公平"或不合理的行为损害了美国进出口商的利益，美国都将视为不公平贸易行为。其三，美国通过双边谈判渠道敦促对方改变其对外贸易政策、修改其有关的贸易法规或做出补偿性措施等。如果通过双边谈判达不到目的，美国就采取单边行动，沿用本国国内贸易法规和规则，对被认为有不公平贸易行为的贸易伙伴进行报复。

三、20世纪90年代以来的单边主义贸易政策

单边主义是美国贸易政策在公平贸易基础上向贸易保护主义的进一步发展，是保障公平贸易政策实施的一种极端形式。由此，构成了美国贸易政策以自由贸易换取对等条件、以公平贸易保障自身利益、以单边主义强制实施保护的三个层次。

单边主义贸易政策的体现有：

1993年9月，克林顿政府推出"国家出口战略"，把扩大出口、打开他国市场作为政府外交活动的主要内容，目的是强化美国企业的对外竞争力，通过扩大出口带动经济的增长。

小布什政府上台后面临着美国经济下滑的压力，2001年"9·11"事件使衰退的美国经济雪上加霜。这种严峻形势促使小布什推行单边主义的贸易政策。

小布什政府的单边主义贸易政策主要体现在以下几个案例中：（1）2002年3月5日，美国宣布根据"201条款"对进口的钢铁产品，实施为期3年的关税配额或征收8%～30%的进口附加税。（2）2002年5月，美国国际贸易委员会裁定加拿大出口至美国的软木木材对其生产商造成伤害，因此对从加拿大进口的此种木材平均征收27%的惩罚性关税。（3）2002年5月，国会通过农产品补贴法案，决定在未来6年内将农产品补贴增加67%，每年向农作物和乳制品追加64亿美元的补贴。（4）增加对纺织品、成衣、运输和其他服务领域的保护贸易，并正在扩大农作物保险计划。（5）2003年11月17日，美国宣布对中国针织布、袍服和胸衣三种纺织品，实施进口配额限制；11月24日，美国商务部初步裁定中国部分电视机生产商向美国市场倾销其产品。

这一系列对外贸易政策，明显违反了WTO自由贸易、透明度及非歧视原则。但是，由于WTO解决争端奉行所谓"不告不理，判错就改，既往不咎，不用补偿"的原则，所以，即使美国的单边主义做法在WTO败诉，也会在WTO解决争端的漫长过程中达到其保护国内产业的目的。

资料来源：张向群，王朝晖. 论二战以来美国贸易政策的演变〔J〕. 工业技术经济，2005（8）：13-15.

【讨论问题】 ▪━━━━━━━━━━━━━━━

美国贸易政策的演变，对我国贸易政策的制定和调整有哪些启示？

【参考答案】 ▪━━━━━━━━━━━━━━━

第一，发挥政府在对外经济中的作用，强调政府对产业结构的调整；

第二，鼓励对研发的投资，减免相关税收，对研发项目给予低息贷款；

第三，贸易政策实施过程中，注重合作与磋商；

第四，选择与实施贸易政策必须讲究策略。

6.3 世界多边贸易体制的形成与发展

6.3.1 关贸总协定与多边贸易谈判

```
-------- 案例 --------
多哈回合谈判历程概述
```

【案例正文】 ▪━━━━━━━━━━━━━━━

2001 年 11 月，在卡塔尔首都多哈举行的世贸组织第四届部长级会议上，成员同意启动新一轮多边贸易谈判。这轮谈判被称为"多哈发展议程"（Doha Development Agenda， DDA），是多边贸易体制历史上第九轮多边贸易谈判，也是世贸组织成立后发起的首轮多边贸易谈判。

多哈回合谈判以发展为目标。议题可分为两大类，一类是市场准入谈判，包括农业、非农产品（即除农产品以外的所有产品，主要包括工业品和水产品）、服务贸易等；另一类是规则谈判，主要包括反倾销、反补贴、贸易便利化等。其中，重点是农业、非农产品和服务贸易市场准入谈判，涵盖95%以上的全球贸易。

多哈回合谈判如果成功，将进一步促进全球市场开放，完善多边贸易规则，促进国际贸易进一步扩大，使多边贸易体制更加完善和稳定。WTO 曾经预计，本轮谈判如成功结束，将每年至少为全球创造 1 500 亿美元的收益。

然而，自 2001 年启动以来，多哈回合谈判几经波折。由于 WTO 成员在农产品和工业品市场开放上的分歧，2008 年 7 月和 12 月这两次谋求谈判取得突破的努力都以失败告终，多哈谈判基本陷入停顿状态。

围绕着农业、非农产品和服务贸易市场开放，世贸组织成员难以达成一致，主要原因是谈判重点领域所涉及的问题深深触及各国政策的敏感领域和实质利益，成员间利益关系错综复杂，谈判进程艰难曲折，多次错过各方议定的结束期限。金融危机和经济危机使多哈回合谈判雪上加霜。美欧等发达国家经贸政策内顾，贸易保护主义势力抬头，同时，美欧认为中国、印度等新兴经济体应当在谈判中做出更多贡献，主要成员间的分歧和矛盾进一步深化。

为挽救多边贸易体制信誉，2011 年底，世贸组织第八届部长级会议上，大部分成员同意尝试推动谈判的新途径，力争就分歧较小的议题率先达成共识。经过不懈努力，各方就早期收获初步框架达成共识，内容包括三部分：贸易便利化、部分农业议题（粮食安全、关税配额管理、出口竞争）、发展及 LDC 关注（特殊与差别待遇坎昆会议 28 个条款及监督机制、优惠原产地规则、服务豁免机制、棉花、"双免"），并力争在 2013 年 12 月举行的世贸组织第九届部长级会议（MC9）上实现早期收获。

2013 年 12 月 3 至 7 日，MC9 在印尼巴厘岛举行。会议最终达成了多哈回合"早期收获"一揽子协议，包括农业、贸易便利化和发展等领域的 10 个文件。根据《巴厘部长宣言》，2014 年各成员主要任务是落实《贸易便利化协定》（以下简称 TFA）等"巴厘一揽子"协议，并在当年底前制定出推动多哈回合谈判的"后巴厘"工作计划。多哈回合谈判 12 年僵局终获历史性突破。

2014 年 11 月，美国和印度分别发表声明，同意无条件实施 TFA，承诺在找到并通过粮食安全永久解决方案前，"和平条款"持续有效，从而为"后巴厘"工作重返正轨扫除了障碍。2015 年各方全力推动多哈谈判在年底内罗毕举行的第十届世贸组织部长级会议（MC10）取得有意义的成果。

MC10 会议开始后，成员立即就可能收获的各个议题展开全面磋商。2015 年 12 月 16 日中美就《信息技术协定》（ITA）扩围谈判达成共识，最终促成协议达成。MC10 会议最终通过了《内罗毕部长宣言》及 9 项部长决定，承诺继续推动多哈议题，并取得了以下几方面的成果：一是世贸组织成员首次承诺全面取消农产品出口补贴，这是乌拉圭回合结束 20 年来农业领域多边规则取得的历史性突破，从此全球农产品出口补贴将退出历史舞台；就出口融资支持、棉花、国际粮食援助等方面达成新的多边纪律。二是在优惠原产地规则、服务豁免等方面切实给予最不发达国家优惠待遇。三是全面结束 ITA 扩围谈判。四是正式批准阿富汗和利比里亚加入世贸组织。

2017 年 12 月，世贸组织第十一届部长级会议在阿根廷布宜诺斯艾利斯举行，会议就渔业补贴、电子商务工作计划、小经济体工作计划等通过部长决定。

2022 年 6 月，世贸组织第十二届部长级会议在瑞士日内瓦举行，经过成员密集谈判和艰苦努力，最终达成多项成果，包括《关于〈与贸易有关的知识产权协定〉

的部长决定》《关于世贸组织新冠肺炎疫情应对和未来疫情应对准备的部长宣言》《渔业补贴协定》《关于紧急应对粮食安全问题的部长宣言》《关于世界粮食计划署购粮免除出口禁止或限制的部长决定》《关于电子商务的工作计划》。其中，《渔业补贴协定》是首份旨在实现环境可持续发展目标的世贸组织协定。

资料来源：中国商务部世贸司，中华人民共和国外交部. 多哈回合谈判概述［EB/OL］．［2022-09-16］. http://chinawto.mofcom.gov.cn/article/ap/p/202209/20220903348766.shtml. 编者有改编。

【讨论问题】

多哈回合难以达成一致的原因是什么？

【参考答案】

第一，浅层原因：谈判议题的广泛性与含混性。若干谈判议题从一开始就备受争议。譬如新加坡议题，直到30个月后才确定将其基本排除。

第二，客观原因：发展的差异性和利益的多元化。各国经济发展存在明显差距，对于每个WTO成员来说，不仅要面对所有其他成员多元化的利益诉求和在此基础上构成的各种国家利益集团，而且还要面对成员国内众多的利益集团的压力与挑战。

第三，深层原因：WTO成员内部结构的权力变化。经过历次多边贸易谈判，发展中国家日益成熟，也更为清楚地了解自身的利益诉求，也更为熟练地运用WTO规则来维护自身的利益或改善自身的处境。

第四，关键原因："联盟化"倾向与"集团式"博弈。在多哈回合中博弈联盟的数量却急剧增加，特别是在农业、NAMA与服务贸易等关键谈判领域，参与"集团式"博弈的新老联盟五花八门。

综合案例　当前多边贸易体制面临的主要困境

【案例正文】

多边贸易体制是以世界贸易组织为核心的贸易体制，最大目的是使贸易尽可能自由流动。虽然世界贸易组织1995年才成立，但多边贸易体制已有近70年的历史。1948年生效的《关税与贸易总协定》（简称《关贸总协定》）就已为多边贸易体制制定了规则。《关贸总协定》和世界贸易组织制定了一系列涉及国际货物贸易、国际服务贸易以及与贸易有关的国际投资和知识产权等方面的国际规则，并创设了结合外交谈判和法律方式解决成员纠纷的争端解决机制。当前，多边贸易体制为全球范围内的贸易自由化、世界经济的稳定和发展发挥了非常积极的作用。

以世界贸易组织为核心的多边贸易体制为全球经济合作做出了重要贡献，但它也面临诸多困境：

一、贸易保护主义重新抬头

发展中国家的贸易保护主义最初表现为进口替代工业化战略，即采取关税、配额和外汇管制等严格限制进口的措施，扶植和保护国内有关工业部门发展的倾向。
尽管大多数发展中国家已经摒弃了进口替代工业化战略，其关税贸易壁垒已大幅降
低，但发展中国家的非关税贸易壁垒仍然比较突出。从遭受的贸易保护主义情况来
看，中国是贸易保护主义的头号受害国。2017年中国共遭遇21个国家（地区）发
起贸易救济调查75起，涉案金额110亿美元。同时，中国已连续23年成为全球遭
遇反倾销调查最多的国家，连续12年成为全球遭遇反补贴调查最多的国家。而对
中国实施贸易保护主义措施的国家中，有很多发展中国家，如印度等。

发达国家总体上是经济全球化的受益者，但也面临传统产业空心化和收入差距
扩大的挑战。国际金融危机凸显了这一问题，加之互联网推动了极端民族主义、民
粹主义思潮的传播，发达国家的一些群体错误地将这些问题归咎于经济全球化、贸
易自由化和其他国家的"不公平竞争优势"。2008年全球金融危机之后，这种态势
更为显著。近年来，美国一改多年秉持的自由贸易主张，要求进行所谓的"公平贸
易"。特朗普就任总统以来，美国先后退出跨太平洋伙伴关系协定（TPP），并提出
与加拿大和墨西哥重谈北美自贸协定（NAFTA），对钢铝产品进口开展"232调
查"，对中国开展"301调查"，对中国价值500亿美元的输美产品征收25%的关税，
并威胁退出世界贸易组织，从而使美国贸易政策呈现出较强的贸易保护主义色彩。
欧洲一些国家内部也出现了日益强烈的反经济全球化情绪。

二、多哈回合谈判困难重重

世界贸易组织从成立起，就把启动新一轮谈判，进一步完善多边贸易体制作为
重要使命。经过各方的不懈努力，终于于2001年11月在卡塔尔多哈举行的第四届
世界贸易组织部长级会议上决定正式启动谈判，因而此轮谈判被称为"多哈回
合"。与以往的多边谈判相比，这是包括议题范围最广，参加成员最多的一轮谈判。

多哈回合谈判的宗旨是促进世界贸易组织成员削减贸易壁垒，通过更公平的贸
易环境来促进全球特别是较贫穷国家的经济发展。谈判包括农业、非农产品市场准
入、服务贸易、规则谈判、争端解决、知识产权、贸易与发展以及贸易与环境等8
个主要议题。谈判的关键是农业和非农产品市场准入问题，主要包括削减农业补
贴、削减农产品进口关税及降低工业品进口关税三个部分。由于发达国家和发展中
国家在农业政策问题上陷入僵局，多哈回合历经多次谈判后均未有更多进展。

三、区域贸易安排和区域经济一体化快速发展

区域贸易安排是指区域内国家和地区之间通过签订区域贸易协定等方式，使得
在区域内进行的贸易比在区域外的自由化程度更高。简言之，就是特定国家或地区
之间的优惠贸易安排。区域贸易安排是在二战后迅速发展的，有三次浪潮：第一次
浪潮发生在20世纪50—60年代，以欧洲经济共同体为标志。第二次浪潮发生于20
世纪90年代初期，标志是欧洲统一市场的形成以及北美自由贸易协定和亚太经合
组织的诞生。这一时期，拉美和非洲区域经济合作兴起，稍后又出现了东盟自由贸
易区。第三次浪潮出现在20世纪90年代后期，一直延续至今。这次浪潮的特点是

区域贸易协定特别是双边自由贸易协定在全球各地涌现。

虽然区域贸易安排与多边贸易体制具有较强的互补性，但是区域贸易安排在短期或者一定程度上侵蚀了多边贸易体制的基础。

四、欠发达国家的经济体制转轨和改革停滞不前

从1917年至1950年，很多国家逐步脱离市场经济，纷纷走上了计划经济体制的道路。这些国家的人口约占世界人口的三分之一。首先是在苏联和蒙古国，后面逐步拓展到中东欧和波罗的海国家，以及中国、朝鲜、越南、古巴。此后，计划经济体制几乎影响了世界上所有发展中国家，如土耳其、印度、巴基斯坦、埃塞俄比亚、坦桑尼亚，甚至太平洋小岛屿发展中国家，如萨摩亚、巴布亚新几内亚、斐济等。

由于计划经济体制造成的激励扭曲、信息不对称以及软预算约束等问题，它使广大发展中国家的比较优势无法发挥。大多数实行计划经济体制的发展中国家和转轨经济体起初都没有加入《关贸总协定》和世界贸易组织。虽然，自20世纪80年代以来，越来越多的发展中国家开始加入世界贸易组织，但是由于经济体制改革的滞后，一些欠发达国家面临被边缘化、丧失话语权等风险。

资料来源：崔绍忠. 当前多边贸易体制面临的主要困境［EB/OL］.［2018-08-15］. http：//chinawto.mofcom.gov.cn/article/br/bs/201808/20180802776030.shtml.编者有改编。

【案例使用说明】

一、讨论问题

如何应对多边贸易体制面临的困境？

二、参考答案

第一，坚定信念，深化政治意愿，共同反对贸易保护主义，坚定维护多边贸易体制。历史已充分证明了多边贸易体制在全球治理中的重要地位。

第二，促进区域贸易安排和多边贸易体制协调发展。

第三，在人类命运共同体理念的引领下，积极推进"一带一路"建设，强调共商、共建、共享，在区域贸易谈判中坚持开放、透明、包容原则。

第七章　国际货币体系与金融自由化

开篇案例

疫情下的全球货币战

【案例正文】 ■——————————————————————

为遏制40年来最高的通胀压力，美联储在2022年5月4日宣布了2000年以来首次加息50个基点的决定，国际市场风起云涌，负面效应激烈显现。加息首先导致美元指数飙升，多国央行追随美国，弃守对弱势货币的偏好，转而拥抱强势汇率。美国高盛称，一场"反向货币战"开打。与此同时，日元、韩元等国货币竞相贬值，让亚洲货币集体承压，金融市场似乎又嗅到了一丝"亚洲货币战"的硝烟。香港《南华早报》分析称，全球或许尚未经历全面的货币战争，但随着资本从亚洲多国撤出，全球外汇市场的动荡正在加剧。可以说，美联储拖延太长时间才开始对抗国内通胀，然后做出相当激烈的反应，让世界来承担后果，而后果才刚刚开始显现。

美元指数5月9日盘中一度冲破104，创下20年来新高。据英国《金融时报》报道，如今全球货币的表现和2007—2009年全球金融危机后的表现截然不同。当时，各国都是低通胀状态，推行低利率和大规模资产购买，部分目的是通过较弱的货币来促进增长。如今，在新冠疫情与全球物价飞涨的影响下，俄乌冲突使商品价格水涨船高，各国央行工作重心已从鼓励增长转向降低通胀。由于石油及多种原料商品都是以美元计价，美元升值使其他国家的通胀压力升高，欧洲、亚洲等各国央行不得不跟上美国升息步伐。高盛称，一个"反向货币战争"的新时代已经到来，体量较大的发达经济体的央行平均需要再加息10个基点，才能抵消本币贬值1%的影响。

在欧洲市场，英国中央银行英格兰银行2022年5月5日宣布，将基准利率从0.75%上调至1%，以应对通货膨胀。这是2021年12月以来，英国央行第四次加息。而在美联储宣布加息50个基点当天，巴西央行货币政策委员会决定，将该国基准利率上调1个百分点至12.75%，升至2017年以来最高。

在亚洲市场，为抑制通货膨胀，新加坡金融管理局双管齐下，让新元加速升值。自2021年10月中旬以来，新元名义有效汇率已经上升0.97%。与此同时，日元韩元竞相贬值。日元对美元汇率已重返2002年以来最低水平。而韩元对美元汇率现"自由落体式"贬值。2022年5月10日，韩元对美元汇率收盘报1 276.4，较前一交易日下跌2.4韩元。

如果某个国家出现货币贬值以刺激出口，但是其他以出口为主的国家货币也集体贬值，则货币贬值对于某单一国家出口作用甚微。因此亚洲货币集体承压，亚洲货币需要抱团来解决各国共同面临的贬值压力问题。

在争相加息的背景下，背负大量美元债务的新兴国家面对更严重冲击。美元升值对于新兴市场国家，尤其是有大量美元外债的国家有较大影响，可能导致这些国家出现债务违约。

2022年5月10日，人民币汇率中间价为1美元对人民币6.7134元，较上一交易日下调235个基点，跌回6.7元时代。此外，在岸、离岸人民币对美元汇率也回到6.7元时代。进入4月下旬，人民币对美元的汇率也经历了一波急速贬值的进程。

《金融时报》2022年5月10日的一篇文章称，2020年以来，中国在疫情防控的成功，造就了中国经济在全球经济中的领先态势。对病毒的科学认识终将为世人所知，天气转暖也有助于疫情消退，防疫政策坚持直至胜利也已曙光在望。对中国经济过度悲观前景预期的修正，将使人民币汇率得以扭转，重新向原平衡区（6.3~6.4）缓进。

资料来源：倪浩，吴倩，辛斌. 全球货币战争正在两个战线酝酿？［EB/OL］.［2022-05-11］. https://mp.pdnews.cn/Pc/ArtInfoApi/article? id=28554078.编者有改编。

【涉及的问题】 ■▶━━━━━━━━━━━━━━━━
货币战的本质是什么？

思政案例

人民币国际化进程

根据央行发布的《2022年人民币国际化报告》，2021年以来，人民币国际化各项指标总体向好，人民币支付货币功能稳步提升，投融资货币功能进一步深化，储备货币功能不断上升，计价货币功能逐步增强。

2021年以来，人民币跨境收付金额在上年高基数的基础上延续增长态势。2021年，银行代客人民币跨境收付金额合计为36.6万亿元，同比增长29.0%，收付金额创历史新高。人民币跨境收支总体平衡，全年累计净流入4 044.7亿元。环球银行金融电信协会（SWIFT）数据显示，人民币国际支付份额于2021年12月提高至2.7%，超过日元成为全球第四位支付货币，2022年1月进一步提升至3.2%，创历史新高。国际货币基金组织（IMF）发布的官方外汇储备货币构成（COFER）数据显示，2022年一季度，人民币在全球外汇储备中的占比达2.88%，较2016年人民币刚加入特别提款权（SDR）货币篮子时上升1.8个百分点，在主要储备货币中排名第五。2022年5月，国际货币基金组织（IMF）将人民币在特别提款权（SDR）

中权重由 10.92% 上调至 12.28%，反映出对人民币可自由使用程度提高的认可。

实体经济相关跨境人民币结算量保持较快增长，大宗商品、跨境电商等领域成为新的增长点，跨境双向投资活动持续活跃。人民币汇率总体呈现双向波动态势，市场主体使用人民币规避汇率风险的内生需求逐步增长。人民币跨境投融资、交易结算等基础性制度持续完善，服务实体经济能力不断增强。

我国金融市场开放持续推进，人民币资产对全球投资者保持较高吸引力，证券投资项下人民币跨境收付总体呈净流入态势。截至 2021 年年末，境外主体持有境内人民币股票、债券、贷款及存款等金融资产金额合计为 10.83 万亿元，同比增长 20.5%。离岸人民币市场逐步回暖、交易更加活跃。截至 2021 年年末，主要离岸市场人民币存款接近 1.50 万亿元。

截至 2022 年 1 月末，中国已与 147 个国家和 32 个国际组织签署了 200 多份共建"一带一路"合作文件。"一带一路"建设的不断深入推进能够有效带动离岸人民币市场纵向发展，促进离岸人民币服务网络和体系日趋完善。报告指出，在"双循环"新发展格局下，中国加快培育完整内需体系，把满足国内需求作为发展的出发点和落脚点，增强消费对经济发展的基础性作用，形成容量巨大、需求升级的国内大市场，拓宽和巩固了人民币贸易收付主干道，同时通过加强金融体系建设、提高金融风险管控能力夯实国内经济基础，推动高水平对外开放，进一步提升人民币在全球金融市场的接受度。"双循环"新发展格局有效增强了人民币国际化市场驱动力。

同时，2022 年 1 月 1 日正式生效的《区域全面经济伙伴关系协定》（RCEP）也将为人民币国际化发展提供外部动力和新的机遇。此外，随着中国金融市场双向开放进程加速，境外市场主体对人民币国际地位的预期持续提升，参与人民币金融市场的意愿不断增强，未来人民币资产在境外金融机构可投资资产中的配置比重存在较大的提升空间。

资料来源：中国中央人民政府. 2022 年人民币国际化报告［EB/OL］.［2022-09-24］. http：//www.gov.cn/xinwen/2022-09/24/content_5711660.htm.编者有改编。

7.1 国际货币体系的演变

7.1.1 布雷顿森林体系的建立与瓦解

------ 案例 ------

布雷顿森林体系的形成与崩溃

【案例正文】◼━━━━━━━━━━━━━━━━━━━━━━━━━━━

1944 年 7 月，在美国新罕布什尔州的布雷顿森林召开有 44 个国家参加的联合国与联盟国家国际货币金融会议，通过了以"怀特计划"为基础的"联合国家货币金融会议的最后决议书"以及"国际货币基金组织协定"和"国际复兴开发银行协定"两个附件，总称为"布雷顿森林协定"。

布雷顿森林体系主要体现在两个方面：第一，美元与黄金直接挂钩，$1=0.888671克金，1盎司金=$35（黄金官价）。第二，其他会员国货币与美元挂钩，即同美元保持固定汇率关系，成员国货币汇率只能在上下1%限度内波动，如超过，各国中央银行有义务进行干预，美国承诺各国央行可按黄金官价向美国兑换黄金。布雷顿森林体系实际上是一种国际金汇兑本位制，又称美元-黄金本位制。它使美元在战后国际货币体系中处于中心地位，美元成了黄金的"等价物"，各国货币只有通过美元才能同黄金发生关系。从此，美元就成了国际清算的支付手段和各国的主要储备货币（战争结束时，美国的工业制成品占世界制成品的一半，GNP占全球资本主义国家GNP的60%，对外贸易额占世界贸易总额三分之一以上，黄金储备约占资本主义世界黄金储备的四分之三，成为资本主义世界最大的债权国）。

以美元为中心的布雷顿森林体系的建立，使国际货币金融关系有了统一的标准和基础，结束了战前货币金融领域里的混乱局面，并在相对稳定的情况下扩大了世界贸易。美国通过赠与、信贷、购买外国商品和劳务等形式，向世界散发了大量美元，客观上起到扩大世界购买力的作用。同时，固定汇率制在很大程度上消除了由于汇率波动而引起的动荡，在一定程度上稳定了主要国家的货币汇率，这有利于国际贸易的发展。据统计，世界出口贸易总额年平均增长率，1948—1960年为6.8%，1960—1965年为7.9%，1965—1970年为11%；世界出口贸易年平均增长率，1948—1976年为7.7%，而战前的1913—1938年，平均每年只增长0.7%。基金组织要求成员国取消外汇管制，也有利于国际贸易和国际金融的发展，因为它可以使国际贸易和国际金融在实务中减少许多干扰或障碍。

布雷顿森林体系是以美元和黄金为基础的金汇兑本位制。它必须具备两个基本前提：一是美国国际收支能保持平衡；二是美国拥有绝对的黄金储备优势。但是进入20世纪60年代后，随着资本主义体系危机的加深和政治经济发展不平衡的加剧，各国经济实力对比发生了变化，美国经济实力相对减弱。1950年以后，除个别年度略有顺差外，其余各年度都是逆差，并且有逐年增加的趋势。至1971年，仅上半年，逆差就高达83亿美元。随着国际收支逆差的逐步增加，美国的黄金储备也日益减少。1949年，美国的黄金储备为246亿美元，占当时整个资本主义世界黄金储备总额的73.4%，这是战后的最高数字。此后，逐年减少，至1971年8月，尼克松宣布"新经济政策"时，美国的黄金储备只剩下102亿美元，而短期外债为520亿美元，黄金储备只相当于积欠外债的1/5。美元大量流出美国，导致"美元过剩"，1973年底，游荡在各国金融市场上的"欧洲美元"达1 000多亿（即美国境外的美元存款和贷款，因这种存贷款源于欧洲，故称之欧洲美元；其特点是不在美国境内的金融界经营，既不受美国银行法规的束缚，也不受美国银行利率结构的支配）。布雷顿森林体系前提的消失，也就暴露了其致命弱点，即"特里芬难题"，货币体系本身发生了动摇，美元国际信用严重下降，各国争先向美国挤兑黄金，抢购黄金，黄金价格失控；而美国的黄金储备已难以应对，这就导致了从1960年起，美元危机迭起，货币金融领域日益混乱的局面。

为此，美国尼克松政府于1971年被迫宣布实行"新经济政策"，停止各国政府用美元向美国兑换黄金，黄金官价失效，美元与黄金脱钩，实行浮动汇率，这就使西方货币市场更加混乱。为了恢复固定汇率制，1971年12月又达成"史密森学会协议"，其主要内容有：

1盎司金＝$38（即美元贬值7.8%，其他国家货币相对升值，如日元升值7.66%，德国马克升值4.6%，瑞士法郎升值4.61%）；各国货币对美元汇率的波动幅度从1%上升到2.5%。

但因20世纪70年代两次石油危机，资本主义国家出现了严重通货膨胀，1971年美元大幅度贬值（贬值10%），1973年美元危机中，美国再次宣布美元贬值，导致各国相继实行浮动汇率制代替固定汇率制。1975年美国正式放弃黄金官价，1978年国际货币基金组织宣布：黄金不再作为各种法定汇价的共同尺度，国际货币体系实行浮动汇率制。

资料来源：佚名. 布雷顿森林体系的形成与崩溃［EB/OL］.［2012-03-27］. https：//www.docin.com/p-371309457.html. 编者有改编。

【讨论问题】■━━━━━━━━━━━━━━━━━━━━━━━━━━━━━━━
什么是"特里芬难题"？对我国的启示？
【参考答案】■━━━━━━━━━━━━━━━━━━━━━━━━━━━━━━━
特里芬难题是指当一个国家的货币同时作为国际储备货币时，有可能造成国内短期经济目标和国际长期经济目标的利益冲突。

启示：第一，加强外汇储备资产的管理，积极合理加以运用，控制外汇储备的风险。

第二，积极推进人民币国际化。人民币国际化是我国经济和金融实力提升的必然过程，也是国际货币体系改革的需要，有助于构建更加稳定的多元国际货币体系。

第三，积极推动多边、双边经济政策的协调与合作。充分利用IMF、G20峰会等国际多边对话机制，主动设置议题，增强话语权，坚决维护我国利益。

7.1.2　布雷顿森林体系对世界经济的影响

- - - - - - - - - - - - - 案例 - - - - - - - - - - - - -

会出现"布雷顿森林体系3.0"吗？

【案例正文】■━━━━━━━━━━━━━━━━━

时至 2022 年，布雷顿森林体系崩溃已过去 50 年，但人们对其崩溃的根源依然存在很大争议，甚至依然有人认为将出现以黄金和其他大宗商品作为支撑的"新布雷顿森林体系"。然而，固守金本位制才是布雷顿森林体系必然崩溃的根本原因。

信用货币的出现，彻底打破了实物货币对货币供应的束缚，使货币能够充分满足社会需求，理论上更有利于保持货币总量与财富价值的基本对应，维持货币币值的基本稳定，充分发挥货币作为价值尺度本质功能，推动货币金融快速发展，促进经济社会进步。可以说，没有信用货币的出现，全球经济社会发展根本无法达到今天的水平。

但也正是因为信用货币全球化发展出现了严峻问题，不少人开始强烈呼吁"货币的非国家化"，并出现了一系列相关的变革思路和实践：希望重新恢复黄金货币或金本位制货币，或推出与黄金及多个大宗商品结构性锚定的货币体系；运用区块链等新型技术，比照黄金的原理，推出总量和阶段性新增量完全由系统控制，不得人为调节的去中心（非国家化）加密数字货币，如比特币等；运用区块链等新型技术推出与一篮子主权货币结构性挂钩的超主权世界货币等。包括目前这种所谓的"布雷顿森林体系Ⅲ"也只是其中的一种想法。

这些想法对货币理论与管理实践产生了很大影响。但是，货币从实物货币发展成为信用货币的规律表明，这种回归黄金货币，或者黄金本位制，甚至黄金及多个大宗商品综合本位制的思路，都难以保持货币总量与财富价值相对应的基本要求，必然陷入严重通货紧缩的困境，并严重阻碍经济社会发展。在国家主权独立，全球尚未实现一体化治理的背景下，国家主权和法律保护，仍是货币与财富最高等级的信用保护。要取代国家主权货币，打造和运行超主权世界货币很难取得成功，即使靠新型技术加持也难以从根本上解决问题。比如，国际货币基金组织早就推出了与一篮子主要国家货币结构性挂钩的 SDR，但是却一直难以成为真正的流通货币，而只能成为政府间特殊的储备资产。2019 年国际大型互联网平台公司 Facebook 联合上百家国际大型机构组建管理协会，设想推出和管理与一篮子主要国家货币结构性挂钩的去中心数字货币 Libra，虽然这个创意一时引发全球范围内的巨大轰动，但最后也只能付诸东流。

可以肯定，未来世界经济和政治格局以及国际货币金融体系将深刻变革，但所谓的"布雷顿森林体系3.0"却不可能实现，国际货币体系再也不可能倒退回以黄金或其他任何物品作为本位制的体系。

经济全球化发展，需要有与之配套的全球一体化治理体系。在没有实现全球一体化治理的情况下，国际货币体系的变革，只能在国家或区域主权货币基础上推进。可能的思路有：一是积极推动各国双边或多边贸易协定与央行货币互换协议项下的跨国经贸本币结算，由各国央行锁定货币互换汇率并自行承担本国货币的汇率风险，扩大各国本币使用，以减少汇率风险的外溢以及对他国货币的依赖和储备。二是深化IMF的改革，大幅扩大其基金规模，并按照各国基金份额赋予其投票权，增强其国际协调能力和管理的公平性，并考虑将SWIFT这种国际金融重要的基础设施收归IMF管理，增强SWIFT"中立、共享、安全"属性。

资料来源：王永利：会出现"布雷顿森林体系3.0"吗？[EB/OL]．[2022-03-30]．https：//finance.sina.com.cn/zl/2022-03-30/zl-imcwiwss8992714.shtml.编者有改编。

【讨论问题】 ▶━━━━━━━

布雷顿森林体系必然崩溃的根源是什么？

【参考答案】 ▶━━━━━━━

货币经历的从自然实物货币发展到规制化金属货币，再发展到金属本位制纸币，最终进一步发展到彻底脱离实物的信用货币的历程，是货币不断脱离实物与有形载体的束缚，逐渐趋向其作为价值尺度与交换媒介的本质，并不断提高运行效率，降低运行成本的必然过程。这个过程所体现出的货币发展的基本逻辑与客观规律是不可逆行的。

而实物货币之所以必然转化成为信用货币，是因为实物货币本身就是一种可交易的社会财富，以其作为货币必然会产生货币供应量无法跟上全社会可交易财富价值增长的问题，将导致严重的货币短缺即通货紧缩，并由此束缚交换交易的发展与经济社会的进步，无法充分发挥货币作为价值尺度与交换媒介的本质功能。

7.2 金融自由化与金融风险

7.2.1 金融自由化

```
------ 案例 ------
日本金融自由化
```

【案例正文】 ▶━━━━━━━

第二次世界大战后至20世纪70年代中期，日本一直对金融业的市场准入、各类金融机构的业务范围、金融业的价格与非价格竞争、资本国际流动等实行严格管制。此后，日本金融自由化开始逐步展开，具有高度稳定性的日本金融体系逐渐演变成了存在诸多严重问题、危机四伏的金融体系。目前，国内外学术界认为金融自由化是促成20世纪80年代后期日本泡沫经济严重化和金融风险不断加剧的一个重要原因。但问题是，当时日本能否通过拒绝金融自由化的方式进行金融风险控制？为什么在泡沫经济破灭后的严重金融动荡中日本又进一步推进了金融自由化的进程？对日本金融自由化的展开过程进行深入研究，不仅可以回答上述问题，而且也为分析经济全球化时代的制度变迁路径提供一个典型实例。

一、20世纪90年代以前日本金融自由化的逐步展开

自20世纪70年代中期开始，推动日本政府放松对金融业管制的国内与国际因素不断涌现，日本金融业逐步踏上了自由化之路。

（一）大企业资金需求减少对第二次世界大战后日本传统金融体制的影响

20世纪70年代中期以后，伴随着日本经济增长率降低而发生的企业资金需求减少，对第二次世界大战后日本传统的金融体制产生了深刻影响。

第一，促进了证券回购市场的发展，并引发了银行业与证券业之间的竞争。自20世纪70年中期开始，日本证券回购市场的交易规模迅速膨胀，1978年已经超过4万亿日元，从而成为当时在日本具有重要影响的自由利率金融市场。其主要原因是一些企业出现了"余裕"资金，为提高这些资金的使用效率，企业把其大量投入到自由利率的证券回购市场。证券公司所进行的具有资金借贷性质的证券回购业务的迅速发展，"破坏"了第二次世界大战后日本传统金融体制之下证券业与银行业之间的均衡关系，而这又招致以都市银行为代表的大银行的反击。1979年5月由都市银行所推出的可转让存单（CD）就是银行业回击证券业的一个重要举措。尽管当时发行的CD面额很大，时间期限规定也较严格（面额5亿日元以上、期限为3~6个月），还不能算是一种主流金融商品，但毕竟与证券回购交易一起打开了突破日本金融商品价格管制的缺口。

第二，加速了银行同质化的进程，并引发了银行业内部的激烈竞争。20世纪70年代中期以后，日本大企业由于采取了"减量经营"的经营方针，致使其对外部资金的需求不断减少。并且随着融资方式的日趋多元化，大企业对银行借款的依赖程度不断降低。这样就造成了各家银行在贷款对象选择方面向中小企业加速集中的趋势。另外，都市银行、地方银行这类传统以短期周转资金借贷为核心业务的银行，也开始逐步扩大设备投资贷款等长期借贷业务。1970年都市银行的对外贷款总额当中，设备投资贷款所占的比例仅为12.0%，而1981年便上升到了21.4%，1991年则达到了40.1%。上述3个时期地方银行的设备投资贷款占其对外贷款总额的比重分别为15.7%、27.0%和37.1%。上述情况表明，20世纪80年代日本银行业日趋同质化，第二次世界大战后日本传统金融体制之下所确定的银行业分业经营原则已被新的经济环境逐步打破。

（二）赤字国债大量发行对第二次世界大战后日本传统金融体制的冲击

以1975财政年度发行2.3万亿日元的赤字国债为开端，日本走上了大量发行赤字国债之路。国债的大量发行使日本传统的国债定价、发行和消化方式无法维持。在这种情况下，日本大藏省开始实施国债的"流动化"和利率"弹性化"政策，即允许银行将持有的已发行1年以上的国债在市场上出售，并且自1978年开始采用公募拍卖方式来发行国债。这样，国债作为一种重要的自由利率金融商品出现于日本金融市场。

国债大量发行的最重要影响，并不在于出现了一种规模巨大的自由利率金融商品，而在于它引发了银行业与证券业的相互渗透，以及银行业与证券业在开发以国债为基础的新型金融产品等方面的激烈竞争。由于自1975年度起发行的国债多为10年期国债，其偿还期从80年代中期开始，这意味着在80年代初日本金融市场上会出现规模巨大的"期近"国债（即在两三年之内就将到期的国债）。由于这些国债是一种自由利率金融商品，因而其收益率一般都高于被政府所管制的银行存款利率。如果证券公司大量出售"期近"国债回收资金，势必将极大地影响银行业的吸收存款能力。面对这一严峻局面，日本银行业强烈要求政府允许其从事国债交易业务。这种努力尽管遭到了证券业的激烈反对，但1981年通过的新"银行法"还是满足了银行业的要求，允许其从1983年4月开始从事国债交易业务。

在新"银行法"出台前后，日本银行业与证券业之间的竞争日趋激烈，相互渗透日趋加深。这最集中地反映在证券业以国债等公共债券为基础，陆续开发出了具有存款性质的中期国债基金、利息基金、零利债券、证券互换、长期国债基金等金融商品，银行业则相继开发出了指定日期存款、大额贷款信托、国债定期账户、国债信托账户等具有证券特点的金融商品。

（三）强大的国际压力对日本金融自由化的推动作用

20世纪70年代末以后，日本传统的金融管制制度受到了前所未有的强大国际压力。这种国际压力极大地促进了日本金融自由化的进程。

第一，严峻的国际竞争压力与日本企业债券发行管制放松。20世纪70年代以前，由于大藏省及由8家主要银行组成的企业债券发行协会，对企业发行债券采取了种种抑制性的政策措施，致使日本企业很难通过发行债券的方式在国内金融市场筹集到低成本的资金。另外，日本的外汇法禁止资本在国际自由流动，这又使得日本企业无法自由地从国际资本市场融资。1980年，日本对实施多年的外汇法进行了重大修改，确定了外汇交易"原则自由"的政策原则。随着日本对国际资本流动管制的放松，日本企业在海外资本市场通过发行企业债券所获得的资金规模不断扩大，海外资本市场对日本国内资本市场构成了极大的竞争压力。

在这种情况下，日本不得不放松了对企业债券市场的管制措施：一方面逐步调整了长期实施的企业债券发行"有担保原则"这一行业惯例，降低了债券发行企业的资格标准；另一方面降低了银行所收取的担保物品管理手续费。自20世纪80年代开始，日本企业基本改变了担保物品管理手续费价格接受者的地位，其费率一般都由银行与企业协商来确定。

另外，在企业债券市场管制不断放松之际，日本企业正在争取实现CP（商业票据）发行合法化。然而，由于银行业及其后盾大藏省的阻挠，这一行动迟迟未果，最后双方的交涉过程演变成了具有政治色彩的斗争，企业界于1987年终于获得了这场斗争的胜利。此后，日本企业的CP发行规模迅速膨胀，到1990年年末其余额达到了15.7万亿日元。

第二，美国政府对日本政府施压与日本的金融管制放松。20世纪70年代末80年代初，美国的高利率政策造成美元大幅度升值。随着美元升值对美国出口产业及就业打击不断深刻化，美国政府逐渐矫正了美元升值是"强大美国"的象征这一肤浅认识，转而要求有关国家采取措施抑制美元升值。在这种背景下美国政府出台的"索罗门报告"认为，造成日元贬值的最重要原因是日本实行"人为低利率"的金融管制政策，致使投资家不愿投资日元以及日元金融商品。所以，要求日本加速实行金融自由化。1984年5月末，刚刚成立不久的"美国-日本美元日元委员会"提出了《美国-日本美元日元委员会报告》，与此同时日本大藏省也发表了题为《金融自由化及日元国际化的现状与展望》的报告。这两份报告一般被合称为日本的"金融自由化和国际化宣言"。在"宣言"发表以后，日本存款利率自由化的步伐开始加快，在都市银行、长期信用银行、信托银行、地方银行、相互银行（1989年2月大部分转化为普通银行，被称为"第二地方银行"）、信用金库等6类银行型金融机构的存款总额中，自由利率存款比率由1986年3月的11.8%上升到1988年3月的26.8%。其中都市银行的存款利率自由化程度最高，从15.9%上升到了34.7%。

二、泡沫经济破灭后日本金融自由化的措施

泡沫经济破灭以后，日本的金融自由化进程可以划分为两个阶段：一是20世纪90年代前半期谨慎的金融自由化改革阶段；二是20世纪90年代后半期金融自由化的最终完成阶段。

（一）20世纪90年代前半期日本自由化的进展

20世纪90年代前半期，尽管日本金融业已经陷入不良贷款严重、金融交易大幅度萎缩的困境之中，但日本政府并没有打算从根本上改革传统的金融管制体制，并以此实现金融结构调整和金融秩序重建，而仅仅是按照20世纪80年代中期所规划的金融自由化目标实施了以下两项措施：

第一，存款利率的完全自由化。20世纪90年代以前，日本在不足1 000万日元的小额定期存款利率自由化方面所取得的唯一进展，就是于1989年6月引入了限额为300万日元的MMC（浮动利率定期存款），活期存款的利率管制仍然没有任何松动。90年代上半期，日本存款利率自由化获得了重大进展。首先，逐步实现了小额定期存款利率自由化：1990年4月把MMC的最低限额从300万日元调低到了100万日元，1991年4月把MMC的最低限额进一步降低到了50万日元，同年11月实现了300万日元以上的小额定期存款（3个月~3年）利率自由化，1992年6月废除了关于MMC最低限额的规定，1993年6月为期1个月至3年的小额定期存款利率实现了完全自由化，1993年10月，开始引入最长期限为3年的浮动利率存款和最长期限为4年的固定利率存款（中长期存款），1994年10月实现了定期储蓄存款利率的自由化，并引入了最长期限为5年的固定利率存款。其次，短期内迅速实现了活期存款利率自由化：1992年6月引入了新型储蓄存款（金额为40万或20万日元，与大额定期存款的利率进行联动），1993年10月出台了新型储蓄存款的进一步自由化措施，1994年10月除了结算账户存款以外的所有活期存款利率都实现了自由化。这样，经过十几年的改革历程，日本对银行业所进行的价格竞争管制终于走到了历史的尽头。

第二，金融机构业务兼营化的初步发展。20世纪80年代，尽管银行业已经开始涉足国债等公共债券的交易活动，银行和证券公司相继开发出了大量的渗透到对方经营领域的金融商品，但真正的金融业务兼营化却始于90年代初期。1992年日本通过了《金融制度改革法》，该法案的主要内容就是确定了银行、证券、信托三种业态的金融机构可以通过设立子公司的形式实现业务的兼营化。另外，生命保险公司与财产保险公司也可以通过设立子公司的形式进入到对方的经营领域。

（二）20世纪90年代后期日本金融自由化

20世纪90年代中后期，受不良债权等严重问题困扰的日本金融业发生了空前的危机，许多巨型金融机构陷入经营危机，金融机构的破产倒闭事件频繁发生。金融危机及由此引发的经济危机使日本政府面临着严峻的民众信任危机。在这种大背景下上台执政的桥本内阁于1996年发表了题为《金融体系改革——面向2001年东京市场的新生》的报告，确定了日本金融体制改革的构想。此后，日本政府陆续出台了多部金融改革法令，对战后传统的金融体制进行了多方面的重大改革。其中推进金融自由化进程的改革措施主要包括以下几个方面：

第一，金融控股公司合法化。自1998年3月开始实行的《金融控股公司法》规定，在日本可以组建金融控股公司。所谓金融控股公司就是指以某一金融业态的金融机构为母体，通过50%以上控股的形式把银行、证券公司、保险公司等金融机构子公司化的金融组织形态。战后日本的禁止垄断法一直禁止成立金融控股公司，此番对禁止垄断法的修改，一方面是为了通过金融机构业务多元化来实现金融业的"范围经济"，另一方面是为金融机构的顺利重组提供条件。

第二，金融机构业务兼营化的进一步发展。1997年2月，日本银行业被允许设立专供信托投资公司出售信托产品的柜台。这一举措表明，信托交易开始进入银行。自1998年12月起，日本银行业被允许在窗口出售信托投资产品。另外，在此期间日本开始允许银行系证券公司从事股票交易。在放宽对银行及银行系证券公司业务限制的同时，日本也扩大了证券公司的业务范围。自1997年开始，日本的证券公司被允许开设"证券综合账户"。所谓"证券综合账户"，是指在证券公司给客户开设的交易账户之上附加上支付与结算功能。这表明证券公司开始涉足长期以来一直被银行业所垄断的管理结算账户业务领域。

第三，对金融机构开业及价格与非价格竞争管制的进一步放松。首先，证券公司与信托投资公司的开业管制由以前的许可制改为注册制。在注册制下，有关机构只要满足一些必备的条件，就可以很容易地获得营业资格或退出某一经营领域，从而降低了证券业与信托业的进入与退出壁垒。其次，股票交易手续费自由化。泡沫经济破灭以后，随着证券公司向客户提供"损失补贴"事件的不断被曝光，日本各界人士对股票交易手续费管制的批判之声日趋高涨。人们普遍认为固定制的手续费标准是产生损失补贴问题的温床。1998年4月，日本政府终于决定对5 000万日元以上的股票交易实行自由手续费率。

第四，国际金融交易的彻底自由化。于1998年4月起正式实施的日本新《外汇法》规定：实行内外资本交易自由化，放开资本项目下外汇业务的许可证制或事先申报制；外汇业务完全自由化，废除外汇银行制、指定证券公司制和兑换商制；放开个人和企业在国外金融机构开户存款；放开企业间外汇债权与债务的轧差清算以及境内居民外币计价结算。另外，日本政府为使企业更容易地通过发行债券融资，还进一步放松了对企业债券发行的管制。1996年1月，日本大藏省废除了此前长期实行的企业"适合发债基准"，规定无论何种企业，只要获得一家以上的信用等级评定公司的信用等级评定，就可以发行企业债券。

资料来源：吴昊．日本金融自由化及启示［J］．东北亚论坛，2002（4）：31-34；93-95.

【讨论问题】 ■————————————————————————

日本金融自由化过程对中国金融开放有何启示？

【参考答案】 ■————————————————————————

第一，经济运行环境的演变是推动金融制度改革及金融自由化的最强大动力。社会经济发展进入一个新阶段，必然会产生诸多新的经济问题，从而要求政府进行金融体制改革以满足金融机构调整其业务内容的需要。

第二，渐进式的金融自由化并不能完全有效地规避金融风险。

第三，金融自由化作为一种管制制度改革，必然存在利益格局重建问题，所以，各种利益主体之间的斗争不可避免。在这一过程中，政府必须避免被有关的利益主体所"俘获"。

第四，在经济全球化的时代，国际因素是推动经济体制变革不可忽视的重要力量。经济全球化让一国根据自身的意愿和情况来进行制度选择和制度设计的空间不断缩小。

7.2.2　金融自由化、金融创新与金融风险

------------------------------ 案例 ------------------------------

绿色金融产品创新：创新生态公益林补偿收益权质押贷款模式

【案例正文】■━━━━━━━━━━━━━━━━━━━━━━━━━━━━━

生态公益林补偿收益权质押贷款，是指借款人以未来生态公益林补偿收益权作为质押物实现融资，是一种环境权益融资产品。2018 年 4 月，广东省首笔生态公益林补偿收益权质押贷款在肇庆高要区成功发放，该区小湘镇上围村村民吴某成为全省第一个收到生态公益林补偿收益权质押贷款的受益人。邮储银行肇庆市分行有关实践做法和创新举措得到了人民银行等有关部门的充分肯定，获得广东省金融学会"2019 年度广东绿色金融创新优秀案例"，入选亚金协"2020 年度金融优秀案例"。

实践做法具体是：

第一步：贷款申请。公益林补偿收益权质押贷款由借款主体提出申请，并提供借款主体及出质主体合法资格以及经营证明材料；林业部门出具合法有效的《公益林补偿收益权证明》。

第二步：贷款审批。贷款行在受理公益林补偿收益权质押贷款申请后，进行贷款主体申请资格审核。

第三步：合同签订。对于审批通过的贷款，签订相关借款质押合同。

第四步：办理质押。借款主体和贷款行签订质押贷款合同后，贷款行通过中国人民银行征信中心的"中征动产融资统一登记平台"进行质押信息登记公示。

第五步：质押备案以及贷款发放。贷款行在登记公示后到林业局进行质押信息备案，林业局出具备案回执，贷款行收到备案回执后，进行贷款发放。公益林补偿收益权质押期间，出质主体未经质权主体同意不得将公益林补偿收益再次质押或变更收益权证明所记载的信息。

第六步：公益林补偿收益权质押贷款到期，债务履行完毕后，贷款行登录"中征动产融资统一登记平台"办理注销登记，并及时将《公益林补偿收益权质押贷款结清证明》报送林业局。

第七步：贷款贴息。对于用于种植、改造公益林，发展林下经济的贷款，可按照相关规定向林业部门提出贴息申请。

创新生态公益林补偿收益权质押贷款模式创新亮点有：

一是创新补偿收益权益证明和质押方式，有效破解了公益林补偿收益权核实

难、登记难的问题。由地方林业局出具记载受益人、公益林面积、经营方式、年度补偿金额等信息的生态公益林补偿收益权证明，并通过人民银行"中征应收账款统一登记平台"办理质押登记。

二是合理放大贷款额度，有效满足林场经营主体融资需求。邮储银行综合考虑借款人信用程度、经营状况、资金用途、贷款期限及客户综合评级等因素，向借款人发放最高 7 倍于年度公益林补偿款的贷款金额，有效满足了林场经营主体融资需求。

三是创新补偿资金账户监管方式，有效防范偿还资金风险。针对广东省肇庆市高要区公益林经营主体补偿款账户统一开立在高要农商行的现状，高要邮储银行、高要农商行和借款人签署了三方账户资金协议，约定高要农商行将借款人公益林补偿资金直接划至借款人在高要邮储银行的账户，实现高要邮储银行对借款人补偿资金账户的有效监控。

四是实行优惠贷款利率并可申请财政贴息，有效降低林场经营主体融资成本。肇庆市公益林补偿收益权质押贷款约定用途为抚育林木并发展林下经济，综合考虑资金用途、贷款期限、信用程度以及客户综合评价等因素，不仅低于一般同期限贷款利率，而且可以享受国家林业贷款贴息政策。

五是贷款方式灵活便捷，高度契合林业生产周期和特点。肇庆市公益林补偿收益权质押贷款单笔贷款期限最长不超过 5 年，还款方式包括一次性还本付息、等额还本付息、阶段性等额本息还款法等多种还款方式，高度契合了林业生产周期和特点。

邮储银行成功发放首笔生态公益林补偿收益权质押贷款，破解生态公益林融资面临的难题，为肇庆市全辖复制、推广提供了强有力参考经验，有力激发了肇庆市全辖各县市、各金融机构开展生态公益林融资的积极性、主动性、创新性，取得了增量扩面的良好成果。

资料来源：绿色金融学会绿色金融专业委员会. 绿金委绿色金融创新案例研究组成果［EB/OL］. ［2022-11-29］. http://greenfinance.org.cn/displaynews.php? id=3940. 编者有改编。

【讨论问题】

绿色金融创新的精髓是什么？

【参考答案】

可持续发展。发展绿色金融对我国经济调结构、转方式、促进生态文明建设具有重要意义，既是扎实履行中国政府对《巴黎协定》的承诺，也是对子孙后代的承诺。

7.3 国际金融危机与国际金融监管

7.3.1 国际金融危机对世界经济的影响

------------------------------ 案例 ------------------------------

过度创新与金融风暴——国际金融危机的成因、危害

【案例正文】

2008 年，一场震惊世界的金融风暴席卷而来，全球正面临自 20 世纪 30 年代"大萧条"以来最严重的金融危机。由于经济全球化程度的不断加深和全球金融体系的长期失衡，这场源自美国的金融风暴，波及范围之广、冲击力度之强、连锁效应之快都是前所未有的，它给世界各国经济发展和人民生活带来严重影响，引起了世界各国政府和人民的忧虑。危机的演变以及各国的应对将对全球金融、经济乃至于政治格局产生深远影响。

（一）发生起因

这场金融危机的成因，涉及美国的消费模式、金融监管政策、金融机构的运作方式，以及美国和世界的经济结构等各方面因素，尽管各方的说法还不尽一致，但以下几点已为多数人所认同。

1.房地产泡沫是危机的源头祸水。

次贷危机是美国房地产泡沫破灭引发的，而房地产泡沫的催生既与美国社会的"消费文化"有关，也与美国不当的房地产金融政策和长期维持的宽松货币环境有直接关系。

美国经济长期以来一直有高负债、低储蓄的特征，不但居民大手大脚地借债消费，而且国家也鼓励大规模借贷和超前消费。近年来，个人消费支出占美国 GDP 的比重达到了 70% 的历史新高。从 2001 年年末到 2007 年年底的 6 年中，美国个人积累的债务更是达到过去 40 年的总和。可以说，美国政府和社会近年来一直是在债台高筑的危险状态下运行的。

美国人近年来不断增强的消费勇气主要来自于房地产价格的持续上涨。为了应对 2000 年前后的互联网泡沫破灭和 2001 年"9·11"事件的冲击，美国联邦储备委员会（简称美联储）打开了货币闸门，试图人为改变经济运行的轨迹，遏止衰退。2001 年 1 月至 2003 年 6 月，美联储连续 13 次下调联邦基金利率，使利率从 6.5% 降至 1% 的历史最低水平。

货币的扩张和低利率的环境降低了借贷成本，促使美国民众蜂拥进入房地产领

域。对未来房价持续上升的乐观预期，又使银行千方百计向信用度极低的借款者推销住房贷款。所有的人都把希望寄托在了房价只涨不跌的预期上。在 2001 年至 2005 年的 5 年中，美国自有住房者每年从出售房屋、房屋净值贷款、抵押贷款再融资等套现活动中平均提取了近 1 万亿美元的"收益"。当经济开始周期性下滑，货币政策出现调整，利率提升，房价暴跌，泡沫也随之破灭，整个链条便出现断裂，先是低信用阶层的违约率大幅上升，进而引发了次贷危机。

2. 金融衍生品过多掩盖了巨大风险。

传统上，放贷银行应该把贷款记在自己的资产负债表上，并相应地把信用风险留在银行内部。但是，美国的大批放贷机构却在中介机构的协助下，把数量众多的次级住房贷款转换成证券在市场上发售，吸引各类投资机构购买；而投资机构则利用"精湛"的金融工程技术，再将其打包、分割、组合，变身成新的金融产品，出售给对冲基金、保险公司等。这样一来，提供次贷的银行变魔术般地消掉了账上的抵押贷款这类资产。表面上看，这是皆大欢喜的"金融炼金术"：购房者能以极低的首付款甚至零首付获得房产；提供抵押贷款的金融机构不必坐等贷款到期，通过打包出售债权方式便提前回笼了资金；提供资产证券化服务的金融中介可以在不承担风险的情况下赚取服务费；由抵押贷款演变成的各种新型金融产品，又满足了市场上众多投资者的投资牟利需求……据美国经济分析局的调查，美国次贷总额为 1.5 万亿美元，但在其基础上发行了近 2 万亿美元的住房抵押贷款支持债券（MBS），进而衍生出超万亿美元的担保债务凭证（CDO）和数十万亿美元的信贷违约掉期（CDS）。

资产证券化所创造的金融衍生产品本来应该起到分散风险、提高银行等金融机构效率的作用，但是，资产证券化一旦过度，就加长了金融交易的链条，使美国金融衍生品越变越复杂，金融市场也就变得越来越缺乏透明度，以至于最后没有人关心这些金融产品真正的基础是什么，也不知道其中蕴含的巨大风险。

在创新的旗号下，投机行为被一波一波地推向高峰，金融日益与实体经济相脱节，虚拟经济的泡沫被"金融创新"越吹越大，似乎只要倒腾那些五花八门的证券，财源就可滚滚而来。通常，虚拟经济的健康发展可以促进实体经济的发展，但是，一旦虚拟经济严重脱离实体经济的支撑，就会逐渐演变成投机经济。起初 1 元钱的贷款可以被逐级放大为几元、十几元甚至几十元的金融衍生品，金融风险也随之被急剧放大。当这些创新产品的本源——次级住房信贷资产出现问题时，建立在这个基础之上的金融衍生工具市场就犹如空中楼阁，轰然坍塌。

3. 美国金融监管机制滞后，致使"金融创新"犹如脱缰之马。

以负有维护美国经济整体稳定重任的美联储为例，它只负责监督商业银行，无权监管投资银行；而负责投资银行的监管方美国证券交易委员会，也只是在 2004 年经过艰难谈判后才获得监管权的。这就使得像美国国际集团（AIG）这样涉及多领域的"巨无霸",在相当长一段时间里处于根本无人监管的灰色地带,可以自由自在地进行"金融创新"。

金融评级机制在此次危机中,也出现了严重失误。那么多金融机构的贷款出现了问题,它们发行的金融产品有那么多漏洞,金融评级机构居然"视而不见",使很多问题债券、问题银行能够长期被评估为"优等"。一位在某评级机构的结构性金融产品部门工作的业内人士形象地说,什么都可以评级,我们甚至可以评估一头被结构化的母牛。这无异于在鼓励华尔街大施"金融炼金术",肆无忌惮地四处"圈钱"。

由于国际金融体系是以美国为主导的,而美国又无视一些国家多次提出的加强监管的建议,因此,整个国际层面也缺乏有效的金融监管。在监管滞后的整体气氛下,金融机构的贪婪性迅速膨胀。

(二)危机根源

此次金融风暴,本质上是美国模式市场经济治理思想的严重危机。美国马萨诸塞大学教授大卫·科兹指出,美国金融风暴是资本主义一种特殊制度形式的产物,也是资本主义的新自由主义形式作用的结果。由于金融管制的解除,没有了国家的密切监管,资本主义的金融部门就会出现内在的不稳定。

冷战结束后,伴随着经济全球化的迅速发展,新自由主义不仅仅只是美国经济政策的基础,也成为美国在全球推行金融自由化的工具。新自由主义虽然对治理20世纪70、80年代西方国家的滞胀起到了一定的疗效,但它不是万能的。

所谓新自由主义,是一套以复兴传统自由主义理想,以尽量减少政府对经济社会的干预为主要经济政策目标的思潮。一些学者称之为"完全不干预主义",因其在里根时代勃兴,因此又称其为"里根主义"。而"金融大鳄"索罗斯把这种相信市场能够解决所有问题的理念称为"市场原教旨主义"。索罗斯在接受法国《世界报》采访时表示,"(华尔街的危机)是我所说的市场原教旨主义这一放任市场和让其自动调节理论的结果。危机并非因为一些外来因素,也不是自然灾害造成的,是体制给自己造成了损失。它发生了内部破裂。"

新自由主义的模式,突出强调"最少的政府干预,最大化的市场竞争,金融自由化和贸易自由化"。由于美国在国际金融体系中的主导作用,新自由主义的思想对这个体系也形成了极大影响。包括会计制度、市场评级体系、风险控制程序,乃至金融政策,甚至市场使用的语言、计价货币等,统统采用的是美国规则,国际金融体系实际上成了美国金融体系。很显然,这不符合平等、公平、协商的国际原则,无视各国发展阶段、管理水平、经济和社会体制的差异。越来越多的经济学家已经认识到,未来国际金融体系的改革与调整要想取得成果,就必然要触动这一思想基础。

(三)经济冲击

在经济全球化迅速发展的背景下发生的金融风暴,必然会产生比以往更强烈的冲击。

首先，这个全球性的影响来自于以美元为主导的国际货币体系。20世纪70年代，在美国主导下建立的以美元为中心的国际货币体系——布雷顿森林体系解体，但是，凭借强大的经济实力，美元仍然是当今国际储备和贸易结算的主要货币。直到目前，美元在国际结算和全球各央行外汇储备中的比重一直维持在60%以上。"领头羊"一出问题，必然产生多米诺骨牌效应，致使全球金融市场迅速陷于极度恐慌之中。

其次，金融全球化让世界在享受全球化带来的红利的同时，也带来了相应的风险。由于金融自由化和经济全球化发展到相当高的程度，今天世界各地都处在不同程度的金融开放之中，大笔"热钱"在全球各地迅速流动，各种令人眼花缭乱的金融衍生品将全球金融机构盘根错节地联系在一起，而美国等发达国家又占据着最为有利的地位。最典型的就是，美国一些金融机构把大量的房地产抵押债券打包后，出售给了其他国家。正因为如此，发源于美国这一全球最大经济体和最发达金融体系的金融风暴，才会造成史无前例的影响。

随着全球金融动荡的加剧，世界各国都不同程度地出现了流动性短缺、股市大跌、汇率震荡、出口下降、失业率上升等现象，全球金融市场和实体经济正面临严峻考验。

金融风暴首先重创了美国的银行体系，粉碎了这个"世界最完备体系"的神话。美国商业银行的市场集中度远远落后于欧洲国家。美国有大量的州立银行与中小银行。这些银行在过去几年内投资了大量的次级抵押贷款金融产品以及其他证券化产品。次贷危机爆发后，它们出现了大面积的资产减记与亏损。这些中小银行抵御危机的能力很差，也很难得到美国政府的救助，因此在未来破产倒闭的概率很高。

在世界范围内，欧洲银行业受殃及最深，因为欧洲银行过分依赖于短期借贷市场，而不是通常的客户储蓄。新兴市场经济体也很难独善其身。金融危机爆发后，大量资金从新兴市场经济体撤离，一些自身经济结构比较脆弱、对外资依赖程度比较高的国家面临严峻考验。

全球金融危机不可避免地要传导至实体经济领域，拖累甚至阻滞全球经济增长。目前，美国房地产投资已经持续缩减。而在房地产市场与股票市场价格交替下挫的负向财富效应的拖累下，美国居民消费日益疲软。由于自身股价下跌，美国企业投资的意愿和能力均有所下降。而由于能够提供的抵押品价值下跌，美国企业能够获得的银行信贷数量也大幅下降。美国经济在2009年陷入衰退几乎已成定局。欧元区经济、日本经济等发达经济体和部分新兴市场经济体在2009年的增长前景也不容乐观。

由于美国经济占全球比重近30%，其进口占世界贸易的15%，美国经济衰退将导致全球商品贸易量下降，进而影响一些外贸依存度大的发展中国家的出口和经济增长。而危机对实体经济的严重影响，也会带来全球范围贸易保护主义的抬头，形成经济复苏的新障碍。大规模救市措施，也会使本来就有巨大财政赤字的美国政府雪上加霜，一旦出现大肆发行债券、印发钞票，将会导致美元信用下跌，并推高全球通胀率。

资料来源：国纪平. 过度创新与金融风暴——初析国际金融危机的成因、危害及应对 [EB/OL]. [2008-11-05]. https：//politics.people.com.cn/GB/30178/8292343.html.编者有改编。

【讨论问题】 ■
如何把握好金融创新与金融稳定的平衡？

【参考答案】 ■
金融机构要在金融创新中坚持服务实体经济、金融创新与自身的风险管控能力相匹配的原则；监管者要不断提高对金融创新的监管效能，既要简政放权，简化行政审批程序又要不断改进监管工具手段，健全审慎监管标准，提高对复杂创新金融产品、模型评估、系统性风险等领域的专业监管能力。

7.3.2　国际金融监管与协调

------ 案例 ------
对改革国际金融监管体系的几点认识

【案例正文】 ■
随着2008年金融危机的蔓延，大力改革金融体系、再造全球金融稳定框架的呼声渐高，各国政府和国际组织已经为此做了不少工作，提出了多种建议，并形成了一些共识。但主要发达国家金融监管体系存在的一些问题还没有得到各方的充分关注或达成共识，在此，希望通过对部分问题的深入讨论，提出相关改进建议。

首先，金融危机暴露出金融监管存在多方面问题。

第一，在监管理念上，部分发达国家过分相信市场，认为"最少的监管就是最好的监管"。事实上，无论是几年前的安然事件、世通事件涉及的问题，还是这次危机前期的部分金融机构出现的流动性危机，都提醒监管部门必须加强监管，但多数监管当局并未采取系统性措施加以改正。

第二，监管体制须不断更新，以免落后于金融创新。近年来，金融创新使得金融系统性风险有了新的来源，其中包括各类场外金融产品以及投资银行、对冲基金、特殊目的实体等类银行金融机构（near-bank entities）以及资本流动的跨市场投机。而一些大型传统金融机构大规模拓展非传统金融产品和业务，规避监管，成为系统性风险的另类来源。

第三，国际监管合作体系尚未形成。在国际合作方面，由于缺乏统一的监管标准和信息交换的平台与机制，监管者对国际性金融机构的跨境活动，尤其是国际资本流动，缺乏了解。这是一个全球性普遍问题。相关国际组织一直以来只是主要针对发展中国家进行宏观经济监测，特别关注新兴市场国家的汇率问题，但在监管全球资本流动上的作用差强人意。迄今为止，我们尚未厘清跨境资金的流动渠道和流动机制，特别是新兴市场国家资金流入与流出的渠道和机制，而且也还没有充分了解在经济不景气时，这些资金流动是如何逆转的。

为加强监管方面的国际合作，金融稳定论坛（FSF）近来选定了30家大型国际性金融机构，并为它们分别成立了由其母国监管机构为主、主要东道国监管机构参加的联合监管机制（supervisory college）。对此应该及时评估这些联合监管机制在加强跨国金融机构的国际监管方面的有效性与充分性，并提出改进建议。并且，作为全球风险预警工作的重要组成部分，国际货币基金组织应该加强对国际资本流动的监管和监测。

其次，改革金融监管体系需要关注以下几个问题：

第一，改进金融监管的第一步是监管的自我批评。缺乏自我审视的做法正是导致本次金融危机的重要原因。危机爆发之前，尽管有事实表明美国主体纷杂、权力分散的监管结构存在隐忧，但仍有看法认为这种金融监管结构运转良好。虽然部分机构在改进监管方面做出了一些努力，但一些人却以"没出问题就不用修理"为由，不愿意正视问题和解决问题。面对安然、世通事件中涉案金融机构的丑闻，仍然相信市场参与者的自我约束和市场主体的自我监管能力。从当前危机的影响来看，全世界为此付出了巨大的成本。要改革金融体系，首先要正视自身存在的不足。

第二，引入宏观管理机构的周期参数，加强逆周期机制。有效克服现有资本监管框架中顺周期因素以及提升银行资本的质量是防止严重金融危机的必要前提。危机反映了银行机构在资本充足性方面存在许多脆弱性，表现在：《巴赛尔协议Ⅱ》对复杂信贷产品的风险重视不够；最低资本及其质量要求未能在危机中提供足够的资本缓冲；资本缓冲的顺周期性加速了动荡；以及金融机构间在资本衡量标准方面存在差异。

目前，多个国际组织和监管机构正在致力于强化资本约束的普遍性，包括对资产证券化、表外风险敞口和交易账户活动提出资本要求，以及提高一级资本的质量和全球范围内最低资本要求的一致性。此外，作为资本充足率要求的补充，构建适当的杠杆比率指标可以在审慎监管中发挥作用，既可以作为潜在承担过度风险的指标，也可以起到抑制周期性波动被放大的作用。

第三，监管机构须提高队伍素质，否则缺乏监管市场的经验和感觉。一些监管机构缺乏有市场经验和感觉的人才队伍，对市场发展的最新情况缺乏足够了解，不能掌握新产品对市场结构尤其是系统性风险的影响。由于缺乏对产品风险属性的了解，监管机构工作人员对抵押债务凭证（CDO）等结构性投资工具和信用违约掉期

（CDS）等衍生产品可能引发的问题，以及金融机构资产负债表不能体现的表外业务活动，其中包括对结构性产品至关重要的评级方法的缺陷等风险隐患不够敏感。为提高监管水平，监管机构需要与金融市场进行常规的、系统性的人员交流，这种交流可以使监管机构提高对市场的敏感性，更好和更及时地掌握金融产业发展的前沿动态，更好地行使监督、监管职能。

第四，强化对评级运用和评级机构的监管。主要评级机构对金融机构和产品的评级结果已经成为国际性的金融服务产品。在全球范围内，很多规定都要求投资管理决定和风险管理确保金融产品达到主要评级机构给出的一定水平的评级。只要某种产品满足了门槛评级标准，金融机构也习惯了不去担心该产品的内在风险。但是，评级不过是以历史数据为基础得出的违约概率的指标，不是产品的未来安全保证。发行人付费的盈利模式使得评级过程充满了利益冲突，评级机构不负责任地给了很多结构性产品过高的评级。此次危机中，市场的逆转使得评级机构深度下调金融产品评级，迫使评级结果的使用机构（资产管理公司、金融服务企业等）的资产减计大增，增加了危机的严重程度。

第五，关注公司治理问题。很多情况下，独立非执行董事并不具备足够的专长，部分发达国家的一些具有系统重要性的金融机构的董事会已无法为公司的运营制定战略方向、提供有效的指导或支持公司的风险管理或内部控制。

对于那些具有系统重要性、业务活跃的跨国金融机构，监管机构应该制定更高的治理标准。至少，这些机构的独立非执行董事应该多数都具备金融知识，有能力为管理层提供实质性指导，在公司的市场战略定位、平衡业务扩张与发展质量之间的关系、金融创新以及高层选拔程序等方面为管理层提供意见。这些机构的年报应该对独立非执行董事是否以及如何积极行使职责的信息进行披露，使投资者能够了解董事会行使其受托责任方面的情况。在美国，有一人兼任董事会主席和首席执行官的惯例，这一做法急需改革。从导致危机的种种问题来看，在具有系统重要性的金融机构中，这两个职务应当由不同的人来担任。

资料来源：中国人民银行金融研究所. 对改革国际金融监管体系的几点认识［EB/OL］. ［2009-03-26］. http：//un.china-mission.gov.cn/xw/200903/t20090331_8311624.htm.编者有改编。

【讨论问题】■
对国际金融监管体制的改革对我国有哪些借鉴意义？

【参考答案】■
第一，金融体系应同经济发展阶段相配套；
第二，金融自由化须与金融监管改革并举；
第三，金融改革应稳健推进。

综合案例　2022年人民币国际化报告

【案例正文】

2021年以来，中国人民银行坚持以习近平新时代中国特色社会主义思想为指导，坚决贯彻党中央、国务院决策部署，完整、准确、全面贯彻新发展理念，坚持改革开放和互利共赢，以市场驱动企业自主选择为基础，稳慎推进人民币国际化，为实体经济平稳运行提供有力支撑。人民币国际化各项指标总体向好，人民币支付货币功能稳步提升，投融资货币功能进一步深化，储备货币功能不断上升，计价货币功能逐步增强。

2021年以来，人民币跨境收付金额在上年高基数的基础上延续增长态势。2021年，银行代客人民币跨境收付金额合计为36.6万亿元，同比增长29.0%，收付金额创历史新高。人民币跨境收支总体平衡，全年累计净流入4 044.7亿元。环球银行金融电信协会（SWIFT）数据显示，人民币国际支付份额于2021年12月提高至2.7%，超过日元成为全球第四位支付货币，2022年1月进一步提升至3.2%，创历史新高。国际货币基金组织（IMF）发布的官方外汇储备货币构成（COFER）数据显示，2022年一季度，人民币在全球外汇储备中的占比达2.88%，较2016年人民币刚加入特别提款权（SDR）货币篮子时上升1.8个百分点，在主要储备货币中排名第五。2022年5月，国际货币基金组织（IMF）将人民币在特别提款权（SDR）中权重由10.92%上调至12.28%，反映出对人民币可自由使用程度提高的认可。

实体经济相关跨境人民币结算量保持较快增长，大宗商品、跨境电商等领域成为新的增长点，跨境双向投资活动持续活跃。

2021年，大宗商品贸易领域人民币跨境收付保持较快增长。全年原油、铁矿石、铜、大豆等主要大宗商品贸易跨境人民币收付金额合计为4 054.69亿元，同比增长42.8%。全年锂、钴、稀土等新能源金属大宗商品贸易跨境人民币收付金额合计1 005.63亿元，同比增长27.7%。

人民币汇率总体呈现双向波动态势，市场主体使用人民币规避汇率风险的内生需求逐步增长。人民币跨境投融资、交易结算等基础性制度持续完善，服务实体经济能力不断增强。

我国金融市场开放持续推进，人民币资产对全球投资者保持较高吸引力，证券投资项下人民币跨境收付总体呈净流入态势。截至2021年年末，境外主体持有境内人民币股票、债券、贷款及存款等金融资产金额合计为10.83万亿元，同比增长20.5%。离岸人民币市场逐步回暖、交易更加活跃。截至2021年年末，主要离岸市场人民币存款接近1.50万亿元。

根据人民银行构建的货币国际化综合指数来看，近年来人民币国际化指数总体呈上升态势。2021 年年末，人民币国际化综合指数为 2.80，同比上升 17%。同期，美元、欧元、英镑、日元等主要国际货币国际化指数分别为 58.13、21.81、8.77 和 4.93。2022 年第一季度，人民币国际化综合指数为 2.86，同比上升 14%。同期，美元、欧元、英镑、日元等国际货币国际化指数分别为 58.13、21.56、8.87 和 4.96。

下一阶段，中国人民银行将坚持以习近平新时代中国特色社会主义思想为指导，坚决贯彻落实党中央、国务院决策部署，统筹好发展和安全，以市场驱动、企业自主选择为基础，稳慎推进人民币国际化。进一步夯实人民币跨境使用的基础制度安排，满足好实体部门的人民币使用需求，推动更高水平金融市场双向开放，促进人民币在岸、离岸市场良性循环。同时，持续完善本外币一体化的跨境资本流动宏观审慎管理框架，建立健全跨境资本流动监测、评估和预警体系，牢牢守住不发生系统性风险的底线。

资料来源：中国人民银行. 2022 年人民币国际化报告［EB/OL］.［2022-09-23］. http://www.pbc.gov.cn/huobizhengceersi/214481/3871621/4666144/index.html.编者有改编。

【案例使用说明】◼▬▬▬▬▬▬▬▬▬▬▬▬▬▬▬▬▬▬▬▬▬▬▬▬▬

一、讨论问题

改革开放四十年，中国特色社会主义建设成就举世瞩目，成为全世界的焦点。从人民币国际化进程来看，人民币储备货币地位逐步提升，彰显中国经济实力与魅力。请结合材料，谈一下人民币国际化对中国经济的影响。

二、参考答案

人民币国际化对中国经济的影响是多方面的。

有利影响有：

一是人民币国际化有助于我国对外贸易的稳定发展。推行国际贸易的人民币计价结算，能给外贸企业带来减少审批环节、规避汇率风险、降低运营成本等贸易便利化好处。

二是有利于我国外汇储备的结构调整。人民币实现国际化，我国在贸易中使用人民币来计价和结算，一定程度上减少了美元等外汇储备的收入；进口产品可以用人民币支付，这样可以用纸币换来实物性的商品。

三是人民币国际化能使我国获得铸币收益。如果人民币能够成为国际货币本位币的话，中国可以因此获得一份铸币税收益。

四是人民币国际化有助于构建多极化的国际经济新秩序。推动人民币国际化，扩大人民币行使国际结算、投资和储备职能的范畴，可以有效分担现有国际货币承受的压力，不仅是推动国际金融规则朝着公平、公正、包容、有序方向演进，更是世界经济金融体系未来和谐健康发展的有力保障。

不利影响有：

一是对中国经济金融稳定产生一定影响。人民币国际化使中国国内经济与世界经济紧密相连，国际金融市场的任何风吹草动都会对中国经济金融产生影响。

二是增加宏观调控的难度。人民币国际化后，国际金融市场上将流通一定量的人民币，其在国际间的流动可能会削弱中央银行对国内人民币的控制能力，影响国内宏观调控政策实施的效果。

三是加大人民币现金管理和监测的难度。人民币国际化后，由于对境外人民币现金需求和流通的监测难度较大，将会加大中央银行对人民币现金管理的难度。同时人民币现金的跨境流动可能会加大一些非法活动如走私、赌博、贩毒的出现。

第八章 国际直接投资与跨国公司的发展

阿里巴巴"走出去"，全球视野下中国互联网企业的成功之道

【案例正文】

2019年8月30日，阿里巴巴移动事业群UC在印度尼西亚雅加达召开UC头条印度尼西亚版——UC News发布会，宣布从"工具类平台"到"内容分发平台"的战略转型。同时，针对印度尼西亚市场对移动内容消费的旺盛需求，UC旗舰产品UC浏览器也正式升级为以大数据为驱动、带信息流的内容聚合和分发平台，为印度尼西亚用户带去"千人千面"的内容服务，并将携手印度尼西亚传统媒体和新媒体等内容提供商共同构建本地优质内容生态，实现内容的"供给侧、消费侧、商业侧"共赢。

"一带一路"背景下UC有望印度尼西亚比肩Google和Facebook

有着"移动优先"习惯的印度尼西亚是东南亚新兴市场的人口大国和最大经济体，拥有超过6 400万的移动互联网活跃用户，逾七成的网页流量来自移动端。所以，印度尼西亚的移动互联网市场往往被全球互联网巨头、中国互联网"出海"企业以及东南亚互联网创业公司纳入战略版图。

以做手机浏览器起家的UC也不例外。UC浏览器进入印度尼西亚市场的时间，是在当地移动互联网发展初期，即还处在"人找信息"的时代，主要解决用户上网速度和省流量问题。随着网络内容的日益丰富，UC浏览器的印度尼西亚本地化产品策略也经历了从"快"到"全"的升级，为印度尼西亚用户提供便捷的一站式内容消费服务。短短两年后，UC浏览器已实现超过50%的市场份额，成为印度尼西亚第一大移动浏览器，也成为所有中国"出海"互联网企业在印度尼西亚竞争中率先赢得一席之地的品牌。

放眼全球、着眼本地，从UC出海经验看中国互联网企业的成功之道

中国互联网企业正在加快扬帆出海的步伐，大力开发国际市场，特别是新兴国家市场这片"蓝海"。从UC的出海经验可看出，深度的本地化运营策略是出海成功的关键因素。发布会上，叶智聪在演讲中强调："Going Glocal"是UC的全球化策略。"Glocal"一词由Global和Local而成，即：既要放眼全球，以世界级标准来做产品；又要着眼本地，以接地气的方式来服务用户。

纵然如此，中国互联网企业的海外拓展还远谈不上真正成功，虽然在新兴市场取得了不错的成就，但在欧美还有很大一片市场亟待扩展。如何打进相对成熟的市场，占据市场份额，提高我们的竞争力，真正做到服务一半地球人，这不仅仅是阿里UC现在要思考的，更是整个互联网行业需要思考的。

中国企业走出去，在"出海"路上抱团取暖，互相扶持，有好的产品、好的模式、好的伙伴，哪里还有攻不下的市场，哪里还有完不成的目标。

资料来源：车柯蒙. 阿里巴巴"走出去"全球视野下中国互联网企业的成功之道.［2019-09-02］. http://it.people.com.cn/n1/2016/0902/c1009-28687106.html.编者有改编。

【涉及的问题】 ■━━━━━━━━━━━━━━━━━━━━━━━━━━━━

中国企业为什么要"走出去"？

思政案例

华为公司的跨国经营

一、华为跨国经营发展现状

华为自1997年响应国家"走出去"战略至今，已成为全球知名品牌。纵观我国企业，存在跨境经营却不被熟知的小型跨国企业，也存在诸如阿里、腾讯这样实力雄厚的知名企业，但即使是阿里、腾讯，从其收入和利润来看，也只能被称为涉及跨境经营的国内企业。目前，在世界市场上只有华为能真正意义上被称为中国著名跨国公司。

华为作为在国内和国际都具有相当影响力的跨国企业，为我国经济发展做出了巨大贡献。截至2022年，已有170多个国家和地区享受到华为的商品与服务，其世界500强排名升至5位，华为强大的发展实力凸显。这不仅依赖于华为领先的科研实力，还有其独特的经营战略。

华为2021年年度报告显示（见表8-1），受疫情影响，2021年销售收入和经营活动现金流量的年复合增长率有不同程度的下滑。2017—2021年期间华为销售收入、营业利润和经营活动现金流量的年复合增长率分别为1%、21%和-11%。华为在海外市场营业收入也降至35%。华为全年实现收入人民币636 807百万元，整体经营情况符合预期（见表8-2）。

表8-1　　　2017—2021年华为销售收入、营业利润及经营活动现金流量

项目	2021		2020	2019	2018	2017
	（美元百万元）	（人民币百万元）	（人民币百万元）			
销售收入	99 887	636 807	891 368	858 833	721 202	603 621
营业利润	19 044	121 412	72 501	77 835	73 287	56 384

项目	2021		2020	2019	2018	2017
	（美元百万元）	（人民币百万元）	（人民币百万元）			
营业利润率	19.1%	19.1%	8.1%	9.1%	10.2%	9.3%
净利润	17 837	1 113 718	64 649	62 656	59 345	47 455
经营活动现金流	9 360	59 670	35 218	91 384	74 659	96 336
现金与短期投资	65 304	416 334	357 365	371 040	265 857	199 643
运营资本	59 122	376 923	299 067	257 638	170 864	118 503
总资本	154 184	982 971	876 854	858 661	665 792	505 225
总借款	27 465	175 100	141 811	112 162	69 941	39 925
所有者权益	65 040	414 652	660 408	295 537	233 065	175 616
资产负债率	57.8%	57.8%	62.3%	65.5%	65.0%	65.2%

注：美元金额折算采用2021年期末汇率，即1美元兑6.3753元人民币。

表8-2　　　　　2020年和2021年华为各地区销售收入对比　　　　单位：百万元人民币

项目	2021年	2020年	同比变动
中国	413 299	597 983	-30.9%
欧洲、中东、非洲	131 467	180 819	-27.3%
亚太	53 675	64 466	-16.7%
美洲	29 225	39 664	-26.3%
其他	9 141	8 436	8.4%
合计	636 807	891 368	-28.6%

二、华为跨国经营成功原因

（一）技术

在互联网与信息化时代，华为具有较强的前瞻性。截至2019年2月底，华为已经和全球50余家运营商签订了30多个5G商用合同，40 000多个5G基站已发往世界各地，为各大运营商部署5G奠定基础。同时，华为还发布了AI战略与全栈全场景AI解决方案，打造智能、融合、开放、安全的端管云协同数字平台。在性能提升领域华为凭借AI芯片能实现数据中心运算50%的提升，iCooling能源解决方案帮助数据中心节能15%，从企业角度出发为企业推出基于大数据和AI技术的智能运维解决方案，满足国内外企业成本和效益最优化，同时助力客户加速企业数字化转型。这些先进技术为华为打入国际市场奠定了基础。国际跨国公司大都拥有领先的原创性技术，而大多数跨国企业不具备这一条件，以技术为手段进入世界500强的中国企业更是寥寥无几。据统计，中国企业2018年在美获得专利53 345项，仅华为就拥有5 405件，占总专利量的10.13%。

（二）人才

人才是企业国际化不可或缺的因素。华为在国际市场屹立不倒的另一重要因素就在于它高国际化的人才资源政策。华为在人才招聘方面选择在世界各地广纳人才，一方面利用国外高技术水平和高管理水平人员提高企业自身科研、管理水平；另一方面区域组织采取当地化的人力资源管理，将人才本土化，在全球130多个子公司逐步选拔、培训和任命，帮助华为了解外国领域的市场需求并及时做出调整。

（三）品牌

在国际化市场上，消费者对各类产品的功能、质量等因素不熟悉，品牌能够向顾客传递低风险、高质量的信号，因而成为消费者重点考虑的因素之一。华为在品牌打造上坚持以高科技出口为基础，根据初期自身特点与实力，首先在亚非拉地区开拓市场，积累口碑与品牌形象。其次从欧美国家的边缘地区逐渐发展到中心城市，利用中国形象展现华为科技实力，通过外国对中国的反差认知树立华为的品牌形象，为其后期跨国经营打下基础。

资料来源：王瑶. 中国企业跨国经营发展现状研究——以华为为例［J］. 中国市场，2020：74-75.编者有改编。

8.1　国际直接投资的动因

8.1.1　生产国际化与国际直接投资的发展

案例

星巴克的国际化发展

【案例正文】

星巴克（Starbucks）是美国一家连锁咖啡公司，于1971年成立。它是全球最大的咖啡连锁店，旗下零售产品包括多款全球顶级的咖啡豆、手工制作的浓缩咖啡和多款咖啡冷热饮料、新鲜美味的各式糕点食品以及丰富多样的咖啡机、咖啡杯等。

1987年，现任董事长霍华德·舒尔茨收购星巴克，从此带领公司跨越了数座里程碑。1992年6月，星巴克作为第一家专业咖啡公司成功上市，迅速推动了公司业务增长和品牌发展。星巴克扩张迅速，从1996年在海外开设第一家店开始，如今已经在全世界30个国家开了600个店铺。而在2007年星巴克遭遇了亏损，股票价格也从34美元跌到18美元，前CEO舒尔茨复出对公司进行调整后，星巴克重新焕发生机。2009—2016年间在世界多地加速搭建了7个咖啡豆种植中心，有效地确保了高品质咖啡豆的供应。

从扩张地域来看，在美国本土和北美地区，星巴克都具有非常明显的区域集中性，在美国本土更多店面集中在特定的州，但分布范围非常广，主要集中在华盛顿州、加州、纽约州、佛罗里达州等地区。北美地区的分布也主要是美国为主，加拿大的星巴克店面数相较美国本土的比例很低，根据2017年的数据仅有1 500家，墨西哥较少，仅超500家。从全球来看，中国以超越3 000家店面数排在全球第二，东亚地区开店扩张较迅速，日、韩2017年星巴克店面数仅次于加拿大，排在第四和第五位。

一、星巴克向海外投资的具体情况

在欧洲地区：

2001年，星巴克咖啡的脚步首度跨入欧洲大陆，在瑞士苏黎世开出欧洲第一店，不久又在以色列及奥地利开设了咖啡屋，又进入已拥有300年以上咖啡馆历史和咖啡文化的维也纳，全力进入欧洲市场。2002年，又陆续挺进西班牙、德国，同时在奥地利"咖啡首都"——维也纳扩大门店规模。

德国是星巴克发展最顺利的国家。德国是咖啡消费大国之一，平均每人每年的咖啡消费量约为158升，虽然发展速度很快，但在这里星巴克却没有赚到钱。2001年，星巴克和德国卡尔施泰特（Karstadt Quelle）百货和旅游集团合资成立卡尔施泰特咖啡公司，卡尔施泰特集团占82%股份，星巴克占18%。双方原计划在2006年前开200家店，但是到2006年底，德国星巴克的数量只有35家。合资之初，双方表示销售利润率有望达到9%。实际上，开业两年后星巴克在德国的咖啡厅仍未摆脱亏损。当时据卡尔施泰特咖啡公司预计，还要再过3年它才有可能持平。但是在2004年的11月，星巴克不得不买断它在德国的伙伴所持的82%的股份，因为卡尔施泰特为星巴克赔钱3年，已不堪重负。

2003年1月星巴克以50-50的合资方式与西班牙公司Grupo Vips在法国巴黎Avenue de l'Opera上开了第一家咖啡屋，之后陆续在巴黎最繁华、游客众多、价格高昂的区域另外开设了九家店面。经过4年的发展，到2007年初，星巴克在巴黎已拥有了29家店。令人失望的是，虽然法国民众对于星巴克的咖啡口味表示可以接受，但法国政府的相关政策非常复杂，再加上劳工福利异常优厚，星巴克在法国根本赚不到钱。

在拥有星巴克门店数量（330家）最多的英国，星巴克却受到了联合抵制。英国媒体连篇累牍地要把星巴克轰出伦敦。并且，星巴克在英国无论是口味还是价格，都比不上他的竞争对手——雷诺。这种情况下，如果还想继续维持20%的营业额增长率，"绿巨人"只能另辟蹊径。

在亚太地区：

1996年星巴克咖啡国际有限公司与SAZABY Inc.合资在日本建立了一家咖啡屋，自此开始向全球进军，这是星巴克在海外的第一家咖啡屋。开始星巴克在太平洋地区的发展出人意料的顺利。到2003年6月初，日本已有467家星巴克分店，成为除美国之外该公司最大的市场。连续盈利两年后，星巴克在日本不再盈利。2002年，星巴克日本的股价下跌了近70%。2003年5月星巴克在日本的合资公司发布截至2003年3月的上一财政年度业绩报告，公司净亏损4.54亿日元。同时，在市场的激烈竞争中，当地分店的门店销售额已连续20个月下降。为了重新实现盈利，公司通过减缓开设新店速度来压缩开支。作为曾经海外最被看好的市场，日本并没有取得大的成功，盈利仅仅维持了两年。

1995年，星巴克咖啡国际有限公司在中国成立了一家中外合作企业——北京美大星巴克咖啡有限公司，作为在中国北方地区的特许经营商。1999年，美大星巴克在国贸中心一层开设了中国大陆第一家星巴克咖啡屋。第二年，星巴克咖啡国际有限公司与台湾统一集团旗下的统一企业、统一超商和上海烟草集团卢湾烟草糖酒有限公司合作成立上海统一星巴克咖啡有限公司，共同在上海及其周边地区开设经营星巴克咖啡门店。大致在五年时间里，仅北京、天津及上海和周边地区就出现了约100家星巴克咖啡屋，星巴克积极在中国扩张，试图树立起它作为中国市场首批进入者的竞争优势。星巴克还在青岛、大连、成都三座中国二线城市开设了公司自营的新店，星巴克新店以滚雪球的方式迅速增长。截至2020年底，星巴克实现营收235.18亿美元，在全球83个国家拥有32 660家门店，其中中国门店数量为4 704家，占全球门店数量的15%，中国区也是星巴克全球第二大的收入来源区域。

截至2021第四季度，星巴克在中国的门店数已达5 556家，同比增长4.7%。受疫情影响，2021年第四季度星巴克中国区门店收入略有下滑，长期来看同店增长趋势稳定。2021第四季度星巴克中国区实现同店收入9.0亿元。受疫情影响单店业绩略有下滑，2021年第四季度星巴克中国区同店单店收入同比减少14%，主要是由于疫情反复导致政策变动影响门店营业时间，造成同店交易量与同店每单平均消费额同比分别下滑6%与9%。除第四季度外，2021年全年同店收入同比增长迅速，2021年一至三季度分别同比增长124%、45%、18.4%，长期来看星巴克中国区同店收入保持稳定增长趋势。

二、星巴克的直接投资形式

星巴克在日本与日本本土企业SAZABY Inc.合资运营的公司——星巴克日本公司，采用了国际合资企业的方式进入日本，使星巴克在日本快速发展，凭借日本本土企业对于消费者习惯和特点的了解，以及他们成熟的销售渠道，使星巴克在很短的时间内就开了180家分店。在星巴克日本发展稳定后，星巴克收购合资公司的股权，而后迅速进入日本市场，占领市场份额。

除了在日本，星巴克在中国也采用合资运营转化为直营投资运营方式进行。自1999年进入中国市场起至2002年，刚进入中国的星巴克采用授权经营模式，其收入主要来源于品牌授权与广告费，2003年开始星巴克陆续收回股权，直到2017年完全收回，至今一直保持直营。

而在英国、澳大利亚等地星巴克则采用直营的方式，即国际独资企业，因为在欧洲等具有浓厚的咖啡文化的成熟的市场上，星巴克想成功合资并不容易；在新加坡，马来西亚等地采用授权经营的方式，能够减少一些风险。

星巴克在对外国际投资上也走了很多弯路，原因在于它全球战略上的失误。表现在：文化冲突的战略的失误；大规模的扩张与企业服务的背离；产品质量因扩张而下降，强硬地传播企业母国的文化价值观。但是从之前的失败中，星巴克吸取了教训。经历过失败的星巴克更加谨慎和仔细经营自己的国际投资和国际投资战略。

资料来源：佚名. 星巴克国际投资分析［EB/OL］. ［2014-09-25］. http：//www.doc88.com/p-6788197496056.html. 编者有改编。

【讨论问题】

星巴克的对外投资策略对中国企业国际化有什么启示和借鉴意义？

【参考答案】

通过对星巴克的分析，我们看到，产品、商业模式以及企业文化及品牌的塑造仍然是伟大企业所必备的因素，而其中产品的质量和稳定高效的商业模式几乎是保证企业发展的核心竞争力。

优秀的产品质量需要通过良好的商业模式来维持，产品模式更多是优秀商业模式和管理机制的结果，好的商业模式包括内部管理及决策机制、门店运营模式、员工管理制度、创新制度等，而好的管理和商业模式与管理层的战略思想联系紧密，好的管理层和领导者往往能够决定一个企业的未来发展方向和前途命运。

8.2　国际直接投资格局的变化

8.2.1　国际直接投资产业结构变化

------------------- 案例 1 -------------------

把握全球产业转移新趋势 促进中国制造业价值链再升级

【案例正文】

在当前全球新一轮产业转移的大背景下，以及受新冠肺炎疫情全球蔓延的影响，中国制造业正面临前所未有的多重冲击。

全球价值链，是指产品或服务从最初概念到终端用途的全部活动，以及这些活动在地理空间上的分布情况。过去三十年，随着全球价值链逐步成为决定全球生产分工格局的主导力量，传统生产体系的全球布局出现诸多新特征。尤其是产业层面的国际分工开始深化，同一生产过程的不同环节被拆分，使得垂直分工的环节更加细化，生产体系覆盖更多国家和地区以最大限度获取比较优势带来的收益。受此影响，国家间的中间产品贸易和服务贸易得以快速增长，并进一步驱动跨国投资以更快的增长来保障全球生产体系的紧密连接。

制造业全球价值链的快速发展与中国制造业国际竞争力的全面提升互为因果。从利用全球价值链的机遇实现发展，到引领全球价值链的深化与提升，中国一直是全球价值链当中的重要驱动力量。20世纪80年代中后期，中国依托低成本优势，承接发达国家劳动密集型产业转移。随着全球范围制造业分工不断细化，产业进入壁垒明显降低，越来越多的资本技术密集型环节开始向中国扩散，使得中国获得了更多参与全球分工的机遇。把握这些历史性机遇，中国较快建立了相对完整的制造业生产体系，并在多数领域确立了明显的规模优势。

加入WTO之后，特别是2008年国际金融危机以来，中国制造业价值链开始向更多国家和地区拓展，并在电子等全球化特征突出的产业形成了以中国为核心的全球生产体系。据统计，中国多数产业的生产规模都超过全球的30%，电子电器等产业的规模甚至超过全球的40%，加上为中国提供各种配套并形成稳定分工关系的其他生产能力，总体规模占到全球的60%以上。所以，中国在制造业全球价值链的多数领域都占据生产主体地位。相比而言，日本、韩国、德国等制造业第二梯队国家，紧紧围绕中国生产体系形成上下游分工关系，并获得参与和影响全球价值链的机会；越南等东南亚国家是全球制造业第三梯队，作为卫星生产基地，为中国提供更低端的生产配套，处于从属地位。美国作为全球第二大制造业国家，依靠核心技术持续创新获取高额垄断收益，是全球价值链的"收益分配中心"。

第二次世界大战后，先后发生了三次全球范围的产业转移。第一次是传统机械制造业从欧美国家向日本的转移，第二次是传统消费品制造业从日本向亚洲四小龙的转移，第三次是全球制造业向中国的全面转移。每一次转移都支撑了全球经济的一轮繁荣，成就了一批新的高速增长的工业化国家。这三次产业转移中，劳动力等要素成本优势和市场规模是决定产业转移方向的主要因素，制造体系的整体转移是主要方式。

进入20世纪90年代，随着全球价值链开始发挥作用，在产业链分工更加细化和链条拉长的同时，产业空间布局开始围绕细分产业展开。由于不同细分生产环节依托的要素优势更加多元化，使得当前正在进行的第四次全球产业转移形成了明显不同于以往三次的模式和特点。

首先，全球产业转移的壁垒在不断降低。越来越多的后起国家仅依靠少量要素成本优势就有机会参与其中，产业转移速度明显加快，转移范围明显加大。特别是信息技术的广泛应用，进一步降低了产业细化后在全球分散布局的成本，进一步增强了全球价值链扩张的力量。

其次，整体产业链转移的难度不断加大，细分产业链的转移将成为主要趋势。单一产业价值链的细化分解，为不同产业之间整合相同要素提供了更加广阔的空间，纵向分工链条之间出现越来越多的横向联系，形成了更加复杂的网格化分工格局。独立生产环节规模经济的优势随之升级为整体配套能力，形成更具体系性特征的综合优势。这一优势超越了劳动力成本等独立要素的重要性，成为决定全球产业转移模式的主导力量。与此同时，东道国的研发创新能力、投资环境、配套能力以及终端市场等因素，也比以往更加重要。

再次，产业转出国家和接受国家之间的联系比以往更加紧密，相互之间的依赖性也明显提高。完整的生产体系经过细化分工和跨国分散生产，然后重新组合起来的过程中，分工越细化，区域分布越广泛，相关国家之间的贸易联系也越紧密，相互之间的依赖程度越高。这对传统国际贸易政策和制度安排提出新要求，进一步的贸易自由化和更高效的国际贸易投资制度安排，成为全球价值链进一步深化的必要条件。

最后，跨国产业转移推动形成亚洲区域产业分工网络。过去十多年，面向全球的价值链发展趋势开始转向，并越来越多地向区域性分工转移。近年来，一批后起的亚洲国家对中国产业转移的承接能力快速提升，未来将可能形成以中国为核心、覆盖南亚和东南亚区域的全球制造业生产体系。与此同时，中国与日本、韩国等处于价值链相对高端国家的产业分工合作关系也不断加强，形成了覆盖多数东亚区域的制造业基地。中国处于两个生产体系的空间交汇地位，是整个体系的主体和主导力量。

在制造业全球价值链进一步深化的背景下，中国有机会依托过去十多年形成的在全球制造业价值链上的主导地位，积极引领，科学布局，构建以中国制造为核心和主导、深度融合发达国家先进产业技术资源、覆盖印度和东南亚各国生产制造体系、市场辐射全球的制造业价值链体系。

资料来源：李军．把握全球产业转移新趋势 促进中国制造业价值链再升级［EB/OL］．［2021-01-19］https://epaper.gmw.cn/gmrb/html/2021-01/19/nw.D110000gmrb_20210119_1-11.htm. 编者有改编。

【讨论问题】▰━━━━━━━━━━━━━

如何促进中国制造业价值链再升级？

【参考答案】▰━━━━━━━━━━━━━━

在创新驱动和大力改善营商环境等的基础上，我国应主动加强与传统产业承接国家之间的全球价值链联系。通过合理引导中国制造业向外转移的区域和产业环节，建立与国内产业间高效科学的分工配套联系，同时注意整合以企业为主的分散投资模式，构筑相互协作的集群投资模式，形成包括股权投资、贸易、生产外包等多元化模式的对外投资格局。加大与全球制造业第二梯队国家的价值链融合，加快引进高品质外资和技术。

------案例2------

跨国并购成功案例：联想收购美国IBM

【案例正文】■

2004年12月8日，在中国经济发展史上发生了一件大事：联想集团宣布以12.5亿美元收购IBM全球包括Think品牌在内的PC业务（包括笔记本和台式机业务），具体支付则为6.5亿美元现金及6亿美元股票，而IBM持有19%的联想股份，此外，联想还需承担来自IBM约5亿美元的净负债。根据双方达成的协议，联想还可在五年内使用IBM品牌。收购完成之后，占全球PC市场份额第九位的联想一跃升至第三位，仅次于戴尔和惠普。

一、IBM出售个人电脑事业部（PCD）的主要原因

第一，1981年IBM开创了个人电脑市场，并成为行业领头羊。但随着戴尔和惠普的崛起，IBM电脑PC销售额不断下滑，连年亏损，在1998年PC部门的亏损额就已达到了9.92亿美元。以前赖以成名的旗帜性业务如今已日薄西山，成了阻碍公司发展的包袱。而对于IBM的管理层而言，他们所着眼的是计算机服务、软件、服务器与存储以及计算机芯片等技术含量更高、盈利能力更强的高端市场。所以，卖掉PC业务，卸下包袱，获得现金，轻装上阵，集中资源发展服务器及IT服务等高利润业务，重新在另外一个高端领域抢占制高点，正是IBM蓄谋已久的。刚好碰上了多元化未果、重拾PC业务的联想。

第二，业务对该公司利润贡献率低：摩根士丹利调查结果显示，IBM的PC业务对该公司的每股盈利贡献率不足。

第三，PC业务成本过高。PCD相对于其他部门来说是一个成本巨大，利润不高的部门，并且已经逐渐转型为劳动密集型产业。而转战中国，利用中国劳动报酬较低，成本较低的优势，能降低成本，更适合IBM的PC业务发展。

第四，IBM、联想整合方向差异。IBM是利用大量投资进行研究、发展、开发，再用服务的手段来帮助客户追求更高的附加价值，为股东产生价值。联想则是用经济规模，用更有效率的经营模式来帮助股东产生价值。

第五，塑造第二品牌。PC业务全球竞争日趋激烈，由于IBM定位以商务为主，所以虽为PC鼻祖，但市场份额大不如DELL、惠普这种定位较低的生产商。IBM在1999年以后，销量一直位于全球第三，并且从1999—2004年差距逐年拉大。虽然IBM卖出了PCD事业部，但却因此握有联想18.9%的股份。IBM对PC的控制力大大加强。

二、联想收购IBM的主要原因

联想的发展轨迹同IBM有些相似之处，同样是以PC制造起家，在20世纪90年

代，联想在中国PC市场独领风骚。但随着中国市场开放，同样是戴尔等PC国际厂商的进入使得联想的PC业务盛极而衰，风光不再，如今国内市场占有率已近极致，同IBM一样，联想的PC业务也到了瓶颈阶段。联想也曾尝试过在PC以外另觅天地，2002年12月，联想技术创新大会取得了圆满的成功。大会上，联想首次面向世界IT业同行全面展现了自己的技术规划与风貌——关联应用技术战略，这个宏伟规划使联想的战略走向了产业链多元化，前端、后台、社会信息服务无所不包。

但是，表面上风光一时的多元化战略并未能为联想带来实实在在的发展业绩，联想的转型也虎头蛇尾，于无奈中悻悻收场，而重新审时度势，来到原点，回归PC业务。对于联想而言，国内的市场已无太大的发展空间，连续的恶性价格战已经将PC行业的利润率压榨得越来越薄，如果想在PC业务上获得更大的空间，攫取新的利润增长点，走出国门势在必行。在收购IBM PC业务之前，联想只有大约3%的收入来自于国外，而且主要是东南亚国家。如果想充分打入欧美市场，仅靠一己之力，树立品牌，打通渠道，无疑是得不偿失。

而借并购IBM之机，首先可以提升联想品牌的国际地位和形象；其次可以获得IBM的研发和技术优势，得到更丰富、更具竞争力的产品组合；再次可以获得IBM遍布全球的渠道和销售体系，获取IBM一流的国际化管理团队，为联想的国际化铺设道路；最后，可以更好地学习国际先进的管理经验和市场运作能力。这对于一心想走国际化路线的联想而言，的确是无出其右的选择。

三、并购类型

首先，联想的收购形式按照所属的行业性质来分，属于横向收购。横向收购是指从事同类行业的企业所进行的收购。联想斥资12.5亿美元购入IBM的全部PC（个人电脑）业务，为实施多元化经营、国际化的战略铺垫的基石，提供系列产品，Think pad系列，有效的实现资源的节约和整合

其次，联想公司与IBM公司双方酝酿达13个月之久的转让协议，双方通过商讨并购事宜，最终在双方都可接受的条件下签订了并购协议，2005年1月27日获联想股东批准通过。收购完成表示最终协议中的所有重要条款完成。同年5月1日，收购业务正式完成。

最后，联想通过支付现金、联想股份和承担债务获取IBM的PC业务的资产。根据收购交易条款，联想支付IBM的交易代价为12.5亿美元，其中包括约6.5亿美元的现金，以及按2004年12月交易宣布前最后一个交易日的股票收市价价值6亿美元的联想股份。交易完成后，IBM拥有联想18.9%股权。此外，联想将承担来自IBM约5亿美元的净负债。

四、收购形式

在股份收购上，联想会以每股2.675港元，向IBM发行包括8.21亿股新股及9.216亿股无投票权的股份。

五、并购效应

收购IBM给联想的发展创造了优势。对于联想而言，并购IBM PC资产意味着公司在国际扩张的道路上取得了重大的突破。凭借其当前2.2%的市场份额以及IBM5.5%的份额，联想将一举成为全球第三大PC制造商。中国企业从该交易中看到的绝不仅仅是"蓝色巨人"带给联想的个人电脑业务，而是联想已成为首家收购全球知名品牌的中国国有控股公司，而且与此前中国公司的多数跨国交易不同，联想收购IBM的业务，不是因为政府的命令或收购自然资源的宏观经济需求。对中国企业来说，这首先在心理上是一次信心跳跃，毕竟联想和IBM之间的这笔交易可能会是中国并购市场一个新时代的开端。联想与IBM的博弈不是简单"收购"式的买卖行为，而是各自企业战略的一部分，是两个企业之间的战略合作，这种强强合作的形式，可以互相促进，各取所需，这种合作利用双方的品牌优势和多样化的产品。当然联想收购IBM后仍然面临严峻的挑战。

资料来源：佚名.联想收购IBM案例分析［EB/OL］.［2018-04-03］.https://wenku.so.com/d/f29c17a13f7f68c55eb52a91e4ee7952.编者有改编。

【讨论问题】

企业跨国并购需要注意哪些问题？

【参考答案】

第一，要选择好并购目标，不能盲目收购。

第二，并购前必须有清晰的战略，并购不是目的，而是服务企业长期发展战略的手段。

第三，要注意并购时的法律问题，如知识产权和股权问题。

第四，要注意国内外政治文化差异。

8.3 跨国公司的发展及其对世界经济的影响

8.3.1 跨国公司对世界经济的影响

案例

跨国公司的力量：经济全球化的构建者

【案例正文】

制造一架由450万个零部件组成的波音飞机需要多少国家的企业合作完成？答案是6个国家、1.1万家大企业和1.5万家中小企业。在全球协作与分工日益成为世界经济主流的今天，从飞机、汽车到手机，任何一件产品都可能是"全球制造"，而在其中扮演最关键角色的就是跨国公司。

据统计，全球跨国公司总数已超过 8 万家。作为先进管理技术、组织创新、研究开发、国际直接投资及国际贸易的主要载体，跨国公司的地位和作用不断提升，世界最重要的支柱产业如汽车、电子、航空、金融、信息技术都纳入了跨国公司的国际生产和服务体系。跨国公司既是经济全球化的构建者，也是经济全球化的受益者，对世界经济乃至政治的影响力也更加广泛和深刻，甚至在某种意义上跨国公司就是轻轻扇动一下翅膀造成一场飓风的那只蝴蝶。

跨国公司成为经济全球化主要推动力

跨国公司的雏形最早出现在 16 世纪，在 19 世纪 70 年代后逐渐发展成为经济全球化的主要推动力。与一般企业相比，跨国公司主要有几大特征：其战略目标是以国际市场为导向，实现全球利润最大化；全球性生产经营方式明显较多，包括进出口、许可证、技术转让、合作经营、管理合同等；经营空间广泛，从资源获取、产品研发、生产到销售，跨越多个国家和地区；经营环境复杂，面临不同国家的政策、市场竞争状况、顾客偏好和信仰等差异。

跨国公司主要通过生产、技术、服务和资本的国际化，在全球范围配置资源，打破国家的界限，把世界各国经济直接联系在一起。在这一过程中，资金、人才、产品、技术等要素以前所未有的速度在世界范围流动，生产成了跨国生产，技术形成国际分工，投资变为全球投资，市场成为全球市场。

以高新技术为例，任何科技新品几乎都是全球化的产物，重大的科研项目从设计、试制到批量生产，越来越高难度和复杂化，任何一家公司都难以单独支撑研究与开发任务。而作为技术的领头羊，跨国公司将自己的创新能力与各个国家企业的技术力量整合在一起，加快了技术创新和应用的速度。苹果公司是最典型的例子，iPhone 的成功除了本身的技术突破外，还有赖于一张由全球 200 家大供应商组成的供应链网络，包括芯片、玻璃、铝制外壳、线缆、电路板、摄像模组、组装等在内的供应商分布在中美日韩等十几个国家和地区。

作为国际化的经济组织，跨国公司还是全球贸易规则制定和完善的重要参与者，为消除贸易壁垒、地区保护主义以及贸易歧视性政策提出意见建议，促进国际贸易健康有序发展。

跨国公司发展新趋势

第一，利用当地的技术、市场、资源、人才，属地化经营的特征更加明显。

跨国公司在经营方式上也发生了很大变化。除了投资建厂，越来越多的跨国公司积极设立地区总部和独立的研究开发机构，直接利用当地的技术、市场、资源、人才，属地化经营的特征更加明显。同时，跨国公司倾向于将外方独资和跨国并购作为进入市场的主要模式。此前中国吸引的国际直接投资一直以绿地投资为主，跨国并购较少，但近年来绿地投资中的外方独资和外方控股所占的比例越来越大。此外，跨国公司在华并购增长势头迅猛，2016 年数据显示，跨国公司在华绿地投资增长了 4.3%，而跨国并购增长了 17.8%。

第二，在新技术革命下，跨国公司也呈现年轻化、小型化、轻资产的特点。

20世纪的知名跨国公司以能源、化工、汽车、航空等领域的巨无霸企业为主，而当前互联网、信息通信技术等领域的跨国公司越来越多，有的甚至成立时间不到10年。这些年轻跨国公司依托互联网实施更快速的全球布局，在有形投资和创造就业方面贡献并不显著，它们的全球扩张也带来了一些复杂的社会问题和监管问题，例如数据安全、隐私权、知识产权保护、消费者保护和维护文化价值观等。全球最大在线打车服务商之一的 Uber 就在海外屡遭诉讼，被要求执行更严格的司机背景审查。

第三，逆全球化下的新挑战。

目前跨国公司仍面临全球经济低迷、投资监管限制加强、贸易保护主义抬头等挑战。联合国贸易和发展会议发布的《2019年世界投资报告》显示，受美国税改政策以及部分经济体加强外资项目审查的影响，去年全球外国直接投资总额为1.3万亿美元，较2017年减少13%，连续第三年出现下滑。全球化智库CCG分析，世界范围内逆全球化浪潮的不断上升，是全球对外直接投资下滑的主要原因。

首当其冲的是全球经济放缓以及经济政策和地缘政治的变化，导致跨国公司的投资收益率和回报率下降，对外投资的积极性有所下降。

其次，部分主要外资吸收国加强外资项目审查机制，一些敏感产业和领域的跨国并购被拒之门外，也减少了外资流动。2016年，约有58个国家和经济体采取了至少124项投资政策措施，大部分的措施都以投资促进和自由化为目标，但20%的措施引入了新的投资限制。这表明全球投资政策在总体上走向自由化的同时，也加强了对外资的监管和限制。

另外，贸易保护主义盛行对倡导开放贸易、全球市场无缝合作的跨国公司全球发展布局产生较大影响，跨国公司对外投资变得更加谨慎。

资料来源：周晓峰. 跨国公司的力量：经济全球化的构建者［EB/OL］.［2019-10-19］. https：//www.dailyqd.com/3g/html/2019-10/19/content_261796.htm.编者有改编。

【讨论问题】 ◢━━━━━━━━━━━━━━━━━━━━━━━━━━━━
跨国公司对世界经济的影响是什么？

【参考答案】 ◢━━━━━━━━━━━━━━━━━━━━━━━━━━━━
第一，推动国际贸易的发展；
第二，推动国际金融的发展；
第三，加速技术的创新与推广；
第四，促进生产与资本国际化。

综合案例　可口可乐是怎样征服世界的

【案例正文】

美国东部时间 2019 年 12 月 9 日，是可口可乐公司上市 100 周年的大日子。纽约证券交易所仿佛成了可口可乐公司的主场，不仅在外墙上悬挂起了可口可乐上市 100 周年的庆祝招牌，连交易所内部也四处洋溢着可口可乐百年喜庆的气氛。要知道在 1919 年，刚刚上市的可口可乐公司的股票单只价值 40 美元，对于懂得利用股息再投资的股民来说，如今的价值已超过 1 800 万美元，整整翻了 45 万倍之多。自 1920 年以来，可口可乐一直支付季度股息，并在过去的 55 年里，每年都会提高，使其稳坐"股息之王"的宝座。

作为全世界规模最大、拥有最大销售网络的饮料公司，可口可乐从亚特兰大走向全美国，再从美国走向世界，它是资本主义全球化的典范，融入甚至重塑了世界各地的经济体系，在环保人士和健康团体的指责声中我行我素。

百年时间里，可口可乐经久不衰，而且更加蒸蒸日上，究竟有着什么样的奥秘？有人说是可口可乐神秘的配方，也有人说是可口可乐的品牌价值……很长时间以来，许多人都在不断寻找这些问题的答案。

一、可口可乐的国际化

可口可乐公司早在 1926 年就成立了境外部门，负责向海外装瓶商提供浓缩液。第二年，开设装瓶业务的国家就包括比利时、百慕大群岛、中国、哥伦比亚、德国、海地、意大利、墨西哥、荷兰和西班牙。1927 当年的广告语：Around the Corner from everywhere（无处不在的可口可乐），就透露出可口可乐全球化的野心。但二战以前，已有 50 多年历史的可口可乐，其海外影响主要集中在加拿大、古巴、德国等为数不多的几个国家。

日军偷袭珍珠港后，美国对日宣战，美国士兵源源不断被派往前线。伍德鲁夫意识到参战美军是可口可乐潜在的消费者与推销员。他当机立断公开发表声明："为了支持祖国的正义战争，不论我们的将士走到哪里，本公司将不惜成本，保证每位战士只花 5 美分就能喝到一瓶家乡的可口可乐。"

在可口可乐做了强大的宣传攻势后，美国政府决定可口可乐生产所需的原料不受定额限制。由于军力运送紧张，瓶装可口可乐难以快速输送到前线，伍德鲁夫想出了在驻区设立装瓶厂的点子，同时派遣 248 人随军提供生产服务。这是最初的可口可乐装瓶厂的原型。

第二次世界大战期间，可口可乐公司在世界各战区共建立了 64 家装瓶厂，总计卖出 100 亿瓶饮料。更重要的是，可口可乐与 1 000 多万美国士兵交上了朋友，把他们变成了顾客。到 20 世纪 40 年代末，可口可乐的销售利润达到了 12.6 亿美元，其对手百事可乐同比只有 2 500 万美元。

第二次世界大战之后可口可乐开始了真正的国际化道路。

二、可口可乐在欧洲

第二次世界大战之前，以酒类替代品为卖点的可口可乐，在欧洲市场没有多少业绩，还面临着医学界的怀疑和来自酒商和酿酒业者的保护主义压力，二战对于可口可乐在欧洲的影响主要表现在以下两个方面：

第一，第二次世界大战后美国国力剧增，美国当局极力为可口可乐拓展地盘。美国政府以多种明示和暗示的手段，警告欧洲各国政府禁止可口可乐进口会产生不利影响。欧洲各国政府虽担心可口可乐所带来的文化冲击，但怕因小失大，纷纷改变反对立场。

第二，可口可乐公司让军队喝他们的汽水，或出于爱国热忱，或出于塑造其在国内的良好形象，而这么做也使得人们相信可口可乐是无害的，因此进攻欧洲市场的行动大获成功。

三、可口可乐在亚洲

早在 1908 年可口可乐就进入了亚洲，在菲律宾销售。作为新兴市场，可口可乐在亚洲扩展的脚步不曾停止，除了印度外，其他市场都很顺利。

可口可乐在中国。可口可乐是最早进入中国的美国企业之一，其进入中国市场的历史可追溯到 20 世纪 20 年代。1927 年，可口可乐在上海落户，随后在天津、青岛也相继建立了装瓶厂。不过最开始的时候，销量并不好，当时它有个奇葩名字 —— 蝌蝌啃腊。1933 年上海装瓶厂成为当时可口可乐公司在美国境外最大的装瓶工厂。1948 年中国成为美国本土之外第一个销量突破 100 万箱的市场。

中华人民共和国成立后，由于中美之间的特殊关系，可口可乐在中国的发展受到影响。中美建交后，可口可乐公司重返中国，并采取了四步走的策略。

第一步，从 1979 年到 20 世纪 80 年代初，从中国香港用火车把可口可乐产品运进内地，采取委托寄售方式，使可口可乐首先进入北京友谊商店和涉外饭店，代销者可以无本得利，最初的年销量只有约 200 吨。但可口可乐由此再次打开了进入中国市场的大门。

第二步，赠送设备，促进原浆进口。

第三步，投资办厂，扩大市场。

第四步，扩大可口可乐的社会影响，这主要指从 20 世纪 90 年代起，可口可乐在中国积极参与各项社会公益、体育活动。这一系列活动扩大了可口可乐本身的影响，而且提高了可口可乐在中国的声誉，可口可乐成为老少皆知的畅销饮料。

可口可乐在印度。印度一直是可口可乐心中的痛。1977 年遭印度政府驱逐出境的"礼遇"，可口可乐公司并不甘心就此退出。16 年后，于 1993 年 10 月重新登陆印度，之后却一直麻烦不断。

2003 年印度的"科学与环境中心"首次公开调查称，可口可乐和百事可乐两大公司在印度生产销售的部分软饮料中杀虫剂含量超标；同年，印度卫生部门警告该国民众，可口可乐中含有污染成分，切忌饮用；同年 12 月 26 日，印度当地法官判可口可乐败诉，原因是在当地滥采用地下水，甚至还发生了当地农村妇女在企业大门口抗议的事件；2004 年 2 月 17 日，当地妇女组织以保护国家利益之名向跨国公司诉讼，当地政府函令可口可乐厂关闭。

2006 年，印度再爆可口可乐和百事可乐"有毒"事件，印度最高法院下令要求百事可乐和可口可乐公司公布饮料配方。对于可口可乐来说，公布珍藏 120 年的秘方显然是不可能的事情。

为了解决问题，美国政府再次出面。负责国际贸易的美国商务部副部长拉文表示，"此类行动对印度经济而言是一种倒退"。但政治压力使可口可乐更不受印度公众待见。现在印度依然有可口可乐，但是印度人却更加喜欢自己的饮料品牌——Thums Up。

四、可口可乐在非洲

可口可乐早在 1929 年已经进入了非洲市场，现在是非洲最大的雇主，拥有 6.5 万名雇员以及 160 个工厂。可口可乐在非洲和中东的市场份额为 29%，总计每年 91 亿升的消费量。现在，可口可乐已经开展了大街小巷的广告活动，试图提高人均可口可乐消费量。可口可乐一边寻找在非洲筹资的机会，一边增设饮料工厂和研发产品包装。

五、可口可乐在拉丁美洲

2011 年可口可乐公司的财报显示，整个第三季度，该公司软饮料产品在北美及全球范围内的销售量同比增长了 5%，其中，拉丁美洲市场产品的销售量同比增长了 7%。随着发达国家市场容量接近饱和，可口可乐公司对于拉丁美洲等新兴市场的关注程度不断加大。拉丁美洲是除北美以外的最大的可口可乐市场，其中墨西哥拥有世界第二大可口可乐装瓶商。

不可否认，可口可乐已经成为一个世界性的公司，它在对外直接投资上相当成功。在对外投资上，可口可乐常用的方法有直接建设装瓶厂、收购当地公司、授权当地厂商装瓶等。成功的商业模式，本土化经营的管理思想和多元化的产品线等使得可口可乐成为世界上最大的饮料公司。

资料来源：1.美通社.可口可乐公司上市 100 周年，勇于开拓的全球化之路［EB/OL］.［2019-12-17］.https://www.nbd.com.cn/articles/2019-12-17/1394009.html.编者有改编。

2.佚名.可口可乐公司国际直接投资业务案例分析［EB/OL］.［2016-10-13］.https://www.docin.com/p-1756179022.html.编者有改编。

【案例使用说明】

一、讨论问题

对比可口可乐国际化发展，思考中国企业应该怎样"走出去"？

二、参考答案

第一，要积极参与经济全球化、不断增强综合国力，必须顺应世界经济发展的趋势，在继续推进"引进来"战略的同时，实施"走出去"战略，在更大范围、更广领域、更高层次上参与国际经济技术合作与竞争，更好地利用国内、国外两个市场、两种资源。

第二，企业在走向国际化时，必须结合自身实际，从管理、技术、融资模式上有所创新，步步为营，吸收国内外先进的技术与管理经验，注重企业文化的形成。

第三，要以企业为主体，遵循市场规律，讲求实效。

第九章 全球经济治理

俄乌冲突对全球治理形成挑战

【案例正文】■

伴随着俄乌冲突的扩大和升级，以及美国和西方对俄罗斯实施全面制裁，全球化与全球治理面临前所未有的挑战。

第一，全球治理的政治基础和底层支柱面临前所未有的挑战。在当前的国际政治体系中，全球治理的政治基础和底层支柱——联合国及安理会制度面临被动摇的危险。2022年2月25日，美国等向联合国安理会提出乌克兰局势决议草案，要求俄罗斯撤军。在安理会15个成员国的投票表决中，有11个国家投票赞成、3个国家弃权，俄罗斯行使了一票否决权，决议未能获得通过。4月26日，欧洲国家列支敦士登等提出限制联合国常任理事国一票否决权的提案。联合国193个成员国中有超过100个成员国赞成该项决议，中国、印度、巴西、俄罗斯投下反对票，提案获得通过。这是联合国历史上头一次对安理会常任理事国行使否决权予以限制。

联合国安理会常任理事国一票否决权是二战后国际秩序安排中大国一致原则的具体制度化和机制化，因而也是大国合作的政治基础和底层支柱，也是对二战胜利成果的肯定。二战后奠定的联合国安理会机制，特别是常任理事国否决权机制是大国相互尊重的制度基石，如今却在俄乌冲突爆发后面临根本性动摇。

第二，全球治理平台面临被政治工具化的危险。俄乌冲突爆发后，美西方对俄罗斯采取了严厉的金融制裁，将七家俄罗斯银行从环球同业银行金融电信协会（SWIFT）除名。SWIFT是全球金融治理体系的重要机构，美西方将这样一个重要机构作为政治工具，将导致其他大国对全球治理体系中的一系列重大机构组织进行重新评估。

当然，美西方主导力量将全球治理平台政治工具化早已显露端倪。由于美国对世界贸易组织（WTO）法官连任和遴选的阻挠，导致WTO上诉机构于2019年12月停摆。WTO上诉机构停摆是对全球治理体系非常重大的一次伤害。自20世纪90年代起，全球治理已经进入到了一个超国家治理、大国治理和非国家治理多元并存的时代，而超国家治理最典型体现就是WTO上诉机制，它的超国家性甚至超越了联合国。WTO在一项决议通过时，采取协商一致的原则；由于不采取投票的方式，也就没有大国的一票否决。WTO上诉机构停摆说明，全球治理的机构组织正在一步一步地被政治工具化。

第三，大国政治重回全球治理舞台的中心。俄乌冲突首先是由大国之间的地缘政治矛盾引发的，其未来发展趋势不仅仅取决于俄乌双方，还取决于大国间的政治博弈。俄乌冲突爆发后，联合国安理会机制和欧洲安全机制陷入空前危机，西方对俄罗斯的经济制裁更是几乎蔓延到了全球经济治理体系的所有领域，这都说明大国政治回归到了全球治理舞台中心。

第四，供应链治理问题更加难以解决。持续三年的新冠疫情已经对全球供应链产生不小的冲击，俄乌冲突爆发后美西方对俄罗斯采取的一系列经济制裁措施将加大全球供应链断裂的风险。为了规避这一风险，各国紧急调整紧缺物品的进口，对部分工业产品、大宗商品进出口实施限制，这反过来更加剧了全球生产网络紊乱。欧美与俄罗斯之间的制裁与反制裁博弈，使大国之间为了避免在全球相互依赖中陷入过度脆弱性风险。与此同时，在全球经济治理中发挥润滑剂功能的跨国公司呈现出更加保守的倾向。因俄乌冲突持续而宣布暂停在俄业务的大型公司已涵盖了能源、航空、科技、娱乐等多个领域。在现实政治面前，跨国公司也开始站队，选择牺牲商业利益、服从政治意识。如何协调国家与非国家单位共同解决全球经济治理问题，面临更大的挑战。

第五，全球治理秩序伴随着大国博弈和地缘冲突存在被撕裂的危险。俄乌冲突爆发后，随着美西方对俄罗斯制裁不断加码，全球治理秩序存在走向撕裂的危险，特别是在中美贸易战、科技战没有得到切实缓解的情况下，这种撕裂的可能性在逐渐增加。美西方制裁俄罗斯之后，全球治理秩序可能的前景会是：美西方与中国等新兴大国之间竖起一道经济和科技的围墙，美国和西方盟友形成一个工业发展的循环圈，而崛起中的新兴大国可能联合其他新兴工业化国家构建起另一个工业发展的循环圈。如果上述设想变为现实的话，全球治理秩序最终会被撕裂，这将是全球治理发展面临的最重大的威胁。

第六，如何确保国际货币体系的稳定，将成为金融治理的核心议题。美元的全球循环有赖于其经常账户赤字与资本账户的盈余，其中主权国家银行在美存款、购买美国国债成为美国吸引国际资本流入的主要方式。俄乌冲突爆发以来，美国将金融工具武器化，对俄罗斯实施了一系列金融制裁，使得美元体系的可靠性受到质疑。美国的制裁行为，体现了国际金融公共产品的使用并非没有代价。美国肆意冻结他国央行资产，将促使其他国家降低购买美国资产的意愿，长期下去可能导致美元体系循环出现危机。在国际货币基金组织内部改革推动不畅的状况下，全球金融治理将呈现更加激烈的国际博弈。

第七，网络空间治理面临更大的挑战。网络战既包括了黑客的网络攻击，即用代码攻击对方的系统，也包括了运用信息影响舆论与行为，从而满足自身的政治利益。从这次美国对俄罗斯的网络攻击来看，美国至少运用网络工具完成了两个目标：其一，通过干扰俄罗斯的政府网站，攻击其国防系统，增加了俄罗斯的成本；

其二，通过舆论战争干扰社会秩序，使俄罗斯面临道义上的指责，减少其凝聚国内共识、争取国际支持的能力。网络空间具有权力集中性与分散性的共同特点。集中性体现在美国拥有世界领先的网络能力，控制了主要的社交媒体平台，能够塑造舆论；而分散性则是指每个人都是信息的接受者与传播者。网络空间的这一特点使各国的舆论监管更加困难。俄乌冲突中体现出的社交媒体武器化的特征，警示各国需要就网络空间治理出台更加明确的规范与法律。

资料来源：1.刘贞晔.俄乌冲突下全球治理面临的问题与挑战［EB/OL］.［2022-06-19］.https://finance.ifeng.com/c/8GyuISczHYS.编者有改编。

2.黄宇韬.俄乌冲突对全球治理形成挑战［EB/OL］.［2022-05-30］.http://www.iwep.org.cn/xscg/xscg_lwybg/202205/t20220530_5410443.shtml.编者有改编。

【涉及的问题】■━━━━━━━━━━━━━━━━━━━━

俄乌军事冲突会给全球经济带来怎样的影响？

思政案例

为全球经济治理注入正能量

面对世界经济的风云变幻，各国唯有平等协商、团结互助、开放包容、携手合作才能共克时艰，实现互利共赢。

二十国集团领导人第十四次峰会于2019年6月28日至29日在日本大阪举行，习近平主席与二十国集团成员和嘉宾国领导人、国际组织负责人再度聚首，共商稳定世界经济、推进全球经济治理的大计。在单边主义和保护主义肆虐、全球经贸关系紧张、世界经济不稳定不确定性增多之际，这次峰会受到国际社会广泛关注。

2008年，国际金融危机引发全球市场和国际社会深度恐慌，为应对这场席卷全球的危机，二十国集团领导人峰会机制应运而生。二十国集团成员具有广泛代表性，总人口占全球2/3，国内生产总值占全球近90%，贸易额占全球近80%。多年来，二十国集团在平等互利的基础上加强宏观政策沟通协调，为应对国际金融危机、促进世界经济复苏、推动国际金融货币体系改革等发挥了重要作用。

中国已成为二十国集团的重要参与者和引领者。此次是习近平主席连续第七次出席或主持二十国集团领导人峰会。从2013年首次参加圣彼得堡峰会，到2016年成功主持以"构建创新、活力、联动、包容的世界经济"为主题的杭州峰会，再到推动2018年布宜诺斯艾利斯峰会就维护多边贸易体制等问题达成多项重要共识，习近平主席在二十国集团平台上为应对全球性挑战提出切实可行的中国方案，为推动世界经济增长贡献重要的中国智慧，为各国合作共赢提供强大的中国信心，充分展现了中国作为负责任大国的合作精神和开放胸怀。

当前，世界经济下行压力增大，不确定性明显上升，单边主义和保护主义形成一股逆流，冲击国际秩序、多边贸易体制和全球市场信心，世界经济与全球治理走到关键十字路口。在此形势下，世界期待二十国集团机制和大阪峰会继续发挥引领作用，为全球经济治理注入正能量，维护以规则为基础的多边贸易体制，推动世界经济在开放、公平的环境中平稳运行。

"海纳百川，有容乃大。"中国始终倡导建设开放型世界经济，相信多边主义是最符合各国人民利益的必由之路。二十国集团的发展历程，就是一部发达国家与发展中国家同舟共济、携手并进的发展史。面对世界经济的风云变幻，各国唯有平等协商、团结互助、开放包容、携手合作才能共克时艰，实现互利共赢。希望二十国集团继续秉持同舟共济的伙伴精神，加强宏观经济政策协调，促进世界经济稳定增长，特别要突出发展视角，照顾广大发展中国家关切。在当前个别国家升级经贸摩擦的情况下，尤其需要坚持协商一致，妥善处理意见分歧。

习近平主席出席大阪峰会，这是中国国家元首时隔近9年再赴日本出席多边会议。包括首相安倍晋三在内，日本各界人士热烈欢迎习近平主席来日与会，将习近平主席视为重要而尊贵的客人，认为习近平主席与会体现出中方对大阪峰会和日本的重要支持。中日分别是世界第二、第三大经济体，两国有责任、也有能力与各方一道，共同做好世界经济的"稳定锚"和"推进器"。期待在即将召开的大阪峰会上，中日与各方共同努力，为世界经济发展注入信心、增添动力，共同致力于营造自由、开放、包容、有序的国际经济环境与秩序。

资料来源：人民日报. 为全球经济治理注入正能量［EB/OL］.［2019-06-25］. http：//www.gov.cn/xinwen/2019-06/25/content_5402867.htm. 编者有改编。

9.1 全球经济治理概述

9.1.1 全球治理与全球经济治理

——————————— 案例 ———————————

多国挑战美元结算地位，全球"去美元化"令华盛顿担忧

【案例正文】 ■

2023年4月1日据《印度教徒报》报道，印度外交部宣布，印度和马来西亚已同意用印度卢比进行贸易结算。作为美国重要的"印太战略伙伴"，印度此举无疑是对美元在全球霸权地位的一次"釜底抽薪"。报道称，印度外交部宣布这一消息的背景是，官方正在努力保护印度贸易免受乌克兰危机的影响。到目前为止，美元一直是国际贸易和储备中的主导货币，脱离美元这一转变具有重要意义，表明印度愿意在国际贸易中采取去美元化的切实措施。该报称，在俄乌冲突爆发后，俄罗斯经济受到美欧等西方大国的严厉制裁。这反过来引起各国担忧，在全球范围内引发了去美元化的趋势。

此前一天，东盟财长和央行行长会议在印尼巴厘岛闭幕。印尼《时代周刊》称，本次会议主要是讨论启动本地货币结算，这是之前东南亚本地货币结算计划的延伸，该计划已经在东盟成员国之间实施。"东盟简报"网站直接点名称，此次会议的首要议题，就是讨论如何减少贸易和金融交易中对美元等货币的依赖。在此次会议举行的前几天，印尼总统佐科敦促该国政府逐渐停止使用维萨（VISA）等外国支付系统。他称，摆脱西方支付系统对保护本国贸易免受"可能的地缘政治后果"至关重要。

近一段时间以来，去美元化浪潮就像春潮一样悄悄而突然地席卷世界多个角落。无论是在被美国视为"后院"的拉美，还是被美国打压的俄罗斯和伊朗，或是中东能源大国以及希望打造区域合作发展典范的东盟各国，甚至欧洲国家的能源巨头公司，近来纷纷公布计划或采取行动，寻求用非美元货币进行贸易结算。对此，美国《商业内幕》惊呼，"美元在全球贸易中的霸主地位面临巨大挑战"。美国富豪马斯克日前也感叹，"美国的（对外）政策过于强硬，导致各国都想要抛弃美元"。

国际金融专业媒体"货币电讯"网站称，俄罗斯国家杜马（议会下院）副主席巴巴科夫3月31日在印度新德里举行的国际经济论坛上称，金砖国家正致力于创建一种全新的数字货币，"新货币不会建立在对美元或欧元的依赖之上，而将形成一种有利于我们共同目标的货币"。台湾《中国时报》称，全球"去美元化"趋势正在加速，本周就有超过10个国家开始挑战美元贸易结算地位。

俄罗斯"专家"网站称，尽管美元仍占据全球贸易和储备的最大比例，但在美国银行业动荡不止、通胀持续居高不下、巨额国债像"达摩克利斯之剑"一样悬在世界各国头上之际，许多国家开始考虑去美元化。世界很可能正在从单极金融体系走向多极金融体系。

多国为何寻求美元替代品？

过去几十年来，美元一直在全球贸易、储备中占据绝对主导地位，为何如今越来越多国家开始寻找美元的替代品？印度《金融快报》刊登新德里尼赫鲁大学国际关系学院学者加戈的文章称，后冷战时代，美国作为独霸全球的大国，经常利用美元来向其他国家施压，或者通过制裁惩罚对手。然而，作为胁迫工具，制裁的有效性取决于相关国家在国际经济和贸易中的地位对比，随着其他国家经济实力的增强，美国通过美元对国际经济体系的控制正在减弱。特别是美中之间的经济实力差距缩小，令美国更难通过美元对他国强加其意志，这令同样担心美国金融长臂管辖的国家纷纷寻求美元的替代品。

随着多国"去美元化"趋势越来越明显，美国感到担忧。美国前财政部长助理克劳利在福克斯新闻台的节目中称："美元是由美国的实力和经济实力以及全球石油贸易一直以美元交易的事实支撑的。如果这一切都结束了，那就意味着美元的终结。""如果发生这种情况，我们不仅将失去经济主导地位，也将失去超级大国地位。"

世界多国"去美元化"的背后是对美国和美元的不信任。自1971年美国宣布美元与黄金脱钩起，美元就成了一种信用货币。过去数十年来，美国不仅利用美元霸权来收割世界其他国家的财富，而且用美元作为政治和经济武器来恫吓和制裁其他国家，美元也就失去了美国信用的支撑。据不完全统计，如今已有60多国以各种方式采取"去美元化"措施，这既是因为它们对美国信用的质疑和对美元霸权的不满，也是无奈之举，有避险的成分。现在美元已成为世界经济不稳定和不确定性的主要来源。近段时间，硅谷银行等多家美国银行发生的危机再一次成为多国"去美元化"的导火索。

人民币国际地位越来越强

"威胁美元霸权的五大项目"，美国《商业内幕》网站称，从印度、巴西到中国和俄罗斯，许多国家都在推动以非美元货币进行贸易结算。报道称，在这种背景下，美元在世界上的统治地位受到极大威胁，其中有五大项目对美元的威胁最大。首先，巴西和阿根廷2023年1月宣布，两国正就建立共同货币"苏尔"展开准备工作，此举将严重削弱美元在该地区的主导地位。此前，美元在该地区国际贸易占比高达96%。其次，俄罗斯和伊朗这两个被美国严厉制裁的国家准备合作创建一种以黄金作为支持的加密数字货币，以寻求绕过美国制裁。此外，印度和阿联酋等国提出用卢比进行非石油贸易支付的想法。金砖国家正在就创设一种新储备货币进行谈判。中国与众多石油出口国推动在石油贸易中使用人民币，更是可能动摇石油美元体系的根本。

"人民币国际地位正越来越强"，《韩国日报》称，随着多国开始"去美元化"，人民币的国际地位正进一步提高。中国正凭借庞大的经济和资本实力，打破美元霸权。报道称，据不完全统计，2021年中国对外贷款规模约为同年国际货币基金组织（IMF）全球贷款规模的60%，这意味着中国的对外贷款规模正在快速追赶IMF。特别是近些年来，中国向参与"一带一路"倡议的152个国家提供贷款，帮助他们建设铁路、港口、高速公路等基础设施，人民币的影响力正日渐扩大。

法国道达尔能源公司与中海油公司3月28日完成一笔液化天然气交易。这是中国首单以人民币结算的进口液化天然气（LNG）采购交易。德国《商报》带着羡慕的语气报道称，"法国成为第一个签署以人民币支付而非美元或欧元贸易协议的欧洲国家"。《欧洲时报》4月1日称，俄罗斯、伊朗、阿拉伯联合酋长国、沙特阿拉伯、委内瑞拉、土耳其、印度尼西亚……目前已有30多个国家正逐渐在贸易结算或投资中转向使用人民币。

资料来源：丁雅栀、陈康、柳玉鹏. 多国挑战美元结算地位，全球"去美元化"令华盛顿担忧［EB/OL］.［2023-04-03］. https://world.huanqiu.com/article/4CKmeJ8pJJB.编者有改编。

【讨论问题】■
"去美元化"对世界经济的影响是什么？

【参考答案】■
积极影响包括金融风险多样化、各国货币升值、货币政策独立性增强，以及减少对美国制裁的脆弱性。

消极影响包括过渡时期的挑战、潜在的短期不稳定以及全球对替代货币的接受程度有限。

9.2　全球经济治理体系的演进

9.2.2　七国集团与二十国集团

案例

俄乌冲突升级，G20会不会变成G19？

【案例正文】■
2022年11月16日，G20（二十国集团）巴厘岛峰会闭幕，领导人们通过一份宣言，"以最强烈措辞"谴责了俄罗斯对乌克兰的侵略，并要求其无条件从被占乌克兰领土上撤军。

这份文件中也能看到一些措辞留有余地，比如"大多数成员强烈谴责乌克兰的战争"，再比如"对局势和制裁有其他看法和不同评估"。

2022年3月联合国关于谴责俄罗斯的决议中，中印都投了弃权票。但在此次峰会上，中印两国没有进一步表明立场。

G20最初是财长和央行行长间的协调会，2008年为应对金融危机才升级成领导人峰会。而当前全球经济像一位病人，经历新冠疫情后，大病初愈之时，还被通胀、失业等后遗症困扰，没想到又遭遇俄乌战争，能源价格飞涨，病症雪上加霜。

这次峰会还有另一重象征意义，因为这是疫情后三年来，人最齐的一次峰会，全球领导人不戴口罩共处一室，即便疫情管控最严的中国，也在峰会前五天部分放松管制。在某种程度上，代表着这场全球疫情接近尾声。

但这些重要因素几乎都淹没在俄乌战争投下的巨大阴影中——俄外长面对多国批评声提前离开，乌克兰多个城市突遭炮击，一枚俄制导弹甚至落入北约成员波兰境内并造成伤亡，事件在会场内外迅速引起轩然大波。

这一系列事件打乱了G20议程。3月16日英国首相苏纳克凌晨五点从梦中被叫醒，听完波兰事件的汇报后，急匆匆赶往一场临时加开的会议——在G20会期和会场中加开的一场 G7 会议。

事态似乎紧张起来，北约盟友受袭，如同所有国家受袭。但临时会议后，气氛缓和下来，拜登说，落在波兰的导弹"不太可能"是从俄罗斯发射的。

泽连斯基在此次峰会视频讲话中，强调 G19，而非 G20，显然将俄罗斯排除在外。专家也表示，普京缺席，以及宣言对俄罗斯的谴责，折射出该国在 G20 的位置。

峰会闭幕式上印度尼西亚总统佐科用力敲下木槌，并递给下一届主席国印度的领导人莫迪，但下一届 G20 峰会如何，还会不会有俄罗斯，成为新的悬念——2014年，俄罗斯拿下克里米亚，使其被 G8 开除，成为 G7；那么 2022 年俄乌战争，是否会使 G20 变成 G19？这是一个问题。

资料来源：佚名. G20 巴厘岛峰会宣言"以最强烈措辞"谴责俄罗斯，解读特殊时期的大国共识［EB/OL］.［2022-11-16］. https://www.bbc.com/zhongwen/simp/world-63650348.编者有改编。

【讨论问题】 ▰━━━━━━━━━━━━━━━━━

新形势下，G20 面临哪些挑战？

【参考答案】 ▰━━━━━━━━━━━━━━━━━

严肃而紧迫的内部治理改革；大量中低收入国家的不可持续债务不断增加；历史上曾对环境造成严重长期负面影响的富裕国家在履行气候融资承诺方面持续表现不佳；向绿色能源过渡面临的财政和其他挑战；适当的布雷顿森林体系机构改革；全球性的粮食不安全。

9.3 全球经济治理的发展趋势

9.3.1 全球经济治理制度变迁

---案例---

金砖国家拓展全球治理新平台

【案例正文】 ▰━━━━━━━━━━━━━━━━━

金砖国家加强经贸合作，成为全球经济增长的新引擎、金融治理的新典范，并空前拓展了新兴市场国家和发展中国家参与全球治理的新平台。金砖国家的全球安全观、全球发展观、全球科技观不同于传统秩序而优于传统全球治理观。通过全球发展倡议，不断完善全球经济治理、金融治理、科技治理、安全治理，金砖国家正推动国际秩序向更加公正合理的方向发展。

金砖国家走过 3 个金色五年，取得了务实成果，与西方唱衰的"金砖褪色论""金砖崩溃论"相反，面对贸易保护主义和单边主义，面对制裁脱钩、"小院高墙"，面对经济下行压力、美联储加息负面溢出效应，金砖国家更加坚定地走在一起，更加紧密地团结在一起，不断发出金砖声音、贡献金砖力量、擦亮金砖招牌。

金砖国家合作，超越了政治和军事结盟的老套路，建立了结伴不结盟的新关系；超越了以意识形态划线的老思维，走出了相互尊重、共同进步的新道路；超越了你输我赢、赢者通吃的老观念，实践了互惠互利、合作共赢的新理念。金砖国家的合作模式不仅契合五国发展需求，而且提升了发展中国家的代表性和发言权，推进经济全球化与开放、包容、普惠、平衡、共赢发展，并正在推动全球治理和国际秩序朝着更加公正合理的方向发展。

金砖国家加强经贸合作，成为全球经济增长的新引擎。金砖国家反对贸易保护主义，践行真正的多边主义，所签署的《金砖国家经济伙伴战略2025》，明确了经贸投资和金融、数字经济、可持续发展等重点合作领域。在金砖国家概念兴起的本世纪初叶，金砖国家GDP仅占全球的8%，如今已增长两倍达到约25%，吸引外资约占全球的45%，外汇储备和黄金储备约占全球的35%，对世界经济增长的贡献率持续超过50%。今年金砖国家经贸合作达成了包括数字经济伙伴关系框架、加强供应链合作倡议、加强贸易投资和可持续发展等多项合作成果。由于具有资源禀赋互补等多重优势，金砖国家经贸合作日益成为促进世界经济复苏的加速器和新引擎。

金砖国家成全球金融治理的新典范。全球基础设施投资的资金缺口每年达2.7万亿美元，基础设施瓶颈成为全球特别是发展中国家长期投资和经济发展阻碍。2008年国际金融危机后，金砖国家出现巨大的融资缺口，为此，金砖国家在2012年提出并在2015年成立了注册资本1 000亿美元的金砖国家新开发银行。在治理架构上，不同于传统的加权方式，金砖国家新开发银行采取平权方式，以防止出现此前的国际金融组织中一家独大、一票否决的情形。在治理效率上，金砖国家新开发银行更多采取本币融资，规避了汇兑风险，推进本币区域化、国际化，完善了国际货币体系，结合各国国情和本土化实现更高效率。在治理成果上，截至目前，金砖国家新开发银行已经完成了80多个项目310多亿美元的贷款，短短数年便做到了传统的多边金融机构要十数年才能达到的贷款规模。在治理方式上，金砖国家新开发银行按照渐进、地域平衡原则稳步扩员，成立7年扩员4个，纳入了阿联酋、孟加拉、乌拉圭和埃及，增强了新兴市场国家和发展中国家在全球治理中的代表性和发言权。金砖国家还成立1 000亿美元的应急储备安排，防控流动性风险及美联储加息带来的负面溢出效应等。

金砖国家空前拓展了新兴市场国家和发展中国家参与全球治理的新平台。金砖国家这一平台具有开放性、包容性、参与性，拓展了新兴市场国家和发展中国家参与全球治理的途径。这不仅体现在金砖国家在包括二十国集团等治理平台中的协调统一性，也体现在金砖国家在政治安全、经贸财金、人文交流、公共卫生、可持续发展等领域合作的加强。2017年中国担任主席国期间提出了"金砖+"合作理念，为金砖国家在下一个金色十年的发展提供了拓展平台。不仅如此，2022年有18个新兴市场国家和发展中国家参加了金砖国家领导人会晤期间所举办的全球发展高层对话会，其中一半为 G20、APEC、东盟、非盟、拉共体等不同组织的轮值主席国或者东道主。金砖国家作为全球治理的重要平台，给予了新兴市场国家和发展中国家更大的代表性与发言权。

金砖国家成为完善全球治理的重要新平台。从经贸合作到经贸财金、政治安全、人文交流"三轮驱动"，再进一步扩展到卫生治理、可持续发展等，金砖国家已形成全方位、多层次、宽领域的合作机制，建立了包括领导人会晤在内的完整体系架构。金砖国家本身所具有的独特资源禀赋、经济发展实力、全球治理潜能，正通过金砖国家合作机制逐步发挥出来。

金砖国家的全球安全观、全球发展观、全球科技观不同于传统秩序而优于传统全球治理观。金砖国家旗帜鲜明地推进经济全球化、反对逆全球化，成为对冲经济下行压力、实现经济复苏的发动机和加速器。金砖国家努力维护以世界贸易组织为中心的多边贸易体制，并推进世贸组织改革。金砖国家加强宏观政策协调，通过新开发银行和应急储备安排等推进全球金融治理。为应对科技打压和制裁脱钩，金砖国家正在加强全球科技治理。通过全球发展倡议，不断完善全球经济治理、金融治理、科技治理、安全治理，金砖国家正推动国际秩序向更加公正合理的方向发展。

资料来源：刘英. 金砖国家拓展全球治理新平台，经济日报 ［EB/OL］. ［2022-07-06］. https://www.workercn.cn/c/2022-07-06/7003459.shtml.编者有改编。

【讨论问题】 ▬

中国在引领全球治理体系改革中始终坚持的理念是什么？

【参考答案】 ▬

中国始终坚持以公平正义为理念引领全球治理体系改革，共建开放共享的世界经济。中国呼吁世界各国应该谋求包容互惠的发展前景，共同维护以联合国宪章宗旨和原则为基础的国际秩序，坚持多边贸易体制的核心价值和基本原则，促进贸易和投资自由化便利化，推动经济全球化朝着更加开放、包容、普惠、平衡、共赢的方向发展。

综合案例　改革和完善全球治理体系

【案例正文】 ▬

2021年习近平主席在世界经济论坛"达沃斯议程"对话会上的特别致辞中指出："21世纪的多边主义要守正出新、面向未来，既要坚持多边主义的核心价值和基本原则，也要立足世界格局变化，着眼应对全球性挑战需要，在广泛协商、凝聚共识基础上改革和完善全球治理体系。"当前，世界格局加速调整演变，全球治理体系与国际形势变化的不适应问题凸显。中国始终秉持共商共建共享的全球治理观，积极参与全球治理，与时俱进推动全球治理体系向着更加公正合理有效的方向改革完善，为应对层出不穷的全球性挑战贡献力量。

近年来，新兴市场国家和一大批发展中国家快速发展，对全球经济增长的贡献日益加大，国际力量对比发生深刻变化。然而，全球经济治理体系未能及时反映新格局变化，代表性和包容性有待提升。立足世界格局变化，中国始终支持扩大发展中国家在国际事务中的代表性和发言权，支持补齐全球治理体系中的南方短板，支持汇聚南南合作的力量。习近平主席指出："发展中国家发展起来了，整个世界繁荣稳定就会有更加坚实的基础，发达国家也将从中受益。"这一重要主张立足全人类整体利益，为世界未来发展指明了正确方向。中国呼吁国际社会为发展中国家发展提供必要支持，并以扎实行动推进世界贸易组织和国际金融货币体系改革，促进世界经济增长，保障发展中国家发展权益和空间。

新冠疫情暴露出全球公共卫生治理的诸多问题，全球传染病联防联控机制还未形成，国际公共卫生资源十分匮乏，个别国家的单边主义行径使全球公共卫生体系更加脆弱。中国利用自身控制疫情经验，积极参与全球公共卫生治理体系变革，呼吁国际社会加大对世卫组织的支持和投入，发挥其关键领导作用，建立健全全球公共卫生安全长效融资机制、威胁监测预警与联合响应机制、资源储备和资源配置体系等合作机制，构建人类卫生健康共同体。

近年来，气候变化挑战日益凸显，可持续发展问题更加严峻地摆在各国面前。习近平主席在气候雄心峰会上倡议，开创合作共赢的气候治理新局面，形成各尽所能的气候治理新体系，坚持绿色复苏的气候治理新思路。中国郑重宣布，力争2030年前二氧化碳排放达到峰值，努力争取2060年前实现碳中和。为了实现这一目标，中国正在采取更有力的政策和措施，脚踏实地做好这件对全人类有益的事情。积极推动共建绿色"一带一路"，实施"一带一路"应对气候变化南南合作计划，通过"一带一路"绿色发展国际联盟等平台，为应对气候变化国际合作汇聚更多力量。

数字领域治理是全球经济治理的新领域，在很多方面存在空白。数据安全攸关国家安全、公共利益和个人权利。应对数字鸿沟、网络犯罪、黑客袭击问题，制定数字经济法律法规等，需要各国共同商量、携手推动。中国积极参与全球数字治理领域的规则制定、议程设置、机制创设等。2016年，中国推动通过《二十国集团数字经济发展与合作倡议》，2020年提出《全球数据安全倡议》。中国提出秉持以人为中心、基于事实的政策导向，支持联合国发挥领导作用，同各方探讨并制定全球数字治理规则，推动全球在数据安全领域的治理与合作。

中国作为世界第二大经济体、第一大工业国、第一大货物贸易国，与世界高度依存、紧密互动。中国致力于把国内各相关领域治理好，同时为全球治理作出贡献。在消除贫困、环境保护、粮食安全、网络安全等众多领域，中国以国内治理的显著成效和经验，为全球应对挑战作出中国贡献、提供中国方案。同时，中国坚持多边主义，走团结合作之路，与世界各国人民携手应对全球治理中的各种问题，共同努力把人类前途命运掌握在自己手中。

资料来源：孙吉胜. 改革和完善全球治理体系［EB/OL］.［2021-03-01］. http：//www. xinhuanet.com/politics/2021-03/01/c_1127152345.htm. 编者有改编。

【案例使用说明】■━━━━━━━━━━━━━━━━━━━━━━━━

一、讨论问题

为改革和完善全球治理体系，习近平总书记曾提出构建"包容性的经济秩序"，这体现了全球经济治理的基础是什么？

二、参考答案

新型全球经济治理体系应以推动提供高质量的全球经济公共基础为核心，以"公正高效"为目标，以"合作共赢"为基本原则，以规则制定和协商谈判的方式，共同推动国际经济治理体系向"更加公正合理"方向转变。

第十章　世界经济发展不平衡及其变化趋势

开篇案例

世界经济有望出现恢复性增长 复苏不稳定不平衡性凸显

【案例正文】▮▬▬▬▬▬▬▬▬▬▬▬▬▬▬▬▬▬▬▬▬▬

受新冠肺炎疫情全球大流行影响，2020年世界经济陷入大萧条以来最严重衰退，主要经济体相继出台大规模应对政策，推动下半年世界经济反弹，但四季度欧美疫情再次大规模暴发，世界经济复苏势头受到一定影响。展望2021年，世界经济形势仍然复杂严峻，主要经济体将延续宽松政策取向，全球范围内新冠疫苗接种覆盖率将持续提升，世界经济有望出现恢复性增长，但疫情走势仍具有较强不确定性，疫情冲击导致的各类衍生风险不容忽视，债务水平大幅攀升、宏观政策空间受限、结构性体制性矛盾进一步凸显，世界经济复苏仍不稳定不平衡，中长期增长仍面临较强风险挑战。

2021年世界经济有望延续低位复苏态势

2020年三季度以来，主要经济体经济增速均有所反弹，主要国际经济组织均小幅上调2020年世界经济增速预测，并预计2021年世界经济将延续低位反弹势头，世界银行、国际货币基金组织（IMF）分别预计2020年世界经济将下降4.3%、3.5%，2021年将增长4.0%、5.5%。

第一，发达经济体复苏形势有所分化。IMF预计，2020年发达经济体GDP将下降4.9%，2021年将增长4.3%。美国经济复苏具备一定支撑。在大规模宽松政策推动下，2020年下半年美国经济持续复苏，市场主体信心逐步恢复，自8月份以来制造业和服务业采购经理指数（PMI）均保持在55以上，三季度GDP环比折年增长33.4%，同比下降2.9%，较二季度9%的同比降幅明显缩窄，在发达经济体中经济韧性相对较强。美国政府有望推动出台新一轮大规模应对疫情支持政策，客观上有利于支撑经济复苏。IMF预计2020年美国经济将下降3.4%，2021年将增长5.1%。欧洲经济复苏困难较多。欧洲经济受到疫情较强冲击，服务业大规模停摆，投资消费大幅下行，失业率超过8%，欧盟2020年二、三季度经济同比分别下降14%、4.2%。四季度以来欧洲疫情走势更趋严峻，各国相继恢复大规模封锁政策，经济可能出现"双底衰退"，在主要经济体中降幅较大。IMF预计2020年欧元区和英国经济将分别下降7.2%、10%，2021年将分别增长4.2%、4.5%。日本经济前景仍较为疲弱。日本疫情走势相对可控，东亚地区产业链供应链联系紧密，日本经济受到我国经济稳定恢复较强带动，2020年三季度经济环比折年增长21.4%、同比下降5.7%，较二季度10.3%的同比降幅有所收窄，但东京奥运会延期对投资消费形成较强冲击，与社会总需求不足、人口老龄化等长期存在的结构性矛盾相互叠加，未来走势仍不容乐观。IMF预计2020年日本经济下降5.1%，2021年将增长3.1%。

第二，新兴经济体复苏面临困难较多。疫情对新兴经济体冲击总体超过预期，印度、巴西、俄罗斯、南非等主要新兴经济体疫情持续蔓延，经济运行受到严重冲击，失业率明显攀升，普遍面临贸易进出口下行、本币贬值、资本外流、海外负债压力加大等较强挑战，国际收支形势更趋严峻，加之新冠疫苗接种进度滞后于发达经济体，对经济复苏形成明显制约。IMF预计2020年新兴经济体和发展中国家经济将下降2.4%，2021年将增长6.3%，其中我国将发挥重要带动作用，预计2020年印度、巴西、俄罗斯、南非GDP将分别下降8%、4.5%、3.6%、7.5%，2021年将分别增长11.5%、3.6%、3%、2.8%。

第三，全球贸易投资恢复将较为缓慢。疫情影响下，各国纷纷采取人员出入境管制、交通运输限制等措施，全球生产贸易投资活动急剧下滑，世界经济供需循环受阻，产业链供应链区域化、本地化特征更趋明显。IMF预计，2020年全球贸易额将下行9.6%，2021年将恢复性增长8.1%。全球外商直接投资（FDI）也受到疫情和各国保护主义措施较强影响，联合国贸发会议数据显示，2020年全球FDI下降42%，15年来首次跌破1万亿美元，受疫情走势不确定性影响，预计2021年全球FDI仍将总体低迷。

第四，国际金融市场和大宗商品市场震荡回升。大规模宽松政策的溢出效应明显，支持全球资产价格大幅上涨。全球股市大幅反弹。全球主要股指经历2020年年初大幅下行后，在宽松流动性环境支撑下快速反弹，全年实现较大涨幅。美股2020年一季度出现历史罕见的4次熔断，跌幅一度达到近35%，随后美联储出台不限量资产购买计划，直接持有企业债券，助推资本市场稳定，美国道琼斯工业指数全年上涨7.2%，标普500指数上涨16.2%，纳斯达克指数上涨43.6%。日经225指数2020年年内上涨16%，韩国综合指数上涨30.7%，德国DAX指数上涨3.5%，英法股指相对前期低点也有明显反弹。大宗商品价格回升态势明显。路透CRB商品指数自2020年年初的190点左右一度跌至110点左右的低位，目前已反弹至175点左右。路透CRB金属、食品、食用油现货指数目前分别达到990点、370点、430点左右，均较2020年年初的760点、340点、370点左右的水平明显上涨。纽约商品交易所原油期货价格自2020年年初的65美元/桶左右一度跌至22美元/桶左右，目前已回升至约53美元/桶。随着全球经济复苏叠加流动性宽松，大宗商品价格未来仍存在进一步上行空间。

资料来源：国家发展改革委政策研究室. 世界经济有望出现恢复性增长 复苏不稳定不平衡性凸显［J］. 中国经贸导刊，2021（3）：4-7.

【涉及的问题】▬▬▬▬▬▬▬▬▬▬▬▬▬▬▬▬▬▬▬▬▬▬▬▬▬▬▬▬▬▬▬

发展不平衡不稳定和不确定性制约世界经济复苏主要表现在哪几个方面？

思政案例

世界经济形势分析与展望

受新冠疫情冲击，2020年世界经济出现深度衰退。2021年世界经济仍可能在疫情阴影笼罩之下，但经济活动将有所恢复，经济增速将有明显反弹。世界经济的恢复程度和增速反弹力度取决于新冠疫情本身的发展趋势、全球价值链的调整、美国政府的对外经济政策、各国财政货币政策的力度和效果，以及全球金融市场的稳定性等关键因素。

世界经济呈现八大特点

受新冠疫情冲击，2020年世界经济出现深度衰退，总体上表现出八大特点。

一是全球GDP大幅负增长。国际货币基金组织估计，2020年全球GDP增长率按购买力平价（PPP）计算约为-4.4%。这是二战结束以来世界经济最大幅度的产出萎缩。20世纪80年代以来，世界经济经历了六次名义GDP的萎缩，2020年是少有的一次实际GDP大幅萎缩。

二是失业率明显上升。疫情暴发前，世界主要经济体的失业率处于历史低位。疫情暴发后，很多国家失业率明显上升。秋冬季疫情反弹，全球失业状况进一步恶化。

三是通货膨胀率普遍下降。全球主要经济体通货膨胀率均有所下降，部分经济体出现了通货紧缩。疫情及疫情防控导致各国供给和需求同时减少，但是通货膨胀率普遍下降的现象表明，各国需求受到的负面影响更大一些，全球宏观经济形势总体上表现为总需求不足。

四是国际贸易显著萎缩。受中美两国经贸摩擦以及美国与其他国家的贸易冲突影响，全球国际贸易在2019年出现了萎缩。2020年受新冠疫情冲击，国际贸易继续萎缩，且萎缩幅度显著扩大。2020年一季度和二季度，世界货物出口额同比增长率分别为-6.4%和-21.3%。比上年同期降幅分别扩大4.0个和18.1个百分点。

五是国际直接投资断崖式下跌。疫情不仅使投资机会减少，而且使已有的国际投资项目不得不推迟甚至取消。2020年上半年，全球FDI流入额比上年同期下降49%。联合国贸发会议估计，2020年全球国际直接投资流量将比2019年大幅下降40%。

六是全球金融市场大起大落。2020年全球疫情暴发后，主要经济体资本市场出现大幅震荡，美国股市4次熔断。各主要中央银行实施大力度货币宽松政策，并对金融市场和实体经济进行救助，推动各国股市重新走高，在实体经济衰退过程中制造出了股市繁荣。

七是全球债务水平快速攀升。受大规模经济救助和刺激政策影响，2020年全球政府债务水平大幅度攀升，且发达经济体政府债务水平上升幅度明显高于新兴市场和发展中经济体。发达经济体政府总债务与GDP之比一年之内提高20.2个百分点；新兴市场与中等收入经济体提高约10个百分点，总体上超过国际社会通用的所谓60%的警戒线；低收入发展中国家提高约5.5个百分点。各国企业债务也在2020年快速上升，但全球居民债务水平在疫情暴发后反而有所下降。居民债务水平下降主要是因为疫情限制了居民消费，同时也是因为政府救助缓解了居民收入下降。

八是国际大宗商品价格涨跌不一。2020年全球燃料价格指数下跌了约30%，除燃料以外的其他商品价格上涨了约15%。在燃料以外的其他商品中，食物价格指数上涨10%；农业原料价格指数上涨3%；矿物与金属类商品价格指数上涨20%，其中贵金属价格指数上涨约30%，矿物与非贵金属价格指数上涨13%。

资料来源：佚名. 世界经济形势分析与展望［EB/OL］.［2021-01-01］. https：//baijiahao. baidu.com/s？id=1687634238239035068&wfr=spider&for=pc.编者有改编。

10.1　世界经济发展不平衡的表现

10.1.1　发达国家与发展中国家之间经济发展不平衡

------ 案例 ------

发达国家与发展中国家发展不平衡

【案例正文】

国际金融危机以来，世界经济进入了深度调整期，经济格局演变、全球化动力转换和规则重构是其中的三大突出表现。总体来看，在世界经济缓慢复苏背景下，原有的经济发展不平衡问题并没有明显改善，国别分化反而进一步加剧，发达国家和发展中国家之间发展不平衡的矛盾尤为突出，对世界经济和社会发展的影响十分深刻。

"南北失衡"的突出表现

根据国际货币基金组织（IMF）统计，2013年世界经济总量达到75.5万亿美元，其中发达国家为46.1万亿美元，发展中国家为29.4万亿美元。照此计算，二者占世界经济的比重分别为61.1%和38.9%。从过去20多年的演变来看，由于长期保持快速增长，发展中国家在世界经济中所占比重提高了近20个百分点，发达国家和发展中国家的经济总量之比已由1990年的3.9倍下降到目前的1.6倍。在国际金融危机后，发展中国家对世界经济增长的贡献率明显超过发达国家。

但是，经济总量差距缩小并没有从根本上改变南北经济发展水平的巨大差距。2013年，发达国家人均GDP达到40 186美元，相当于发展中国家平均水平的8.2倍，远高于总量差距。近年来，新兴经济体成为世界经济增长的重要引擎，其中较具代表性的中国、俄罗斯、印度、巴西、南非、印度尼西亚亚亚和马来西亚（以下简称"新兴7国"）1990—2013年人均GDP由627美元提高到4555美元。尽管如此，新兴7国人均GDP目前尚不及美国、日本、德国、法国、英国、意大利和加拿大（以下简称"发达7国"）平均水平的1/10。从国别来看，经济发展的不平衡更为显著。2010年美国的人均GDP相当于印度的34.1倍，2013年进一步上升到35.4倍。总体看，"南北失衡"是世界经济格局演变过程中存在的突出矛盾之一。保障发展中国家的发展权利和发展环境仍然是一项长期任务，发达国家应为此作出更多努力。

日渐分化的贸易投资增长前景

国际金融危机之前的30年是经济全球化发展最为迅猛的时期，世界贸易组织（WTO）主导下的全球贸易自由化为通过对外开放寻求经济起飞的发展中国家提供了重要机遇和制度保障，促进了发展中国家外向型经济发展。以新兴7国为例，1990年平均出口依存度仅为9.8%，2000年提高到21.7%，2010年进一步上升到22.6%；同期，外资净流入占全球的比重也由4.1%提高到5.9%和27.8%。

但是，国际金融危机之后，经济全球化趋势出现了新变化，世界贸易组织主导的贸易自由化进程严重受阻，跨太平洋经济伙伴关系协定（TPP）、跨大西洋贸易和投资伙伴关系协定（TTIP）以及日欧经济伙伴关系协定（EJEPA）等发达国家主导的跨区域大型经济一体化谈判加快推进。由于其实行高度自由化标准，绝大多数发展中国家被排除在外，无法直接分享新的国际贸易和投资增长机遇，甚至可能受到贸易和投资转移效应的冲击。尽管许多发展中国家也在积极推进双边或次区域自贸区建设，但难以完全对冲TPP、TTIP等可能带来的负面影响，国际贸易和投资增长的前景不容乐观。实际上，国际金融危机之后这种分化态势已初见端倪。根据国际货币基金组织统计，2011年以来，发展中国家经常账户余额占GDP的比重逐年下降，2013年降至0.74%的历史较低水平；发达国家的逆差幅度逐年缩小，2013年甚至由负转正，达到0.34%的较高水平。另外，新兴7国的出口依存度、净出口份额2010年以后出现明显下降。这说明发展中国家从国际贸易和投资中的获益程度逐渐降低，发达国家则出现好转迹象。目前，美、欧、日三大发达经济体之间的贸易和投资自由化谈判已接近尾声。随着这些协定正式生效，绝大多数发展中国家将面临更为艰难的贸易和投资环境。

创新资源的巨大差距

在全球市场需求持续疲软、国际贸易投资增长放缓和传统比较优势逐渐减弱的背景下，加大技术创新投入、培育新的增长动力正成为各国产业竞争的焦点。根据世界银行统计，2011年全球研发支出超过1.5万亿美元，同比增长11%，高出

2000—2010年年均增长速度达4个百分点。发展中国家的研发投入力度也明显加大。

但是，发达国家在技术研发和创新领域依然占有绝对优势，掌握的创新资源显著超过发展中国家。2011年，美国以全球4.4%的人口掌握全球28.1%的研发支出资源，人均水平相当于印度的112倍。研发人力资源实力是技术创新能力的集中体现。按照每百万人中研发人员数计算，日本的人力资源实力大约达到5160人，分别相当于印度、印尼的22.4倍和13.5倍。综合来看，发展中国家的技术研发以及创新能力同发达国家还存在巨大差距。发展中国家在高端技术领域将长期依赖发达国家的技术转移和技术溢出，但在创新竞争和保护主义日趋加剧的环境下，这一点也变得越来越困难，二者之间的"技术鸿沟"势必继续加深。这将为世界整体的技术进步和效率提升前景蒙上阴影。

难以弥合的"数字鸿沟"

在当今大数据时代，能否安全有效利用互联网已成为影响各国综合竞争实力的关键因素。根据世界银行统计，2014年，全球安全互联网服务器由2004年的32亿台增加到137亿台。但其中的绝大多数集中在发达国家，发达7国占有67%，仅美国一家就占36%。从每百万人拥有的安全服务器台数来看，印度、印度尼西亚的水平仅相当于美国的4‰，新兴7国也只有发达7国平均水平的1.3%。2013年，发达7国每百人中的互联网用户数达到83人，印度、印度尼西亚都不到16人，新兴7国平均只有33人。发展中国家的大量人口仍然没有搭上互联网的高速列车。发展中国家和发达国家之间存在的巨大"数字鸿沟"，将进一步加大世界经济发展不平衡。

艰难的"规则重构"进程

在过去很长一个时期，美国等西方发达国家凭借强大的经济优势，在全球治理和规则制定中占据主导甚至支配地位。近20年来，虽然世界经济格局发生了深刻变化，发展中国家的经济实力以及对世界经济的影响力迅速提升，但发达国家主导全球治理和规则制定的局面并未得到相应调整。国际金融危机爆发揭示了全球治理规则的重大缺陷。此后，新兴经济体在现有多边治理机制如世界银行、国际货币基金组织中的份额与话语权问题开始受到关注，包括主要新兴大国在内的20国集团（G20）成为大国经济政策交流对话与协调的新平台，新兴经济体参与全球治理和规则制定的地位有所提升。但是，以美国为首的发达国家并没有放弃维护自身规则制定主导权的努力，全球治理结构改革仍然十分艰难。

2010年11月，国际货币基金组织通过了份额和投票权改革方案，决定增加中国、印度等新兴经济体在该组织中的份额和投票权，达到与其占全球经济比重较为接近的水平。由于美国在国际货币基金组织实际拥有"一票否决权"，这一改革方案能否实施最终取决于美国。4年后，这一改革方案仍未得到美国国会批准。不仅如此，发达国家为了维护其既得利益，在多边或区域贸易安排中试图引入竞争性、劳动标准、国有企业等新的规则，使发展中国家的发展面临更严峻的挑战。发达国家主导全球治理和规则制定的局面不改变，世界经济不平衡问题就将长期存在。

资料来源：赵普平. 发达国家与发展中国家发展不平衡［EB/OL］.［2015-07-12］. http：//theory.people.com.cn/n/2015/0712/c40531-27290184.html? winzoom=1.编者有改编。

【讨论问题】
当前发达国家与发展中国家发展不平衡主要表现在哪几个方面？

【参考答案】
（1）"南北失衡"的突出表现；
（2）日渐分化的贸易投资增长前景；
（3）创新资源的巨大差距；
（4）难以弥合的"数字鸿沟"；
（5）艰难的"规则重构"进程。

10.2　世界经济发展不平衡的原因

10.2.1　不公正、不合理的国际经济秩序

---------- 案例 ----------
国际经济秩序面临加速调整

【案例正文】

俄乌冲突与科索沃战争、俄格冲突以及纳卡冲突不同，这场发生在欧洲心脏部位的持续局部冲突正在改变全球格局和国际经济秩序。

从美欧角度看，从以"混合战"全方位制裁、遏制和削弱俄罗斯，发展到推动北约进一步扩张，并向亚洲拓展。借"西方反俄大联合"推动欧亚一体，甚至构筑遏华国际联合阵线，形成美西方主导的新全球化和新秩序。随着俄乌冲突发酵重大深远的全球性影响，国际经济秩序受其冲击，面临加速调整。

俄乌冲突爆发前，国际经济秩序正在经历理念、制度、战略和政策等多层面的转变。

在理念层面，西方对经济全球化促进新兴经济体和发展中世界快速成长，进而带来世界力量格局变化的进程深感挫败。美政府报告甚至宣称支持中国加入世贸组织是个历史性错误。不仅从支持自由贸易立场上倒退，美国舆论还将本国就业岗位流失归罪于全球化，民间反全球化思潮盛行。拜登政府强调价值观贸易，企图构建以意识形态为标准、以维护霸权为目标的政治化贸易集团，从理念上抛弃多边主义，背离自由贸易原则。

在规则及制度层面，WTO体系下的多边自由贸易谈判遇阻，区域、小多边、双边贸易谈判和安排取而代之。区域自由贸易协定中产生的一系列新规则，比WTO规则的标准更高，覆盖的范围更广。这些进展可作为多边体系的有益补充，但是，在自由贸易体制从全球化转向区域化进程中，美国和一些发达国家绕开WTO等多边机制和相互协商，单方面推出所谓"高标准、新规则"，企图继续主导国际经济秩序。特朗普政府以《美墨加三国协议》取代《北美自由贸易协议》，华盛顿视《美墨加三国协定》为未来贸易协定的样板，协定中的排他性、歧视性条款违背了多边自由贸易基本原则，主要针对中国，为美国与其他方的后续谈判开了恶劣先例。美国等西方国家继续以《瓦森纳协定》限制中国敏感技术产品出口，并针对华为等高技术企业实施"芯片新规则"，企图封锁中国通过国际经济合作实现技术进步的通道。

在战略及政策层面，美西方推动国际经济合作政治化、经贸联系武器化，运用其在国际经贸体系中的传统优势地位，动辄单边制裁或者以制裁相威胁，迫使他国接受其主张。拜登上台后，不但继承特朗普政府的贸易政策，而且全力拉拢传统盟友，联手针对中国。拜登政府积极推进供应链"从回流本土、近岸制造到友岸制造"的关键制造业对华脱钩方案。成立美欧技术与贸易委员会，构建技术与数字贸易新标准，压制中国在5G标准领域的领先优势，遏制中国技术进步和产业升级。

俄乌冲突的持续不仅深化上述态势，且带来新变化：

首先，国际能源格局和货币格局加速演进。能源供应方与消费方矛盾激化，欧洲谋求彻底摆脱对俄能源依赖，并加快向清洁能源转型。俄能源经济将转向亚洲以及非西方世界。美欧切断俄主要金融机构与SWIFT联系，冻结甚至谋划没收俄外汇储备，破坏了美元和以美国为中心的国际金融体系信用。各国寻找替代方案的步伐加快，这将对美元霸权带来深远影响。近期，沙特石油出口货币多元化步伐加快，美元与石油的联系被削弱。长期看，美元霸权地位或被逐步侵蚀，国际货币体系可能发生结构性变化。

其次，美国加速推动全球供应链调整。俄乌冲突爆发后，粮食和关键物资价格上涨，一些出口国视情况收紧出口，更是加剧多国通胀压力，造成国际金融体系动荡。美国借冲突之机，图谋将俄中归并到一起，推动全球供应链加快与俄中"脱钩"。今年5月，美国联手亚太区域12国推出"印太经济框架"，将"增强供应链韧性"置于核心地位。

再次，国际经济秩序进入重构期。现有国际经济秩序大体上是多边主义占主导的体系，有WTO、国际货币基金组织和世界银行等几大治理机构。俄乌冲突爆发后，美欧取消俄罗斯在WTO体系下享受的最惠国待遇，甚至酝酿取消俄WTO成员资格，国际货币基金组织和世界银行中止了同俄罗斯的项目合作。俄罗斯是现有国际经济体系的重要成员，制裁与反制裁、俄与美西方的战略博弈严重冲击多边主义的国际经济体系。此外，拜登政府推出"印太经济框架"，不仅意图补齐其"印太战略"短板，而且企图在供应链上再垒新灶，最终构建经贸新秩序。美式新秩序的突出特点是"以我为尊，排斥异己"，以西方价值观为建群纽带，目的是维持西方领导地位，维护美式霸权。

面对复杂严峻形势，中国和其他新兴经济体，以及广大发展中国家的作用更显重要。从发展趋势看，非西方世界的经济规模和影响力均在上升，美国和西方世界的占比在下降。美国仍是超级大国，但无法以一己之力维持霸权，需要盟友及其他大国配合。而新兴经济体和发展中国家在减少国际冲突，增进国际合作，坚守多边主义，坚持推进开放、包容、普惠、平衡、共赢的经济全球化，推动构建开放型世界经济，阻止世界经济政治化、阵营化、集团化，推动国际经济秩序向着更加公正合理方向演进等方面，可以发挥更加积极的作用。

资料来源：廖峥嵘. 国际经济秩序面临加速调整［EB/OL］.［2022-10-24］. https：//baijiahao.baidu.com/s？id=1747519843931627549&wfr=spider&for=pc.编者有改编。

【讨论问题】▆▆▆

不公正、不合理的国际经济秩序使发达国家和发展中国家之间经济发展不平衡日益加大，主要表现在哪几个方面？

【参考答案】▆▆▆

（1）国际分工中不公正、不合理的国际经济秩序；

（2）国际贸易中不平等交换的国际经济秩序；

（3）国际金融领域中不合理的国际经济秩序；

（4）国际经济组织中不合理的国际经济秩序。

10.3　世界经济发展不平衡的影响

10.3.1　国际经济矛盾与摩擦复杂化

案例

全球供应链受阻 美国却在"剪羊毛"俄乌冲突加速世界经济格局之变

【案例正文】▆▆▆

2021年，世界经济自2020年新冠肺炎疫情暴发引发的大衰退中明显复苏，但好景不长。进入2022年，变种病毒轮流"坐庄"，俄罗斯和乌克兰爆发冲突更使本已循环不畅的世界经济面临严峻挑战，加剧全球供应链重构和经济金融网络碎片化，搅动地缘经济秩序和世界经济格局加速演变。

俄乌冲突是继中美经贸摩擦、新冠肺炎疫情暴发后深刻影响世界经济走势的又一重大事件。在危机叠加的影响下，国际贸易和投资动能不足，供应链中断，产业链内卷，世界经济负重爬坡，不稳定、不确定、不平衡特点将更加突出，低速增长的脆弱态势逐步确立。

俄乌两国经济规模按市价计约占全球总量的2%，贸易量占全球总额大约也是2%，两国在世界经济舞台上的直接角色很小。然而，俄乌两国作为全球大宗商品市场主要供应者的角色，对世界经济却有着至关重要的影响。两国合计生产了全球10%的小麦、12.6%的大麦、15.3%的玉米和葵花籽油产量的近80%；合计占全球小麦出口的33%，玉米、化肥和天然气贸易的20%，石油贸易的11%；两国还是半导体生产所需氪气、氖气等特种气体的重要来源，拥有重要的铀储备。俄罗斯生产全球10%的石油，供应欧洲40%的天然气，是世界最大的谷物和化肥出口国，主要的钯和镍生产国，是第三大煤炭、钢铁出口国以及第五大木材出口国。

俄乌冲突爆发后，相关产品产量下降，而美欧经济金融制裁、出口管制与俄罗斯反制裁你来我往，强行改变全球原有的金融和商业联系，负面溢出效应持续放大，致大宗商品供需失衡，价格暴涨，特别是严重扰乱了全球粮食和能源贸易，致全球经济放缓的可能性远远大于重新加速的可能性，前景明显恶化。联合国粮农组织（FAO）指出，俄乌冲突"通过谷物和植物油市场传播了冲击"。发展中国家的债务负担当前已骤增至50年来新高，多家机构预测冲突如久拖不决将致世界经济重陷危机和衰退。据国际货币基金组织（IMF）最新预测，受俄乌冲突影响，2022年占全球经济总量86%的143个经济体增速将明显下降。英国经济学人智库预测，未来10年世界经济增速仅为21世纪头10年的一半。

当前世界经济的突出矛盾既有2008年国际金融危机爆发以来呈现出的总需求不足问题，因近年来芯片大荒、疫苗大缺、运费大升、港口大堵、物价大涨等乱象交织呈现，又衍生出全球性供给短缺的新挑战，并在俄乌冲突爆发后共振成新一波全球供应链危机。

世界经济可视为各种供应链的集合体，供应中断会引发全球经济的连锁反应。较之于一国国内供应链，全球供应链的链条长、分工细且更复杂，也因此更脆弱，易掉易断。

俄乌冲突前，全球面临的是产品供应型危机、运输困境和港口堵塞型危机相互叠加的复合型危机。俄乌冲突下，各方制裁与反制裁激烈博弈，交织强化，进一步挤压供应，致世界经济雪上加霜，特别是"链"条上的发展中国家应对危机的条件和能力不足，恐面临更大压力。

未来较长时期，供应链"瓶颈"都难以彻底缓解，国际金融危机以来形成的需求不振与供给调整这一对"慢变量"错配扭曲，调需求难，调供给也难。越来越多的国家和企业将在本土或本地区进行生产和分包，受压之下供应链被迫重置将拖累各国经济增长，增大供需关系调整成本，加剧世界经济内在矛盾。

在经历30年低通胀后，近年来全球经济面临的通胀风险不断走高。需要密切关注的是，美元作为全球信用货币正进入新一轮加息周期，美国完全不顾其应担责任和对其他国家的溢出影响，反而凭借长期形成的所谓美元中心–外围格局在全球"剪羊毛"，新兴和发展中国家面临的"债务风暴"风险加大。

受俄乌冲突"催化"及其后续影响，通胀"妖怪"已跳出"瓶子"。今年以来，小麦和玉米价格已经上涨30%，食品价格指数已连续三次创下历史新高；过去一年来，伦敦布伦特石油价格上涨60%以上；化肥价格去年已上涨了两倍，在俄乌冲突爆发的一个月里又上涨了40%以上，达到创纪录的高点。

主要国家通胀风险急剧攀升。3月，美国消费者价格指数（CPI）同比增长8.5%，涨幅创1981年12月以来最高纪录。英国3月通货膨胀率达7%，为30年来最高水平。英格兰银行预测，通胀率年底可能涨至两位数。自去年下半年以来，欧元区通胀水平一直呈加速上扬态势，今年3月通胀率达到创纪录的7.5%，远高于欧洲央行2%的通胀目标。

当前通胀上行的宏观环境使全球债务规模持续走高，这令通胀棘手难解，易留难去。2020年是二战后全球债务飙升最大的一年，2021年债务规模高达近230万亿美元，占全球GDP的256%，即全球债务是经济总量的2.56倍。

据国际清算银行（BIS）最新评估，不断飙升的全球能源和食品价格导致近60%的发达经济体的年通胀率超过5%，这是自20世纪80年代末以来的最高水平。50%以上发展中国家的通胀率也已超过7%。未来两年美国和欧洲大部分地区的通胀率将超过4.5%，其他许多发达经济体的通胀率将超过3.5%。BIS行长卡斯滕斯警告称："一个关键信息是，我们可能将要进入一个新通胀时代。"整体看，全球经济已从过去30年通胀"大缓和"时期步入通胀常态化时期。

俄罗斯是世界第十一大经济体以及1/6的大宗商品供应国，美西方启动全方位、无差别的经济制裁把此等规模的经济体整个排除在贸易体系之外的做法，在全球化时代是没有先例的。俄乌冲突和疫情反复深刻展现了国际政治经济领域传统安全和非传统安全风险叠加、相互加速的趋势，具有很强的外溢性、破坏性。

本轮经济全球化发端于20世纪80年代，以国际金融危机爆发为分水岭大致经历了两个阶段：前30年是高歌猛进的黄金发展期，之后则进入矛盾丛生的改革调整期。经2008年国际金融危机、2010年欧债危机、2016年英国脱欧、2018年美发动贸易战、2020年新冠疫情和2022年俄乌冲突等数轮猛烈冲击，经济全球化遭遇逆流，内在矛盾不断发酵，旧有模式难以为继，新旧力量激烈博弈。

经济全球化的主要领域是贸易、投资、金融自由化，核心驱动力是跨国公司在全球拓展生产分工网络。近年来，美西方频频、全力干预经济，持续调整供应链，引发全球经济关系混乱，迄今更以自身安全凌驾他国之上的霸权逻辑、政治逻辑取代效率优先、合作共赢的经济逻辑、利益逻辑，掀起全球产业链供应链非常规调整，支撑过去经济全球化的动力正不断受压递减。各国内顾倾向强化，单边、保护、孤立主义上升，资源民族主义抬头，发达国家泛化安全概念，致经济全球化的政治承载力持续受到削弱。

2021 年 11 月，世界贸易组织发布报告指出，2000—2010 年全球总出口年增 8.7%，2010—2019 年增速大幅放缓至 3.7%，据此认为全球价值链扩张的全盛期即"超全球化"逐步进入"慢全球化"。可以预见，未来 5 至 10 年经济全球化将步入深度调整的关键过渡期，政治、安全、军事、意识形态等因素的塑造作用将显著上升。世界经济进入低速增长期，增量有限，存量博弈必将更加激烈。俄乌冲突至今，区域与世界经济呈现出的政治化、阵营化和集团化苗头倾向正构成全球发展的最大威胁。

IMF 总裁格奥尔基耶娃警告称，俄乌冲突衍生出的一个重大新问题是，世界经济可能会分裂成不同的地缘政治集团，具有不同的贸易和技术标准、支付系统和储备货币。美国财长耶伦担忧全球经济两极分化，一边是美国及其盟友，另一边是其他经济体。

格奥尔基耶娃的警告和耶伦的担忧，将见证 2022 年之于世界经济是个变动大年。之所以"大"是因为国际经济合作、政策协调大大削弱，全球经济治理承压，全球发展断层扩大。

拜登执政后，重塑美日、美欧关系新的平衡，持续引导中美经贸摩擦转向中国与美联盟的摩擦，国际上唱衰唱空中国变本加厉，挤压中国发展空间无所不用其极。当前，应对俄乌冲突形成的美西方"反俄联盟"下一步动向，会不会演变成企图重塑全球经贸格局的新阵营，尤须密切关注和警示。

俄乌冲突爆发再次表明，威胁世界经济增长的"灰犀牛""黑天鹅"仍会不期而至。中国始终践行真正的多边主义，主张全球政治、经济等问题各归其位，回归本身，反对政治化、阵营化；积极携手各国为世界经济发展注入新动能、拓展新空间，推动世界经济秩序朝公正合理方向发展。

未来较长时期，供应链"瓶颈"都难以彻底缓解，国际金融危机以来形成的需求不振与供给调整这一对"慢变量"错配扭曲，调需求难，调供给也难。越来越多的国家和企业将在本土或本地区进行生产和分包，受压之下供应链被迫重置将拖累各国经济增长，增大供需关系调整成本，加剧世界经济内在矛盾。

资料来源：张运成. 全球供应链受阻 美国却在"剪羊毛" 俄乌冲突加速世界经济格局之变 [EB/OL]. [2022-04-25]. https://m.gmw.cn/baijia/2022-04-25/35685855.html.编者有改编。

【讨论问题】 ▶━━━━━━━━━━━━━━━━━━━━━━━━━━━━━━━━━

国际经济矛盾与摩擦复杂化还表现在全球经济层面所有国家共同面对的哪些问题上？

【参考答案】 ▶━━━━━━━━━━━━━━━━━━━━━━━━━━━━━━━━━

（1）发达国家之间经济矛盾与摩擦的复杂性在加大；

（2）发达国家与发展中国家之间的经济矛盾与摩擦在加大；

（3）全球经济失衡使国际经济矛盾与摩擦更加复杂化。

综合案例　全球贫富差距拉大呼唤更有效的全球发展治理

【案例正文】

世界正进入新的动荡变革期，新冠疫情延宕的负面影响仍未消散，甚至逐步显现，全球贫富差距历史性地扩大便是其中之一。瑞信近期发布的《2022年全球财富报告》显示，总的全球财富虽然在2021年增长了12.7%，创下其有记录以来最大增幅，但相比之下，全球最富有的1%人口的财富占比连续两年上升，从2019年的43.9%增至2021年的45.6%。财富超过5 000万美元的"超高净值人群"的数量增加了4.6万人。与此同时，今年面临极端贫困的人数至少增加了7 500万人。

世界银行最新的《贫困与共享繁荣》报告指出，2020年暴发的新冠疫情造成了1990年以来全球减贫事业的最大挫折，疫情给贫困群体造成的伤害最大：收入最低的40%人口承受平均为4%的收入损失，是最富裕的20%人口的两倍。结果就是全球不平等状况出现了数十年来的首次上升。据联合国粮农组织发布的2022年《世界粮食安全和营养状况》报告，自2020年起，全球受饥饿影响的人数大幅增加。2021年较上年增加约4 600万人，自2019年以来累计增加了1.5亿人。贫富差距拉大对非洲和亚洲特定地区，以及低收入者、女性、儿童等本已处于弱势的群体造成了更为严重的伤害。如果不能扭转此趋势，落实联合国2030年可持续发展议程将面临更大障碍。

事实上，不仅是新冠疫情，在自由主义世界经济秩序下，外部冲击通常都会对脆弱人群和欠发达国家造成不成比例的负面影响，从而拉大贫富差距。正如在当前的乌克兰危机的溢出效应中，粮食危机主要威胁的也是脆弱人群和欠发达国家，进一步恶化了全球贫富不平等。目前，全球发展治理仍存在严重赤字，外部冲击造成贫富分化的全球市场失灵现象亟须得到处理，以在全球和各国层面实现更具韧性和更加均衡的发展。为做到这一点，中国可以并且应该通过南南合作发挥更大作用。

首先，在多边层面，中国继续团结全球南方国家使减贫与发展议题重归国际议程的核心。新冠疫情和地缘冲突使一些发展中国家在民生领域面临更大困难，发达国家也有很多人陷入生活困境。更令人担忧的是，少数国家为了维护自身经济优势和技术垄断地位，将发展问题边缘化、武器化。甚至罔顾广大发展中国家发展阶段，欲将自身意志和标准推行为各国均需遵守的普遍规则，实际上为后发国家制造了发展壁垒，进一步拉大南北鸿沟。

面对全球发展资源的巨大缺口，中国提出全球发展倡议，携手构建全球发展命运共同体，并于今年9月举办了"全球发展倡议之友小组"部长级会议，进一步凝聚了全球发展共识。一方面，中国与其他新兴经济体和发展中国家一道，在联合国、世界银行、G20等多边框架下强化政策协调，携手应对全球贫困问题。中国是对外提供疫苗最多的国家，是G20"暂缓最贫困国家债务偿付倡议"中缓债金额最多的国家，还是联合国粮农组织南南合作框架下资金援助最多、派出专家最多、开展项目最多的发展中国家。另一方面，中国始终坚持在多边机制中为发展中国家仗义执言，致力于提高发展中国家在国际治理体系中的代表性和发言权，鼓励北方国家与南方国家相向而行，加强优势互补，敦促发达国家切实承担责任，为发展中国家提供更多发展资源。

其次，在双边层面，中国扩大并深化南南合作，利用自身优势打造共同富裕示范项目。对比2008年全球金融危机，新冠疫情下发达国家大幅降低了对国际发展合作的贡献。除少数国家外，绝大多数经合组织发展援助委员会成员国的官方发展援助都呈明显下降态势。与此同时，包括中国在内的新兴经济体则继续承担与自身发展阶段和实际能力相适应的国际责任，在加大投入的同时积极推动国际发展合作提质升级。

中国既是国际发展合作的受益者，同时也愈发积极主动地成为国际发展合作的贡献者。中国在今年6月召开了"全球发展高层对话会"，并承诺创设"全球发展和南南合作基金"，为加速落实2030年可持续发展议程注入了强劲动力。

中国在南南合作中着力强调高标准、惠民生、可持续目标，注重打造清洁能源、数字经济、智慧城市等合作新亮点，将"小而美"的民生工程作为高质量共建"一带一路"的优先事项；推动"交钥匙"工程向"投建营一体化"转型，推动互联互通更好地服务产业升级，从而刺激经济增长。未来中国可与其他发展中国家一道，更好地利用亚投行、丝路基金、金砖国家新开发银行等发展性金融工具，加强国际发展合作，实施民生工程，开展减贫示范，带动增收致富，关注特殊群体，帮助广大发展中国家减少贫困。

此外，在知识层面，中国应助力构建符合后发国家，尤其是最不发达国家国情的发展经济学理论体系，提升国际发展合作有效性，增强发展中国家自主发展能力。事实上，只需全球GDP的极少一部分就能使世界摆脱极端贫困，当务之急在于提升减贫工作的有效性。发达国家对其发展援助的评价，大多体现的是援助提供方的立场，而受援国的视角和话语是缺失的。传统的发展知识所坚持的援助者和被援助者二分的单向逻辑，客观上固化了发达国家与发展中国家之间的不平等关系，甚至形成了某种意义上的"知识霸权"。

在新冠疫情阴霾下，中国仍提前10年实现了联合国《2030年可持续发展议程》中的减贫目标。今年以来，中国成立"全球发展促进中心"，发布《全球发展报告》，并宣布将建立"全球发展知识网络"。为弥合南北发展鸿沟，国际发展资金和国际经贸规则需要更加符合发展中国家的现实情况，更多惠及贫困人口和最不发达国家。中国有能力也有责任为解决全球性贫困贡献知识、理论和方案，使发达国家更多地尊重发展中国家对适合自身发展道路的探索，通过更为有效的技术转移和知识分享，推动实现全球共同繁荣。

资料来源：陈兆源. 全球贫富差距拉大呼唤更有效的全球发展治理［EB/OL］.［2022-10-17］. https://baijiahao.baidu.com/s? id=1746944460165034576&wfr=spider&for=pc.编者有改编。

【案例使用说明】▌━━━━━━━━━━━━━━━━━━━━━━━━━━━━━━━━━━━━

一、讨论问题

如何遏制贫富差距继续扩大？

二、参考答案

文化方面：强化公民教育和价值观教育。公民教育和价值观对于遏制贫富差距起着至关重要的作用。加强对公民教育的投入，可以提高公民的素质和道德水平，让他们能够更好地理解社会公义、平等、互助和担当的意义，促进社会道德规范的形成和落实。教育注重人才培养的多元性，更多地关注思维能力、创新能力等实际技能的培养，以此鼓舞未来一代投身创新环保领域，推动社会经济的可持续发展。

人性方面：提高公民参与和社会责任感。支持和鼓励人们积极参与社会公益事业，培养公民的社会责任感，是遏制贫富差距的另一重要途径。对于那些经济困难的人，政府和社会应该提供更多的支持和帮助，以确保他们能够生存，同时抑制人类自私本性，以保证每一个人都能够及时回馈社会，为社会进步和人类福祉做出贡献。

法律方面：建立强有力的财产税体系。法律也是防止贫富差距扩大的关键因素之一。政府应该通过公正、透明的税收政策来调整财富的分配，特别是针对那些拥有更多财富和资产的人群。建立强有力的财产税体系，防止财富过度集中，避免相对贫困人口的窘境，激起其生活的希望和改善的信念，同时可以刺激企业创新和投资，推动经济发展。政府应该通过法律保护弱势群体的利益，确保公共资源的公正分配和保护，以维持社会的稳定。

经济方面：建设公平、包容的社会环境。经济方面是遏制贫富差距的最主要途径之一。政府应该采取一系列措施，如加强对贫困人群的资金、技术和就业支持；改善教育、医疗基础设施建设等公共服务领域，以提高公民整体生活水平；引导和优化投资结构，促进企业整合和转型升级，以增强整个经济体系自身的可持续发展能力。同时，应加强国际合作，减少发展中国家在经济上受到的剥削和压迫，增加全球财富的合理分配和再分配的机会。

第十一章　世界经济周期与危机的新发展

开篇案例

阿根廷金融危机的表现及根源

【案例正文】■

　　20世纪90年代以来，世界各地不断爆发货币和金融危机，如1992年的欧洲货币体系危机、1994年的墨西哥金融危机、1997年的东亚金融危机、1998年的俄罗斯金融危机、1999年的巴西金融动荡等。这些金融危机都是从货币危机引发的，而后逐渐发展成全面的金融危机、经济危机和社会危机，有的还导致政治危机和政府更迭。这些危机通过贸易渠道、金融渠道和心理预期等多种方式对其他国家产生了程度不同的影响。

　　2001年11月30日，阿根廷爆发剧烈的银行挤兑潮，当日，银行存款被取走13亿美元。面对金融危机，政府被迫实行限制居民提款和限制资金外流等金融管制措施，加剧了金融恐慌，引发了蓄势已久的社会不满情绪和矛盾。12月13日，政府宣布推迟发放140万名退休人员的养老金，引发全国性大罢工，各地出现暴乱和抢劫。12月18日，在全国各地发生了大规模的社会骚乱、游行示威和流血事件（28人在冲突中丧生），200多家华人开办的商场遭劫。12月20日，出任总统两年多的德拉鲁阿和经济部长卡瓦洛引咎辞职。23日，萨阿出任临时总统。29日和30日，成千上万的阿根廷人聚集到总统府周围，敲打锅碗瓢盆，抗议政府限制银行提款、冻结外汇往来等金融管制措施。30日凌晨4时，激进的示威青年冲进议会大厦众议院议会大厅，焚烧议员座椅、沙发等，示威者投掷石块与维持治安的警察发生激烈冲突，31日，萨阿总统被迫递交辞呈。接替萨阿的参议院临时议长普艾尔塔仅仅出任总统两个小时就以健康状况为由宣布辞职，众议院议长卡马尼奥出任临时总统，执掌权力到2002年1月3日新总统杜阿尔德上任为止。这样，阿根廷在短短的不到两周的时间内，政府频繁更迭，总统换了五任，令人眼花缭乱，创下世界政坛的一项吉尼斯纪录。1月14-15日，阿根廷多个省份发生大规模暴动。2月18-20日，成千上万的阿根廷民众涌上街头，抗议政府的金融管制措施。3月27日，首都贫民冲击哄抢10多家超市。到了6月，阿根廷爆发了上百万人的大规模示威游行。

　　阿根廷爆发的这场危机产生了强烈的"多米诺骨牌效应"，不但影响了拉美国家的经济发展，致使巴西、乌拉圭（银行体系濒临崩溃）、巴拉圭、委内瑞拉、哥伦比亚、秘鲁等国发生了金融动荡、使拉美经济继20世纪80年代债务危机之后再次遭到重创，而且对整个世界金融业和经济发展也造成了影响。2002年10月联合国发表的《世界经济展望》报告明确指出，阿根廷危机是造成2002年全球经济不景气的重要因素之一。

【涉及的问题】■▬▬▬▬▬

阿根廷银行危机爆发的原因是什么？

思政案例

资本主义经济周期与世界政治的百年轮回

作为一种经济制度和生产方式兴起以来，资本主义的演进就是繁荣与萧条、衰退与扩张不断循环往复的历史，西方宏观经济学理论称之为商业周期，而马克思主义政治经济学则将商业周期中持续时间较长的深度经济萧条或衰退称为"经济危机"。纵观18世纪晚期以来的历史，经济危机像幽灵一样一直伴随资本主义的发展并周期性爆发。随着凯恩斯主义倡导的国家干预和宏观调控在各国实施，商业周期的时间在拉长，但由于市场经济的自发性，商业周期本身，包括其中的经济危机并不能从根本上加以消除。起初，经济危机还主要是各国的国内现象，而随着世界经济越来越一体化，一国（特别是大国）发生的经济动荡往往对整个世界经济体系产生影响，20世纪以来的商业周期和经济危机具有明显的世界性。而世界性经济危机则会带来重大的世界性政治后果：一是在相关国家内部引发社会与政治危机，改变其内外政策，并因此影响国际政治；二是打击自由民主资本主义模式的声望和吸引力，刺激新的替代性发展道路和制度模式的出现；三是改变大国之间的力量对比，重塑地缘政治与国际关系格局；四是冲击既有国际规范，甚至导致国际秩序的根本性变革。

近一百年来，资本主义世界爆发三次世界性经济危机，即20世纪30年代的经济大萧条、20世纪70年代的滞胀危机和2008年的金融危机，其中30年代大萧条和2008年金融危机对世界政治的影响尤为巨大。

20世纪30年代的世界经济危机带来深远的国际政治后果。在美国，经济危机直接导致奉行自由放任原则的共和党下台，民主党上台执政。富兰克林·罗斯福政府运用国家权力对经济实施深度干预，扩大联邦政府的权力，改变了政府与市场、国家与社会的关系；在对外关系领域则放弃了20年代有限的国际主义，转而奉行经济民族主义和孤立主义，大幅度减少对国际事务的参与。在德国，经济萧条引发大规模的抗议和罢工，最终导致魏玛共和国的倒台和纳粹党的上台。纳粹党上台后，在国内推行所谓的"民族社会主义"，对经济实行全面管制；煽动种族主义和极端民族主义，对犹太人进行歧视和迫害；对外则试图冲破凡尔赛体系的束缚，以武力在欧洲组建以德国为中心的封闭经济圈，走上对外侵略和扩张的道路。在日本，经济危机导致出口锐减、工人失业、农民破产，以自由主义为导向的开明政治发生逆转，右翼和军国主义势力上台，对内煽动种族主义和极端民族主义，对外放弃与英、美协调的路线，并试图通过在亚洲大陆的武力扩张来缓解危机。

20世纪70年代中期，资本主义世界经济危机的主要表现是经济低速增长及高失业率与通货膨胀并存，即滞胀。这次危机虽然也波及诸多国家，但经济衰退程度远没有30年代大萧条时那么大（在衰退最严重的时候，美国GDP的萎缩也未超过4%，失业率最高峰时在10%左右），对各国国内政治和国际关系的影响也不如30年代那么剧烈。

但是，20世纪70年代的滞胀危机仍然对主要国家外交政策和国际关系产生了一定的影响。在美国，由失业率和通胀率加权得出的痛苦指数在卡特时期达到战后最高值，美国人对其制度和未来的信心遭受沉重打击，陷入卡特总统所说的"信心危机"之中，"失去统一的目标"，失去对政府的信任，失去对未来的信心。由于滞胀危机、水门事件和越战失败的一系列打击，70年代的美国成为政治上失去方向、国际舞台上表现虚弱、道德上迷茫混乱的国家，处在由彷徨、悲观和怀疑构成的"虚弱无力"（malaise）的状态。而这种"虚弱无力"强化了尼克松总统执政初期开启的战略收缩，使美国人更加不愿意干预国际政治，承担所谓的"领导义务"。美国的战略收缩导致苏联在国际事务中更加大胆，并成为苏联入侵阿富汗的一大诱因。

2008年金融危机对世界经济的损害虽然不如20世纪30年代那么严重，但超过了20世纪70年代的滞胀危机，与美国发动的代价高昂的阿富汗战争和伊拉克战争一起，在21世纪初期引发巨大的社会和政治后果。当前国际形势种种变局的根源大多可从这场世界性经济危机的后果中找到。

金融危机对主要资本主义国家内政的影响主要体现在贫富分化和社会不平等的加剧以及民粹主义的兴起。危机后上台的一些政党将危机的根源归咎于冷战后不加控制的全球化进程和跨国资本的剥削，开始推行贸易保护主义和经济民族主义，强调本国利益优先和至上，排斥外来移民和少数族裔。金融危机造成的国内后果与日益泛滥的身份政治相互激荡，加深了以美国为代表的主要资本主义国家的社会撕裂和政治极化，并因此增加了这些国家的治理困难。美国"特朗普现象"的出现、法国右翼民粹势力的壮大以及英国"脱欧"进程的曲折反复，都或多或少与2008年金融危机衍生的后果有关。

如果说20世纪30年代大危机颠覆了一战后国际秩序赖以建立的基本理念并最终导致凡尔赛-华盛顿体系的解体，2008年金融危机则使第二次世界大战后美国主导建立的自由主义国际秩序陷入深刻的危机之中。2008年金融危机打击了冷战结束后在西方盛行的乐观主义情绪和国际主义观念，越来越多的人对美国大力推行的自由贸易原则和全球化议程产生怀疑，美国社会内部自由国际主义共识已经瓦解。

金融危机与代价高昂的反恐战争一起削弱了美国的实力，降低了美国维持自由主义国际秩序的意愿和能力，特朗普上台后实施的贸易保护主义、单边主义政策和退出国际组织的行为不仅未能巩固这一秩序，反而对其构成巨大破坏。而新兴国家的崛起对美国主导建立的国际秩序也构成不可忽视的挑战。二战后建立的延续 70 多年的自由主义国际秩序正处在风雨飘摇之中，国际关系存在"失序"的危险。

民粹主义泛滥和极端民族主义复兴，民主制度衰退和威权主义得势，权力政治回归与大国竞争再起，国际规范崩塌与国际秩序瓦解。这是我们正在目睹的世界图景，世界政治历经近百年仿佛又回到 20 世纪 30 年代。这一百年轮回的最深刻根源在于资本主义发展周期，每次世界性经济危机都会给世界政治带来深刻变化，然后人类又逐渐走出危机，重回"正轨"。从这一视角来审视当前正在经历的"百年未有之大变局"也许能让我们对这一变局的理解更加透彻，同时也更能给我们自己带来一份冷静与从容。

资料来源：王立新. 资本主义经济周期与世界政治的百年轮回［J］. 世界历史，2020（6）：18-23.

11.1　经济周期理论及世界经济周期的内涵

11.1.1　世界经济周期的内涵

------- 案例 1 -------

领悟世界经济大周期和资本的秘密，才懂未来

【案例正文】▮

2022 年 1 月，美国 CPI 创 1982 年来新高，但美国 GDP 增速同样创 40 年来新高，表明美国经济已经强劲复苏，或者是虚假的繁荣——类滞胀。新冠疫情所致经济危机和 2008 年次贷危机一样，都是美联储先降息降准、接着量化宽松扩债扩表、最后加息缩表，药方一样，不过药量加大了。货币供给总量与货币流速人为加大，并且扩债加杠杆，于是撬起了 GDP。通过货币政策和财政政策，美国 GDP 一顿急救后开始又一轮繁荣与衰退，为什么会这样操作呢？还有更好的逆周期操作办法吗？

世界各国拯救危机的套路大同小异，都是货币放水、扩债扩信贷增加放款加杠杠，还有如大基建和直接向居民发钱等直接财政支出刺激手段，事实上都是围绕着货币这一核心来运转，而不是直接解决贫富差距过大、资本过剩投资效益下滑等这些根本矛盾，了解世界近三百年的大周期和资本生成积累的秘密，你就会明白未来大趋势，以及如何改变命运。

第一，全球经济大周期。

梳理近三百年来人类社会的发展，从社会结构与组织上看，从士农工商到商士工农。在西方，商人的地位首次超过士，商人用金钱取得士的强权治权，金钱社会确立，资本治权诞生，开启生活方式的革命，这一切都源于经济基础的改变。资本主义的生产力来自三个主要要素：科技、资源和管理。资源要素包括人力资源和自然资源都是一国禀赋，教育可以开发人力资源，人的智慧通过教育与思想解放能提升科学技术。科学知识是精神活动认知，是思考探索，技术是实践结果，靠的是不断重复实验和总结。

科技周期一般为40年左右，不超50年，从第一次工业革命到第二、第三次工业革命都是如此，一个国家发展周期差不多也是40年左右，所以国家发展周期与科技周期紧密相关。中国在近40年的发展中完成了第一、第二、第三次工业技术革命，但社会结构与组织尚未完成转变，社会自治能力与法治都还滞后。科技是第一生产力。目前中国科技周期与全球科技周期同步，都在向第四次科技革命努力进军，目前信息技术已到尾声，人工智能时代、无人工厂都在加速来临。

2008年次贷危机，是硅谷的智能手机救了华尔街，而不是美联储印钞机。苹果市值超过PC互联时代的微软，华尔街加了杠杆的过剩资本先后被摩托罗拉、朗迅、英特尔、微软、苹果、脸书、高通等股票吸纳，如今新能源汽车的特斯拉正接替苹果，美股市反映的是美国经济的晴雨表。个人与家庭两大主力消费品：手机与汽车，吸纳着最多资本，科技也在这两大产品领域不断开花结果。

汽车与手机造就了近二十年的经济繁荣，手机与PC等信息终端是信息社会的载体。汽车支撑了一百年的工业基础，手机也将支撑未来很长一段时期信息产业，而芯片是基础原材料。在科技周期内，经济小周期是资本周期，资本周期由金融周期决定，金融周期由债务周期决定，而债务周期由货币周期决定，表现为央行的政策。

所以在40年科技周期内，经济循环就是看货币周期，企业和个人、政府都在顺周期与逆周期操作中加减杠杆。通俗地讲，就是借债和减债，繁荣期效益好，企业减债；危机萧条期，企业会增加负债，政府会扩大负债加大财政投入搞基建。美国罗斯福新政搞基建，现在搞现代货币理论，是发钱。扩债时要降息，给资本降利息成本，危机度过后，经济重新复苏则要加息。美联储加息要看两个指标：就业率和通胀率。就金融周期推动GDP增长来讲，接下来会有二次经济增速下滑，2022年下半年，美国GDP就会二次下滑。中国2021年下半年GDP增速破5，是之前过早去杠杆的结果，在稳增长措施后，能否加速要看国际经济环境。

社会大周期以百年计，第一次工业革命40年科技周期后，工人群体扩大，工人与资本家产生矛盾，地主与农民之间的矛盾成了次要社会矛盾。第二次工业革命40年周期后，第一次世界大战相互摧毁工业产能，历经20年动荡后，社会主义国家出现。接下来第二次世界大战，民族革命风起云涌，殖民地纷纷独立解放，自大航海以来的殖民帝国主义寿终。科技革命空白期意味着战争与革命，其中战争包括冷战与热战，其间还会爆发大大小小的金融危机。

世界发展依靠或者说动力，首先是科技革命和管理革命，其次是资本。如今是科技革命空白期，经济发展只能靠债务周期。债是花明天的钱，货币通过债务扩张从而无中生有，没有债务就无法扩大货币流通量。资本正是从债务与货币中转化而来。

第二，资本的秘密是资本的杠杆、积累和转化。

现代产业资本严重依赖扩张加杠杆，是金融资本派生产业资本，再不像早期金融资本那样由产业资本派生。早期工业社会工厂繁荣扩张带动了银行，在资本过剩时代，是扩债印钱直接扩张金融，由金融向虚拟经济和实体再扩张。

办工厂搞房地产，企业的资金不是靠私有积累，而是靠借债，恒大集团39亿能搏2万亿，加杠杆到极限，在任何社会和国家，能拿到杠杆的人都是非富即贵，平民的杠杆不过按揭买房、借贷消费。事实上，政府也是靠加大杠杆来推动GDP增长，只有扩债GDP增长，税才能增长，财政供养能力才会增长。因为，并非每个国家都能实现科技创新，并非每个企业都能靠科技垄断获取最大资本收益率，有的靠劳动剩余价值，靠廉价劳力，有的靠资源垄断，靠扭曲市场的行政权力。

最后总结一下，如今大周期，是金融周期决定GDP增速，平民百姓保值资产的方法，不是加杠杆，而是保住现金流，持有房产、股票，等待繁荣期。这期间，面对失业潮，一份稳定的工作相当重要。

中国为稳增长会加杠杆，而加过高杠杆的美联储要减杠杆，3月美联储就要加息缩表。调整贫富差距意味着向富人加税，会遭到既得利益集团的阻拦，这是一个艰难博弈的过程；而扩债则要容易得多。

资料来源：老农观市.领悟世界经济大周期和资本的秘密，才懂未来如何折腾［EB/OL］.［2022-02-10］.https://baijiahao.baidu.com/s? id=1724348288482121596&wfr=spider&for=pc.编者有改编。

【讨论问题】■
世界经济周期的内涵是什么？
【参考答案】■

世界经济周期，是指世界多数国家的总体经济活动有规律地扩张与收缩的交替波动过程。这里所说的经济收缩是指经济危机或经济衰退。现在，西方国家通常将国民生产总值（或国内生产总值）连续两个季度下降作为一次经济衰退发生的标准。周期性经济高涨的顶点即危机前的最高点，通常被称为"峰尖"，危机的最低点通常被称为"谷底"，"峰尖"和"谷底"均为经济周期进程的转换点。在计算经济增长的时间长度时，西方国家通常是将经济走出危机"谷底"到"峰尖"，即直到下一次衰退发生以前的一段时间都作为经济增长时期，实际上其中包括了危机过后的经济萧条和复苏阶段。

------------------------------ 案例2 ------------------------------

如何借助经济周期大势实现阶层跃升？

【案例正文】■————————————————————————

最近的十年，我们感觉阶层的跃迁异常艰难。很多90后、00后，甚至选择了"躺平"，不愿婚也不愿育。这是因为阶层的跃迁除了要依靠自身的努力和出身，更重要的是借助经济周期这样的大势。

自从1978年改革开放以来，中国一大部分农民出身的无产阶级，通过知识改变命运或是靠勤奋经营抓住了世界经济第五个长周期的繁荣期，实现了阶层的跃升。一些60后和70后，在他们40岁左右，也就是2008年全球金融危机之前实现了资本的积累，完成了阶层的跃升。一部分人进入到了富产阶层，一部分人进入到了中产阶层。部分80后也抓住2016年前中国经济繁荣期，实现资本的积累，完成阶层的跃升，进入中产阶层。而对于90后和00后，在他们26岁左右职业发展的黄金期，中国经济进入到了衰退期。如果家庭没有前期积累的话，他们的发展会非常艰难。因此，出现了"躺平"不愿婚育的情况。

我们所说的世界经济周期，是指自工业革命以来，世界经济经历的四个完整的长周期。每个长周期大约50年，前25年通常为繁荣期，后25年为衰退期。世界经济大约是从1980年开始进入了以IT核心，技术为特征的第五个经济周期。在2008年金融危机之前，世界经济进入了第五个长经济周期的衰退期，而中国经济大约是从2000年，进入了第五个长经济周期性，而在2020年因为疫情的原因提前进入到了衰退期。

在这样的经济周期的大势面前，不同年代出生的人有着不同的发展机遇。说到这里，90后，00后可能会感觉到非常绝望，因为他们失去了阶层跃升的机会；60后和70后可能会感觉到很庆幸，因为他们在经济进入衰退之前完成了资本的积累。实际上未必如此，因为在经济衰退期，经济秩序会出现巨大的破坏和不确定性。即便是60后和70后，如果不能够控制经济周期当中的资产风险，有可能一夜会回到解放前。而90后和00后如果能抓住经济衰退期低价的资产抄底机会，有可能弯道超车，实现阶层的跃升。因此唯一正确的事情是，掌握经济周期的发展规律，控制风险，抓住机遇。

资料来源：佚名. 什么是经济周期？如何借助经济周期大势实现阶层跃升？［EB/OL］.［2022-05-20］. https://baijiahao.baidu.com/s？id=1733269066200679363&wfr=spider&for=pc.编者有改编。

【讨论问题】■————————————————————————

经济周期按照时间长短及其原因如何分类？

【参考答案】■━━━━━━━━━━━━━━━━━━━━━━━━━━━━━

（1）基钦周期；

（2）朱格拉周期；

（3）库兹涅茨周期；

（4）康德拉季耶夫周期。

11.2 二战后世界经济周期的进程与特点

11.2.1 二战后世界经济周期与经济危机的主要特点

━━━━━━━━━━━━━━━ 案例1 ━━━━━━━━━━━━━━━

第二次世界大战后最严重最持久的经济危机

【案例正文】■━━━━━━━━━━━━━━━━━━━━━━━━━━

由于资本主义内部矛盾的制约，第二次世界大战后资本主义世界的经济一直呈现出发展与危机、繁荣与腐朽两种状况与趋势。50、60年代，由于长期存在一个稳定的由美国建立起来的资本主义政治经济体制，也由于科学技术的蓬勃发展，加上国家干预经济，实行刺激消费需求的膨胀型的经济政策，资本主义国家经济出现了一个前所未有的"黄金时代"。

从1945年到1974年这30年间，西方国家工业产值平均增长率为4%，其上升速度高的可达6%到8%，有的国家，如日本曾达到10%以上，最低时是2%。特别是20世纪60年代到70年代中期这段时期，资本主义经济的发展尤为迅速，几个主要发达资本主义国家的国内生产总值，每年平均的增长率达5%，其中最快的是日本，要超过这个平均数的一倍。面对这一"起飞奇迹"，一些资产阶级政客和经济学家认为，资本主义经济进入持续发展的阶段。

但是好景不长。到了20世纪70年代中期，西方经济发生了急剧的转折，上述推动西方经济增长的基本因素，逐渐走向反面。1973年到1975年，在石油输出国大幅度提高油价的触发下，一场席卷整个资本主义世界的经济危机爆发了，这一场危机刚刚喘过气来，1980年又爆发了新的危机，到1982年底进入谷底，资本主义经济长期陷入"滞胀"状态而不能自拔。

从1974年到1981年初、工业增长率按年平均不到1%，几乎是零增长，上升速度最高的是1%，下降幅度大的为负2%到3%，甚至达到负3%到5%。1981年到1982年，资本主义经济继续下降。许多经济学家称这种危机为"滞胀"。

1973年到1975年危机期间，各主要资本主义国家工业生产持续下降的时间和幅度都超过了前几次危机。美国的工业生产下降15.3%，英国下降11.6%，法国下降 16.3%，联邦德国下降 11.4%，日本下降 20.8%。在这次危机期间，生产能力出现严重过剩的现象。

美国制造业的设备利用率从 1973 年 7 月的最高点 88% 下降到 1975 年 3 月的 69.6%，下降幅度为 20.9%；日本制造业的开工率在 1973 年 11 月到 1975 年 2 月的危机期间下降了 23.4%。同时，主要资本主义国家的股票价格普遍下跌，企业破产的数字急剧上升，银行倒闭，失业人数剧增，美国、日本、联邦德国、英国、法国、意大利这些国家的失业人数达到 1 300 万。其中美国最多，从 411.6 万人猛增到 825 万，失业率从 4.6% 上升到 9.1%。这次危机爆发的同时，通货膨胀和物价上涨也在迅速发展。1974 年与 1973 年相比，消费物价上涨的幅度，美国为 11.4%，日本为 24.2%，英国为 15.6%，法国为 14.2%，联邦德国为 6.7%，1975 年又有增长。

从 1975 年下半年到 1978 年，各主要资本主义国家相继度过前一段的危机高潮阶段，生产开始回升，如美国福特政府继续采取国家干预经济的办法，用大幅度减税和膨胀信用的政策刺激个人消费，再加上私人住宅建筑业的兴旺，使经济形势稍有好转。但与以往不同的是，生产增长速度缓慢，甚至停滞不前，危机阶段过后，萧条阶段较长，复苏阶段不明显，通货膨胀继续上升，失业率仍然很高。

各主要资本主义国家并没有出现生产投资高潮，美国、法国和联邦德国的工业生产直到 1976 年下半年和 1977 年的上半年，才先后恢复到危机前的最高水平。日本和英国的工业生产回升步履更加艰难。一直拖延到 1978 年上半年才勉强踏上了危机前的最高点。

从 1979 年下半年到 1982 年年底，各主要资本主义国家还未来得及喘过气来，一场新的危机又开始了。这一次危机是在整个资本主义经济"滞胀"状态下爆发的。1979 年 7 月，危机在英国首先爆发，次年 2 月，美国经济在经过将近一年的起伏波动后，也陷入了危机的深渊，接着，其他一些资本主义国家也相继遭到危机的袭击，美国工业生产在危机期间下降 11.9%，日本下降 4.3%，英国下降 14.8%，联邦德国下降 12.2%，法国下降 7.4%。

这次危机造成了严重的后果：通货膨胀越来越厉害，不少国家通货膨胀率达到两位数，美国 1980 年消费物价上涨幅度达 13.5%。失业人数大量增加，美国失业率达到 10.8%，失业人数增至 1 200 万的高峰，英、法、联邦德国的失业率分别达到 12.5%、8.2%、8.5%，整个共同体在 1982 年的失业人数达到 1 200 万人以上，企业纷纷倒闭，美国 1982 年倒闭的工商企业为 25 346 家，联邦德国达到 1.2 万家。

这次危机延续了三年多时间，对资本主义国家产生了深远的影响，各国贸易战、金融战越演越烈，一些外债沉重的国家经济受到激烈冲击，有的国家还出现了严重的政治动荡和社会问题。

资料来源：康康读书. 二战战后最严重最持久的经济危机［EB/OL］.［2021-11-13］. https://baijiahao.baidu.com/s? id=1716308416387422108&wfr=spider&for=pc.编者有改编。

【讨论问题】 ■━━━━━━━━━━━━━━━━━━━━━━━━━━━
第二次世界大战后世界经济周期和经济危机的主要特点是什么？

【参考答案】 ■━━━━━━━━━━━━━━━━━━━━━━━━━━━
（1）世界经济周期的同期性趋于加强；
（2）周期变形现象普遍存在；
（3）生产过剩的经济危机与财政金融危机交织并发；
（4）周期复苏时间拉长；
（5）结构性危机与周期性危机交织在一起。

------------------------------- 案例2 -------------------------------

全球经济遭遇自第二次世界大战以来最严重的衰退，如何开启下一轮经济周期？

【案例正文】 ■━━━━━━━━━━━━━━━━━━━━━━━━━━━

新冠疫情造成全球经济自第二次世界大战以来最严重的衰退。即使全球疫情在2020年7、8月份得到控制，未来的全球经济走势仍具有不确定性。

从近期国际机构的预测看，2020年全球经济下降幅度很可能会达到6%。但也要看到，人类每一次危机都孕育着新的技术变革和发展机遇。同样，在这次疫情中，以数字技术为基础的新产业、新业态、新模式异军突起，成为对冲经济下行压力的"稳定器"，展现出强大的抗冲击能力和发展韧性。

在疫情冲击下，世界主要国家都更加意识到发展数字经济的重要性和紧迫性，对信息技术投入和政策支持力度明显加大。可以预期，数字经济将开启新一轮经济周期，成为后疫情时期经济复苏的引擎。

近年来，我国数字技术发展尤为活跃，向生产生活领域和公共治理领域广泛渗透，数字经济异军突起，在经济下行中逆势上扬，成为一道靓丽的风景线。我国现在已成为数字技术投资大国，大数据、人工智能、自动驾驶等数字技术领域的风险投资位居全球前列，孕育全球三分之一的独角兽企业，数量仅次于美国。移动支付规模居全球第一，7家互联网企业市值跻身全球20强。

疫情期间，线上零售、线上教育、远程办公、视频会议等，丰富了5G应用场景，进一步推动大数据、人工智能、物联网、区块链等技术创新与产业化应用，展现出巨大发展潜力，有效对冲了经济下行压力。

面向未来，抓住"数字复苏"的战略机遇，推动我国经济的数字化、智能化转型，不仅将创造大量投资机会，有效拓展国内需求，还将推动技术创新和产业变革，形成更多新的增长点和增长极。

"数字复苏"，就是要利用大数据、人工智能、物联网等新一代信息技术，推动产业变革，有效拓展生产可能性边界，突破近年来产业结构服务化带来的经济增长结构性减速，为经济发展拓展新空间。"数字复苏"还可以促进经济转型，把应对疫情冲击转化为推动转变发展方式、优化经济结构、转换增长动力的机会。可以说，后疫情时期推动经济复苏和新一轮增长周期，必将是数字经济加速发展的过程。

后疫情时期，全球经济必将迎来新一轮创新高潮，大数据、人工智能、物联网等，将构建新的产业生态，重新定义全球分工和比较优势，形成更强大的创新活力，并对人类生产生活方式产生广泛而深刻的影响。

抓住"数字复苏"的战略机遇，为经济发展培育新优势、注入新动能。我们应顺势而为，抓住"数字复苏"的战略机遇，加大数字技术研发力度，推动产业数字化转型和创新发展，重建产业链竞争力，占领数字经济时代国际竞争制高点，为经济发展培育新优势、注入新动能。

资料来源：佚名. 全球经济遭遇自二战以来最严重的衰退，如何开启下一轮经济周期？[EB/OL]. [2020-07-03]. https://baijiahao.baidu.com/s? id=1671149902467712632&wfr=spider&for=pc.编者有改编。

【讨论问题】■━━━━━━━━━━━━━━━━━━━━━━━━━━━━
发挥数字经济在新一轮经济周期中的引领作用，必须采取哪些更有力的举措？

【参考答案】■━━━━━━━━━━━━━━━━━━━━━━━━━━━━
第一，制定"数字复苏"发展战略。围绕新型基础设施建设、关键核心技术研发、产业数字化转型等进行战略规划，引导市场主体广泛参与，形成政府与企业推动数字经济发展的合力。

第二，加快推进新型基础设施建设。在传统基建中，政府是主要投资方，融资渠道比较单一。在新基建中，要鼓励市场主体广泛参与，推动政府和社会资本合作，以更好对接终端需求，提高投资效率和技术先进性。

第三，加强关键核心技术攻关。加大研发投入和攻关力度，解决基础软件、高端芯片、核心元器件等关键核心技术"卡脖子"问题。同时，也要在人工智能、机器人、量子计算等新兴前沿领域提前布局。

第四，加快制造业数字化转型。推进企业数字化改造，发挥龙头企业数字化转型的示范引领作用，带动产业链和中小企业数字化水平提升。

第五，实行包容审慎监管。监管不仅要关注数字平台的行为，更要关注竞争机制是否有效、竞争秩序是否有序，同时也要注重保护消费者合法权益。

第六，加强对数据产权的合理界定。对个人数据、政府数据及商业数据的产权进行分类界定，促进数据安全自由流通，为培育规范的数据交易市场创造条件。

第七，加强数字化人才培养。通过高等院校调整专业设置、加强职业技术培训等手段，加强数字化人才培养，为数字化转型提供人才储备。

11.3　影响二战后世界经济周期与危机变化的主要因素

11.3.1　政府对经济生活的全面调节和干预对世界经济周期与危机的影响

------------------------------ 案例 ------------------------------
最后防线：2008金融危机反思录，政府干预是否是救命稻草

【案例正文】

现在的金融体系已经和最初的金融系统完全不一样。最早的金融机构主要是银行，是一种募集资金的方式，银行业把社会上闲散的资金集中在一起，更有利于从事大规模需要资金的各种建设活动。可以说没有银行这种金融机构就不会有我们整个现代社会。铁路建设就是一个明显的例子，这不是任何一个个人或者公司可以完成的任务，只有在银行的推动下集中所有的社会资金才能完成这一创举。

现在的金融体系更多服务于消费金融，是一个靠着信用评价体系而形成的二级市场，是鼓励把未来的资金提前用来消费的金融模式。而这是一个非常不稳定的金融体系，在金融机构中所取得的资金绝大多数都被放贷出去以换取更多的利润。为了刺激金融市场的高速发展，金融机构偏向于把更多的资金放出去来换取利润，这就是所谓的借贷行为，银行的资金有借贷才有利润。而大量资金借贷出去后，如果借贷人的资质出现问题，或者整个消费市场信心出现问题，就会出现严重风险。借贷方无法及时还贷，而出资方又急于兑换现金，金融机构的挤兑风潮就出现了。金融机构资金短缺问题就会暴露无遗，甚至把金融机构推向倒闭的边缘。

美国2008年的次贷危机就是这样发生的。次贷就是把资金借给了借款资质不佳的那一部分人。而当他们出现大面积违约时，整个金融机构的崩盘就出现了。金融机构的连锁反应就造成了2008年的全球金融危机。

在2008年，各国政府的救市行为成为其最显著的一个标志。大量资金的入市，缓解了各种金融机构的资金压力，对于一些濒临倒闭的金融公司，政府进行了全面的托管。2008年的金融危机虽然波及面非常广，影响也足够深刻，但可以在其之后短时间内快速得到恢复，政府的行为起到了非常重要的作用。但在美国这个崇尚自由主义的国家，政府的过多介入，到底是利还是弊？政府的救市行为是否涉嫌违法？未来再次碰到这种经济危机，是否有可以借鉴的经验，这些都是值得讨论的问题。

美国学者埃里克波斯纳出版了专著《最后防线：金融危机与紧急救市的未

来》，他以美国2008年金融危机为锚点，全面地回顾了这场金融危机的整个发展历程，总结经验教训，并系统阐述了在这次的金融危机中政府的作为和对于金融危机的影响，对救市行为进行了全面的分析。

政府到底是金融危机的救命稻草还是会限制金融市场的自由竞争，这是一个值得深思的问题。救市虽然在短时间内解决了当前的问题，但留下来的问题也依然很多。而且可能会让金融机构产生错觉，因为有了这个最后的救命稻草，金融市场可以放心追求更高的利润，而不用注意风险。这就偏离了金融救市的初衷，也会造成金融市场更大范围的风险，救市行为一直都是一把双刃剑，其中的关键点也需要检讨。

埃里克在这本书中，把政府救市作为一个单独的对金融市场产生影响的因素提出并分析，给金融市场指出一个探讨的方向。金融对于我们生活的影响日益深远，在这庞大的体系中，任何一个小小的点都有可能带来不一样的理解，任何从不同的角度分析金融市场的行为都值得推荐，更何况政府对于金融市场的影响不是一个可以忽略的因素，因此值得探讨。

资料来源：佚名. 最后防线：2008金融危机反思录，政府干预是否是救命稻草［EB/OL］.［2021-05-24］. https://baijiahao.baidu.com/s？id=1700614393771733895&wfr=spider&for=pc.编者有改编。

【讨论问题】 ▬━━━━━━━━━━━━━━━━━━━━━━━━━━━━

第二次世界大战后各国政府对国民经济进行调节和干预时最常用的手段是什么？

【参考答案】 ▬━━━━━━━━━━━━━━━━━━━━━━━━━━━━

财政政策和货币政策。

11.3.2　信用经济高度发展对世界经济周期与危机的影响

------------------------ 案例 ------------------------

金融危机的根本原因是信用危机

【案例正文】 ▬━━━━━━━━━━━━━━━━━━━━━━━━━━━━

信用危机的直接原因是信用过度扩张。信用危机的主要表现是：商业信用和银行信用遭到破坏，大量存款从银行提出，大批银行倒闭，商业信用需要减少，借贷资本的需要大大超过供给，利息率急剧上升。

第二次世界大战以前，信用危机（credit crisis）一般是伴随周期性生产过剩危机产生的。由于工业繁荣时期商品价格上涨和利润优厚，大量信贷被投机者用来从事投机活动，信用膨胀大大超过生产的增长。而当生产过剩的经济危机爆发时，大量商品滞销，商品价格急剧下降，生产停滞，市场萎缩，信用就会急剧收缩。在这种情况下，债权债务的连锁关系发生中断，整个信用关系就会遭到破坏，从而出现信用危机。不仅周期性的生产过剩危机引起了周期性的信用危机，而且信用危机也加深了生产过剩危机。商业信用的停顿使过剩商品的销售更加困难，银行信用的混乱更加加重了过剩商品的销售困难，从而使生产过剩危机趋于尖锐化。除了由资本主义生产过剩的经济危机引起的周期性信用危机之外，还有一种主要是由战争、政变、灾荒等原因引起的特殊类型的信用危机。例如，1839 年英国出现的信用危机就是由农业歉收引起的。特殊类型的信用危机一般不具有周期性质，只表现在金融市场的个别环节上，如交易所、利息率和货币流通方面。

第二次世界大战以后，随着国家垄断资本主义的进一步发展，资产阶级政府加强对经济生活的干预，推行赤字财政和信用膨胀政策，从而使信用危机趋于复杂化。信用危机不只是发生在周期性生产过剩的危机阶段，往往延续到萧条、复苏、高涨各个阶段，取得了一种既与生产过剩经济危机相结合但又相对独立的存在形式。在生产过剩经济危机爆发时，资产阶级政府推行扩张性的财政和货币政策，增发纸币，放宽信贷，降低利息率，借以刺激投资，结果造成纸币供应量大大超过流通中的实际需要量，从而使信用危机表现为经常性的通货膨胀和物价上涨。

到了 20 世纪 30 年代，信用危机从金融领域蔓延到整个经济领域。1929 年 10 月 28 日，这个不祥的日子在美国以及世界金融史上一直被人们牢记。在这一天，纽约证券市场股票价格猛跌，正式揭开了美国金融危机和世界经济危机的序幕。这次危机来势迅猛，爆发后迅速从证券市场蔓延到整个金融体系，从金融危机发展成经济危机，从美国发展到整个资本主义体系，危机给美国经济和世界经济极其沉重的打击，以致整个 30 年代美国经济都没有完全恢复过来。1929 年的危机其深度和广度，在当时是空前的，时至今日也是绝后的。

1933 年春，美国又爆发了信用危机的新浪潮，存款大量提取，银行资金周转不灵，发生挤兑风潮，又有 4 000 家银行倒闭，引起资金外逃，联邦储备银行黄金储备锐减，于是美国不得不放弃金本位，美元贬值。其他国家的货币也纷纷贬值，截至 1936 年底，欧、美、亚、非、拉几大洲就有 44 个国家货币先后贬值，几乎没有一个国家得以幸免。截至 1933 年底，全世界有 25 个国家停止偿付国债，这也是世界经济史上绝无仅有的现象。

而目前，从国际国内的金融市场正在经历着"百年一遇"的震荡，雷曼兄弟公司破产的后续影响以最快的速度波及了中国。

受此影响，沪深两市再度大幅下挫，沪综指一度直逼 1 800 点整数关口。不仅是中国股市，全球各资本市场在最近这两天都经受着崩溃式的下跌，全球金融市场弥漫着一片恐慌气氛。而这一切的始作俑者是美国的次贷危机，是由此引申的信用危机。

美国政府不救雷曼，却不得不挽救美国最大的保险机构 AIG，随着雷曼的倒下，AIG 的财务状况继续恶化，4 月 19 日、20 日，该股股价暴跌 61% 和 21%，危难之际，美国政府再度出手相助，美联储授权纽约联邦储备银行向陷于破产边缘的AIG提供850亿美元紧急贷款，美国政府届时将持有该集团近80%的股份，正式接管这家全球最大的保险巨头。美国政府之所以救助AIG而非雷曼，是因为AIG的破产将给极其脆弱的金融市场带来更大的冲击，提高市场的借贷成本，对经济增长产生实质性危害。

从美国政府对待雷曼和AIG的态度上，我们可以清晰地看到金融市场中信用体系的崩溃。中秋节前退出对雷曼整体收购计划的英国第三大银行巴克莱银行，在雷曼宣布破产后又表示要出资17.5亿美元收购雷曼在北美的投行业务，贝恩资本、Hellman & Friedman和克杜瑞三家私人股权公司也参与了雷曼投资管理业务的竞购，雷曼破产后不得不将此业务全部出售，除此以外，摩根大通公司也向雷曼提供了1 380亿美元贷款，帮助其继续开展证券经纪业务。

这一切为什么不在雷曼破产前进行？因为信用体系的崩溃，在风险面前，大家都抱着明哲保身的态度，谁也不愿意对谁施以援手。这一点从银行间借贷情况也可窥见一斑，在欧洲和美国，银行间的借贷行为几乎陷于停顿状态，所谓的泰德价差，即3月期伦敦银行同业拆息与美国短期国债利率之间的利差，突破了3%，高于1987年黑色星期一股市暴跌后的收盘水平，投资者争先恐后地从所有有风险的机构或行业中撤离。

综上所述，我们得到一个结论：当代金融甚至经济危机的根本原因是信用危机！

资料来源：佚名. 当代金融危机的根本原因是信用危机［EB/OL］.［2021-04-20］. http://credit.shaanxi.gov.cn/393/96291.html.编者有改编。

【讨论问题】
为什么当代金融危机的根本原因是信用危机？

【参考答案】
市场经济本质上是信用经济。信用关系的高度发展和向全球扩展，使金融作为现代经济核心的作用进一步强化。信用膨胀和信用萎缩不仅是经济处于不同周期阶段的特征，而且往往还成为导致经济周期波动的直接原因。资本主义经济史一再证明，信用扩张是不可能永远持续下去的，为了避免恶性通胀，中央银行迟早会紧缩银根。

综合案例　全球百年经济变局下的"危"与"机"——新的需求周期是否到来？

【案例正文】
一、百年经济变局意味着什么？
百年未有之大变局，也意味着全球经济的大变局，这表示全球分工、贸易、各国经济发展模式、政策都可能与以往不同。在此背景下，全球经济更加脆弱，规则也发生变化，但这同样意味着未来经济"破茧成蝶"的机会在孕育。

一方面，全球价值链或将面临更加剧烈的调整，短期分工和贸易将受到冲击，全球债务和地缘问题产生风险；另一方面，全球分工变化、气候变化，以及"第四次工业革命"的进展都将使全球面临新一次的产业升级和投资周期，熊彼特将之称为"创造性破坏"。在创造性破坏中，找到"创造性"的"机"，避免"破坏性"的"危"，就是我们本篇报告的主题。

二、"危"：全球分工、经济政策、全球治理规则都将发生变化

（一）全球分工体系的变化：全球化亟须升级，产业链面临重构和转移

上一轮经济全球化和分工模式可以用经济学家劳尔·普雷维什的中心-外围理论（Core and Periphery Theory）概括。以美国为代表的发达国家居于"中心"，以中国为代表的发展中国家和新兴经济体居于"外围"。发达国家通过直接投资和产业链整合，将产业链中的低端部分转移到"外围国家"；发展中国家凭借自身的组合优势承接了国际产业转移。随着"外围国家"学习能力的增强，发达国家的产业转移也逐步升级，由低端走向中高端。因此，发达国家向发展中国家转移的产业越来越多，从发展中国家进口的产品线越来越长，而发展中国家从发达国家进口的产品线越来越短。

（二）政策端：全球货币政策正常化和财政整固失败，财政政策开始主导周期

经济新变局下，全球经济周期或将呈现两个新特征：（1）低利率。发达国家日本化，长期实际利率为负；（2）财政刺激将成为主要调控经济手段。此背景下，过去发达经济体通过货币政策引领周期，财政政策只做自动稳定器的模式开始转变，研究框架需要进一步的完善和升级。

1.低利率：长期实际利率为负——货币政策调控周期能力大幅下降

2008年次贷危机之前，发达国家的宏观经济稳定政策几乎仅集中在货币政策上，这使得我们只需关注美联储的货币政策和其他发达国家货币政策跟随情况，就可以基本判断整个的经济周期过程。

2.财政政策：由自动稳定器转为主动工具，开始主导发达国家经济周期

在2008年金融危机之前，美国和其他发达国家经济周期主要由货币政策引导，财政政策主要起到自动稳定器的作用。主要过程就是，经济衰退时，政府税收会自动减少，导致总需求增加；经济过热时，收入增加，税收会随个人收入增加而自动增加，抑制经济繁荣。同时国家的福利保障制度也使得在经济衰退时，居民生活得到保障。但按照IMF前首席经济学家布兰查德和美国前财长萨摩斯（Blanchard &；Summers，2020）的观点，税收和支出结构决策只是一个偶然结果，并不能带来宏观经济的稳定，也就是不能影响经济周期。这样财政对周期的影响基本不会被市场分析者所关注。

（三）全球治理结构变化：引致通胀、供应链和货币结算风险，人民币国际化的现实意义被加强

2022年俄乌冲突导致了全球大宗商品价格的剧震，甚至影响了国际复苏趋势的走向和各国的经济政策。新冠疫情和地缘问题加速了当前全球分工和秩序结构的演化过程，只不过新冠疫情是外因，未来可能消退；而地缘问题是内因，实质是之前经济分工和秩序结构不稳定以及金融市场不稳定导致的结果，我们需要关注其对于经济主体产业结构的长期影响。

从长期看，此次地缘问题带来的结果有两个：一个是，加大了各个国家对本国产能投资的数量需求，加速了绿色能源的更新速度。以美国、欧洲为代表的各大国都将加速摆脱对于其他国家能源和战略性大宗商品的依赖。2022年3月25日，美国和欧盟委员发表共同声明，致力于减少欧洲对俄罗斯能源的依赖，预计绿色能源和核能的利用率会上升。而我国，双碳任务也将是个长期的必然过程和现实需要。而除工业端外，农业问题也是持续被纳入到中央经济工作会议的重点内容。就此，"能源""战略金属""粮食"的投资需求是需要持续关注的重点问题。

三、"机"：绿色能源、技术革命下的产业重构

经济变局下"危"与"机"始终并存，我们关注绿色能源、产业重构、技术革命带来的增长机会并作出梳理。国内工业绿色发展规划、美国"重建更好未来"，欧盟"下一代欧盟计划"及其拓展，日本"新资本主义"政策，以及未来"第四次工业革命"的发展建设路径都值得我们关注。需要额外强调的是，发达国家在制定财政刺激计划时，都表达了需求刺激大部分要留在本地的诉求，这可以理解为财政端"以邻为壑"的政策，因此贸易溢出的效果可能不大，而对于投资建设的需求或将加强。

（一）绿色能源革新、建设带来的产业升级，拉动投资需求

2020年4月10日，中央财经委员会第七次会议，习近平总书记提出构建以国内大循环为主体，国内国际双循环互相促进的新发展格局。

2021年10月26日，国务院印发《2030年前碳达峰行动方案》，明确了2030年前实现碳达峰的路径。

2021年12月3日，工业和信息化部关于印发《"十四五"工业绿色发展规划》，预期到2025年，规模以上工业单位增加值能要求降耗13.5%，粗钢、水泥、乙烯等重点工业产品单耗达到世界先进水平。绿色环保产业产值预计将达到11万亿元。

（二）产业结构重构下，各国的财政和产业政策变化

1. 美国："基础设施投资法案"与"重建更好未来"计划，穆迪估计能够拉动美国GDP 1.8万亿美元。

2. 欧元区：关注"下一代欧盟"复兴计划及之后的财政改革路径，相关政策或在今明两年密集推出。

3. 日本：新资本主义，强调财政刺激和收入分配。

4. 东南亚：未来全球经济发展重心，成为各国对外投资的重点领域。

（三）"数字化"和"人工智能"引领的新的技术革命带来的增长需要和曙光

2020年12月，习近平总书记在《求是》杂志第24期发表重要文章，其中引用了施瓦布先生在《第四次工业革命》的内容。文章表示，世界经济面临的根本问题是增长动力不足。创新是引领发展的第一动力。与以往历次工业革命相比，第四次工业革命是以指数级而非线性速度展开。我们必须在创新中寻找出路。

迄今为止，全球共发生了三轮具有革命性的技术变迁，亦被称作科技革命或工业革命。当前，各国的基本共识是，我们将迎来的"第四次工业革命"，是科技革命和产业变革，网络化、数字化、智能化与产业融合。这对于中国、德国、日本等拥有或强或大的工业体系的国家而言，无疑是一次难得的机遇，也是未来全球经济增长的曙光。

第四次工业革命是由人工智能、生命科学、物联网、区块链、机器人、量子物理、新能源、新材料、智能制造、虚拟现实等一系列创新技术引领的范式变革。这场革命正将数字技术、物理技术和生物技术三者有机融合，日益消除网络空间、物理空间和生物空间之间的界限。跟过去的工业革命类似，当今的这场革命正在对若干技术突破进行整合，其中包括物联网（IoT）、人工智能（AI）以及分布式账本技术（DLT）等。然而，它的技术发展和扩散的速度，以及对人类社会影响的深度和广度，又是前三次工业革命远远不能相比的。

资料来源：中信期货研究. 全球百年经济变局下的"危"与"机"——新的需求周期是否到来？[EB/OL].［2022-05-12］. https://view.inews.qq.com/a/20220512A04DPN00？refer=wx_hot.编者有改编。

【案例使用说明】

一、讨论问题

中国如何应对世界经济百年变局？

二、参考答案

从需求侧看未来经济发展，需要区分总需求扩张的两种不同方式，即通过政府债务扩张需求和通过私人部门债务扩张需求。疫情以来，中美在供给侧受到的冲击比较类似，需求扩张的方式则明显不同。主要差别在于美国是财政扩张，中国是信贷扩张。这也导致中美两国货币投放方式的不同：美国是财政投放基础货币，中国是银行信贷投放派生货币。这两者有什么不同？其实是政府债务和私人部门债务的差异。要扩张总需求，应该选择增加政府债务还是私人部门债务呢？二者都有副作用。政府部门债务扩张太快了，容易带来通胀问题；私人部门债务扩张太快了，会带来资产泡沫和债务风险。政策要做到平衡很不容易。2007-2008年，美国私人部门债务扩张太快曾导致次贷危机，之后政府加强金融监管，私人部门去杠杆，债务逐渐转移到政府部门。目前一些负面的影响开始显现，就是通胀问题。中国处在私人部门债务过度扩张后的调整阶段，需要化解债务风险和房地产泡沫。因此，中国的需求扩张需要从信贷向财政转换，经济增长要更多从财政政策借力。

加强货币与财政政策协同。当前中国应采取"紧信用、宽财政、松货币"的政策思路。这里的"紧信用"不是指通过加强宏观审慎监管来紧缩银行信贷,而是指在金融周期下行阶段,由于风险偏好下降,市场主体自发的信用紧缩动能。在市场自发的信用紧缩环境下,应该通过货币和监管方面的扶持来促进信贷扩张,但更重要、更有效的方法是通过货币放松来促进财政扩张,以抵消信用紧缩对总需求的影响。

第十二章　人口、资源、环境与世界经济可持续发展

开篇案例

全球日益严峻的环境问题

【案例正文】▌

北极圈里的爱斯基摩人看着不断融化的冰川，高兴得手舞足蹈，因为冰川下沉睡了数千万年的石油、矿产将会带给他们更加富裕的明天；而远隔数万公里的图瓦卢人，却越来越日夜难眠，北极不断融化的冰川就像一个个巨型炸弹，随时都会将他们轰入海底永远再难见蓝天。断裂的高速公路，火山的爆发，濒临死亡的北极熊，被淹没的地球⋯⋯这不只是出现在电影《2012》中的场景，气候变化已经成为21世纪全球面临的最严重挑战之一，由全球变暖造成的自然灾害和温室效应，使太平洋地区已经有数十个岛国面临消失的厄运，而今后数年内环境问题还可能导致某些地区人口大迁移、能源短缺以及经济和政治动荡。

【涉及的问题】▌

什么是可持续发展？

思政案例

绿色制造典型案例：成长中的绿色环保"小巨人"——凯美特气

当您品味"可口可乐""百事可乐""娃哈哈"，畅饮"青岛""百威"之时，可知其中添加了绿色环保的"凯美特气"？

这种"凯美特气"，便是湖南凯美特气体股份有限公司生产的食品级液体二氧化碳。

湖南凯美特气体有限公司致力于回收利用石油化工企业排放的尾气，生产的产品不仅有食品液体二氧化碳，还包括干冰、氩气、氮气、氢气、甲烷气、一氧化碳等其他气体，是国内工业气体回收利用领域的龙头企业。目前，按照公司战略规划和市场需求，公司已经进入稀有气体生产经营领域，取得了高端气体生产的一系列突破性进展和成就。

公司依托化工工业尾气回收，倡导循环经济和绿色化工，是湖南省重点支持的资源综合利用和环境保护友好型示范企业，先后荣获全国五一劳动奖状、高新技术企业、著名商标企业、湖南省省长质量奖等荣誉。2019年公司承接的工业尾气（废气）综合利用循环经济标准化试点项目通过国家发改委、国家标准委专家组评估验收，成为国家第一批循环经济标准化示范企业。2019年6月，工信部授予公司为第一批国家级专精特新"小巨人"企业，被誉为绿色环保"小巨人"。

"凯美特气变废为宝，发展空间大，市场前景好，希望借助大局大势，加大研发，把企业做大做强，地方党委政府也要优化发展像凯美特气这样的绿色环保'小巨人'企业。"湖南省副省长、时任岳阳市委书记黄兰香专程前往该公司调研，寄予鼓励和厚望。

公司秉持"成为全球最大的高品质二氧化碳供应商"的愿景、"闭路循环，吃干榨尽石化尾气，打造绿色环保、生态高效的循环经济的绿色工厂"战略计划和"不与社会争资源，不与国家抢能源"的理念，缔造"凯美特"民族品牌。公司回收来自上游的尾气（废气），以"3R"原则（减量化、再利用、再循环）为核心，经过CO_2提纯技术、H_2回收利用技术、稀有气体分析提纯技术、LNG\LPG生产技术等核心技术，生产出的一部分产品如干冰、液体二氧化碳、液氧和液氩等出售，一部分产品再转入下游进行深加工，还有部分产品与上游单位合作，返回上游循环利用，属于典型的绿色循环经济模式。通过严格的生产工艺控制和完善的管理体系保障，公司生产的产品满足国家对产品中有害物质限制使用的要求，各主要生产工序能耗满足国家、行业或地方发布的能耗限额标准中的限定值要求；同时公司对单位产品碳排放量进行盘查，再采取相应的减排减碳措施，减少二氧化碳排放量，持续改进。

回顾凯美特公司的成长之路，有着割不断的石化"血脉情缘"：原隶属于巴陵石化公司，1991年6月成立，2001年成为中石化系统首批改制分流企业，2007年10月经商务部批准变更为股份公司。公司目前已在湖南岳阳、安徽安庆、广东惠州、福建福源、海南洋浦等地设立尾气回收工厂。

凯美特气公司持续关注"绿色工厂"创建，将该工作纳入公司总体生产和经营战略，进行科学合理的规划，从合规合法经营、重视基础设备、加强管理体系建设、减少资源能源投入、关注产品绿色化、加强环境保护等几方面着手，明确发展目标，从环保、节能、循环经济、低碳、产品等方面加强建设，推进企业持续性的绿色低碳发展，为"美丽中国"建设，实现"中国梦"，做出企业应有贡献。

资料来源：岳阳市人民政府.绿色制造典型案例之四：成长中的绿色环保"小巨人"——凯美特气［EB/OL］.［2020-07-02］. http：//www.yueyang.gov.cn/ztxx/58817/58818/58819/content_1723313.html.编者有改编。

12.1 世界经济发展中的人口问题

12.1.1 人口增长与经济发展之间的矛盾

------ 案例 1 ------
2022 年世界人口统计

【案例正文】■

7 月 11 日是世界人口日，联合国在 2022 年 7 月 11 日发布了《世界人口展望 2022》的报告。这份报告预测称，2023 年印度将成为世界上人口最多的国家，人口数量预计将在 2050 年突破 16 亿。

2022 年 11 月 15 日，联合国宣布，全球人口突破 80 亿。同时，世界人口增长速度正在放缓，2020 年人口增长率自 1950 年以来首次降至 1% 以下，预计 2030 年世界人口将达 85 亿，2050 年达 97 亿。

2022 年世界人口最多的地区集中在东亚和东南亚，人口数量达 23 亿，占全球人口的 29%，中亚和南亚人口则占全球 26%。报告还称，2050 年人口增幅最大的地区将集中在非洲、南亚和东南亚地区，例如刚果（金）、埃及、埃塞俄比亚、印度、尼日利亚、巴基斯坦、菲律宾和坦桑尼亚等国。

报告中称，人口增长的部分原因是死亡率的下降以及预期寿命的提高，2019 年，全球平均预期寿命为 72.8 岁，较 1990 年增加近 9 岁。报告中预测，到 2050 年，全球平均寿命将达到 77.2 岁。2020 年，全球人口增长率自 1950 年来首次低于 1%，世界人口正以近 70 年来最慢的速度增长。

根据联合国的报告，许多国家的生育率近几十年来显著下降，世界人口增长率在 2020 年降至 1% 以下，为 1950 年以来首次。预计在 2022 年至 2050 年间，61 个国家或地区的人口将减少 1% 或更多。报告预测，全球 65 岁及以上人口的比重将从 2022 年的 10% 增长至 2050 年的 16%。届时，65 岁以上老龄人口的数量将是 5 岁以下儿童人口数量的两倍，且与 12 岁以下儿童的数量相当。

资料来源：李志伟. 联合国：世界人口达到 80 亿［EB/OL］.［2022-11-23］. http：//world. people.com.cn/n1/2022/1123/c1002-32572159.html.编者有改编。

【讨论问题】■
在全球化的条件下，如何解决中国资源环境问题？

【参考答案】■
一方面，需要利用两种资源、两个市场，与国际合作共同治理；另一方面，走节约型社会、走循环型经济的可持续发展之路。

------- 案例 2 -------
日本的人口老龄化与经济发展问题

【案例正文】

日本自 1990 年劳动年龄人口占比达到顶峰后进入快速老龄化，1996 年劳动年龄人口（15~64 岁）开始负增长，随着生育率的继续下降，2009 年总人口负增长。在人口老龄化和负增长的三十多年时间里，日本实际 GDP 几乎零增长，名义 GDP 是负增长，日本被经济学界当作长期停滞（secular stagnation）的典型案例。

人口问题的第一个冲击是在供给侧导致潜在增长水平的持续下降。日本潜在增长率自 20 世纪 80 年代的 6% 左右下跌到 90 年代初的 3%，再跌到新世纪的不到 1%，其根本原因就在于人口问题。人口问题对供给侧的直观影响就是劳动力数量的减少，由于人均 GDP=劳均 GDP×劳动年龄人口占比，在劳均 GDP（GDP/劳动力数量）不变的情况下，老龄化会直接导致人均 GDP 下降。

人口问题对供给侧的另一个经常被忽视的影响是技术。日本在 20 世纪 90 年代陷入长期停滞，这恰恰是第三次信息技术革命在全球如火如荼的时期。日本信息技术之所以落后，同政策失误有关，但根本在于人口问题。可以想象，一个充满老年人的社会，如何需要那些有着各种新奇功能的智能手机呢？另外，在传统制造业也可以看到日本的衰落。例如，日本的机器人技术曾经是全世界一流，但机器人的普遍使用却是在人口众多的中国。一个人口老龄化、人口负增长的社会可以有很多以往人口红利时期继承下来的发明专利，但这些专利只有在人口众多、人口年轻的经济中才会变成推动经济增长的现实动力。至于新的发明创造就更不要指望了。

人口问题的第二个冲击是在需求侧使得总需求的持续萎缩。研究人口老龄化问题的经济学家过去都忽视了人口问题对总需求的影响。在日本长期停滞的三十年时间，经济总支出平均增速仅为 0.5%，资本形成更是负增长。

人口问题造成总需求萎缩的原因非常直观，因为老年人的消费一定少于年轻人。尤其是耐用消费品和住宅，在老龄化的社会都属于很容易过剩的商品。例如，在住房方面，根据日本政府的数据，2018 年日本住房空置率已经高达 13.6%。既然商品过剩，生产这些商品的机器设备厂房也都将过剩，因而不会有新的投资，投资就成了总需求中萎缩程度最大的成分。

人口问题的第三个冲击是持久的通货紧缩。在三十多年停滞的过程中，日本一直经历着痛苦的通货紧缩。三十多年来，日本的核心 CPI 是负增长，耐用消费品价格和土地价格下跌一半。安倍曾经希望通过所谓的"三支箭"（刺激的财政政策、货币政策和结构改革）来提高物价水平，但无济于事。

持久的通货紧缩表明，日本的总需求萎缩得比总供给更快。那么，为什么日本扩张了三十年的财政货币政策不能使经济摆脱通货紧缩呢？这有三个原因：其一，政策的方向错误，日本扩张的货币政策买了财政发行的国债，财政又支出给不消费的老年群体；其二，总量的货币政策无法改变结构性的物价下跌，即耐用消费品和土地价格的持久下滑；其三，由于投资需求萎缩，私人部门不愿借贷，因而信用难以扩张。

人口问题的第四个冲击是利率水平的持续下降，乃至零利率和负利率。日本货币市场利率自1995年就跌到零附近，2015年安倍晋三实施"三支箭"后迅速变为负利率，甚至连长期国债收益率也跌到零以下。利率的持久下滑不仅仅是货币政策操作的原因，其决定因素还是资本回报率和经济潜在增长率。在一个人口老龄化、人口负增长的社会，资本投资的回报率必将不断下降，这决定了整个利率中枢不断下降。

人口问题的第五个冲击是房地产价格的暴跌。日本房地产泡沫破裂的1990年恰恰是日本劳动年龄人口占比达到顶峰、开始进入快速人口老龄化的年份，此后，日本房价地价就一蹶不振。房地产泡沫破裂与人口结构拐点的重合并非巧合，美国次贷危机也发生于二战后婴儿潮一代退休、人口拐点出现的2007年。

房地产价格会因人口问题暴跌，但股市和汇市未必。股市方面，虽然日经指数尚未回到1990年水平，但较2009年的最低点位已经涨了4倍多。股市之所以迥异于房市，一则是因为日本央行的低利率政策，由于股价=未来现金流/利率，再糟糕的公司业绩，也无法抵挡零利率、负利率对股价的支撑；二则是因为股票总有人买，而房子终究会没人住。汇市方面，自1995年迄今，日元对美元处于一个微微升值的态势，其原因之一就是人口问题对供求两侧的不对称冲击：受冲击最大的是内需，在供给侧尚有比较优势的情况下，日本长期维持着经常项目顺差。

人口问题的第六个冲击是财政负担和政府杠杆率的持续上升。1990年泡沫破裂后，由于人口问题，加上需要以扩张政策支撑经济，日本财政赤字就不断扩大。2020年，日本政府杠杆率就已经达到近300%，远高于美国、欧元区等主要经济体。日本也是实践MMT（现代货币理论）的典范，得益于日本央行无止境购买国债的政策，日本财政的利息支出在过去十年未升反降。

然而，日本财政政策最大的问题在于支出结构。在日本财政支出中，最大的科目是给予老年人的社保支出，并且，这一支出不断增加。相反，能够提高技术水平、能够让年轻人受益的教育科研支出在过去20年里没有丝毫增加。这种财政支出结构也是日本技术进步落后于美国、欧洲和中国的原因之一，年轻人愈发没有希望，愈发缺乏创新动力。这种支出结构难以改变，因为老年人越来越多，执政党的党魁自己也年近花甲，更要讨好老年选民。

资料来源：殷剑峰. 人口问题案例——安静、干净和没劲的日本，首席经济学家论坛[EB/OL].［2021-05-12］. https://finance.sina.cn/2021-07-26/detail-ikmxzfmm1913373.d.html.编者有改编。

【讨论问题】

据联合国发布的《世界人口展望2022》预测，中国最早可能在2023年出现人口负增长。中国应如何积极应对人口老龄化？

【参考答案】

第一，在制度方面，从加快建立覆盖全民、城乡统筹、权责清晰、保障适度、可持续的多层次养老保险制度，到健全老有所医的医疗保障制度，再到构建老有所学的终身学习体系、推行终身职业技能培训制度。

第二，在社会意识方面，在全社会开展人口老龄化国情教育、老龄政策法规教育，引导全社会增强接纳、尊重、帮助老年人的关爱意识和老年人自尊、自立、自强的自爱意识。

12.2 世界经济发展中的资源问题

12.2.2 世界水资源问题

------ 案例 ------
全球决战淡水危机

【案例正文】

随着全球人口的迅速增加和人均收入水平的提高，全球淡水资源紧缺的局面正在逐渐显现。如果不采取节水措施，2050年全球淡水需求量将增长两倍，给淡水供应带来极大压力。

21世纪将是水的世纪。20世纪初，国际上就有19世纪争煤、20世纪争石油、21世纪争水的说法。第47届联合国大会更是将每年的3月22日定为"世界水日"，号召世界各国对全球普遍存在的淡水资源紧缺问题引起高度警觉。从全球范围来看，根据联合国统计，全球淡水消耗量20世纪初以来增加了约6~7倍，比人口增长速度高2倍，全球目前有14亿人缺乏安全清洁的饮用水，即平均每5人中便有1人缺水。

在人口众多且干旱肆虐的不发达国家或发展中国家，供应充足淡水成了一项特别艰巨的挑战，因为这些地区水的需求量高而供给量低。尼罗河、约旦河、黄河、恒河等河流不但超负荷供水，近年来甚至出现了经常性断流。在新德里、北京和其他许多蓬勃兴起的大都市，地下水位也都明显下降。

即使在发达国家，淡水资源短缺问题也越来越普遍。以美国为例，最近发生的严重干旱，让佐治亚州北部和美国西南大片地区的许多城镇陷入了用水恐慌。米德湖（Mead Lake）和鲍威尔湖（Powell Lake）就是两个最明显的例子。这两个人工湖的湖水都引自早已超负荷供水的科罗拉多河。湖水中的碳酸盐会凝结在湖边峡谷两岸的山壁上，记录下每年的水位高度，就像用久的浴缸壁上会出现层层水垢痕迹。从这些记录中可以看出，两个湖的水位都在持续下降，当年的高水位如今已经高悬在峡谷山壁之上了。

估计到2025年，全世界将有近1/3的人口（约23亿）缺水，波及的国家和地区达40多个，中国是其中之一。中国被联合国认定为世界上13个最贫淡水的国家之一。我国淡水资源总量名列世界第六，但人均占有量仅为世界平均值的1/4，位居世界第109位，而且水资源在时间和地区分布上很不均衡，有10个省、市、自治区的水资源已经低于起码的生存线，那里的人均水资源拥有量不足500立方米。目前我国有300个城市缺水，其中110个城市严重缺水，他们主要分布在华北、东北、西北和沿海地区，水已经成为这些地区经济发展的瓶颈。2010年后，我国将进入严重缺水期，有专家估计，2030年前中国的缺水量将达到600亿立方米。因此，为保证我国经济的可持续发展，淡水资源问题的解决已迫在眉睫。

科学家估计，缺水问题会变得越来越普遍，主要原因是世界人口正在增长，很多人变得更加富有（因此用水需求也大大增长），全球气候变化也会导致许多地区干旱加剧、供水量减少。此外，许多水源还受到不恰当垃圾处理、工业废弃物排放、农业化肥污染和海水倒灌等的严重威胁，导致可利用的淡水资源进一步减少。淡水短缺能够导致饥饿、疾病、社会动乱甚至武装冲突，因此，一旦对这一问题处置失当，就会引发严重的危机。庆幸的是，已知的科学技术和政策措施能在很大范围内保护现有淡水资源，并且寻找到更多的水源。我会讨论几项看起来特别有效的技术和政策，但现在最紧迫的就是实际行动。各国政府和各级主管部门必须建立和实施具体计划，实施政治、经济和技术上的各项措施，确保现在和未来几十年内的用水安全。

如果不采取节水措施，2050年全球淡水需求量将增长两倍，给淡水供应带来极大压力。

与水资源供给一样，不同地区对水资源的需求也存在很大差异。用水需求不仅会随人口总数和人口增长率的增加而增长，还会随人均收入水平的提高而增长：更富有的群体往往会消耗更多的水，特别是在城镇及工业区。富裕地区还要求提供废污水处理和密集型农业灌溉，又会增加更多的水资源消耗。在许多城市，特别是亚洲和非洲一些人口特别稠密的地区，水资源需求量正在迅速增长。如果最贫困国家的收入水平提高到目前中等收入国家的水平，并且这些国家的政府不采取特别措施限制用水，全世界用水需求量就将增长两倍，达到9 250立方千米。

2007年，国际水资源管理研究所（International Water Management Institute，IWMI）发表了一份名为《粮食用水，生命之水》（Water for Food，Water for Life）的研究报告，预言在"维持现状"的情况下，未来增长的用水需求将会给淡水供给带来极大的压力。

资料来源：罗杰斯. 全球决战淡水危机［EB/OL］.［2009-04-03］. https：//www.h2o-china.com/news/79273.html. 编者有改编。

【讨论问题】

水资源作为世界重要的资源，离不开世界人民的保护。中国的水资源利用效率和质量不高的问题仍然很严重，请查阅相关资料，提出改进中国水治理的建议。

【参考答案】

第一，强化水治理的法律基础。加快修订《水法》，通过《水法》明确水量分配原则、分配方式、分配机构以及其他相关问题。

第二，加强国家和流域层面水治理。建立一个高层次的、跨部门协调机制。改进流域管理体制，沿流域边界而非行政管理边界组建水治理机构。

第三，优化和完善经济政策工具，目前正在试行的一些政策（例如分级定价、水权交易），可以进一步结合国际经验加以推广。增强"三条红线"目标的有效性，更进一步细化水资源管理制度考核评价体系中的关键指标。

第四，加强涉水数据收集和信息共享。

12.3　世界经济发展中的环境问题

12.3.1　全球气候变暖

----- 案例 -----
机动车污染与我国新能源汽车的发展

【案例正文】

一、我国机动车污染情况

生态环境部网站发布的《中国机动车环境管理年报（2018）》（以下简称《年报》）公布了2017年全国机动车环境管理情况。《年报》显示，中国已连续九年成为世界机动车产销第一大国，机动车污染已成为我国空气污染的重要来源，是造成环境空气污染的重要原因，机动车污染防治的紧迫性日益凸显。

生态环境部大气环境管理司负责人介绍，据《年报》统计，我国机动车保有量持续增长。2017年，全国机动车保有量达到3.10亿辆，同比增长5.1%；其中，汽车保有量达到2.17亿辆，同比增长11.8%，新能源汽车保有量达到153.0万辆，同比增长50.9%。汽车已占我国机动车主导地位，其构成按车型分类，客车占88.8%，货车占11.2%；按燃料类型分类，汽油车占89.0%，柴油车占9.4%，燃气车占1.6%；按排放标准分类，国Ⅲ及以上标准的车辆占90.7%。

大气环境管理司负责人说，随着机动车保有量快速增加，我国部分城市空气开始呈现出煤烟和机动车尾气复合污染的特点，直接影响群众健康。近几年来，京津冀地区空气质量总体改善，但二氧化氮（NO_2）平均浓度下降幅度远低于其他污染物。重污染天气期间，硝酸盐是PM2.5组分中占比最大且上升最快的组分。北京、天津、上海等15个城市大气PM2.5源解析工作结果显示，本地排放源中移动源对PM2.5浓度的贡献范围为13.5%至52.1%。

2017年，全国机动车四项污染物排放总量初步核算为4 359.7万吨，比2016年削减2.5%。其中，一氧化碳（CO）3 327.3万吨，碳氢化合物（HC）407.1万吨，氮氧化物（NO_x）574.3万吨，颗粒物（PM）50.9万吨。汽车是机动车大气污染排放的主要贡献者，其排放的CO和HC超过80%，NO_x和PM超过90%。按车型分类，货车排放的NO_x和PM明显高于客车，其中重型货车是主要贡献者；客车的CO和HC排放量明显高于货车。按燃料分类，柴油车排放的NO_x接近汽车排放总量的70%，PM超过90%；汽油车的CO和HC排放量较高，CO超过汽车排放总量的80%，HC超过70%。占汽车保有量7.8%的柴油货车，排放了57.3%的NO_x和77.8%的PM，是机动车污染防治的重中之重。

另外，非道路移动源排放对空气质量的影响也不容忽视。2017年，工程机械保有量720.0万台，农业机械柴油总动力76 776.3万千瓦，船舶保有量14.5万艘，飞机起降1 024.9万架次。非道路移动源共排放二氧化硫（SO_2）90.9万吨，HC 77.9万吨，NO_x 573.5万吨，PM 48.5万吨；NO_x和PM排放与机动车相当。

大气环境管理司负责人表示，生态环境部将加快制定实施柴油货车污染治理攻坚战行动方案，全面统筹油、路、车，协同推进交通运输行业高质量发展和高标准治理，以降低柴油车污染排放总量为主线，以提升柴油品质为主攻方向，以优化调整交通运输结构为导向，以高污染高排放柴油货车为重点，建立实施最严格的机动车"全防全控"环境监管制度，实施清洁柴油车、清洁柴油机、清洁运输和清洁油品四大行动，确保铁路货运比例明显提升，车用柴油质量明显提升，柴油车排放达标率明显提升，污染物排放总量明显下降，促进城市和区域环境空气质量明显改善。

二、我国新能源汽车保持高速增长

中国汽车工业协会副秘书长陈士华表示，我国新能源汽车逐步进入全面市场化拓展期。2023年，芯片供应短缺等问题有望得到较大缓解，随着存量政策、增量政策叠加发力，配套设施加快完善，国内汽车市场将呈现稳中向好的发展态势，新能源汽车将持续快速增长。

2022年，我国新能源汽车产销分别达到705.8万辆和688.7万辆，同比增长96.9%和93.4%，市场占有率达到25.6%。仅2022年12月，新能源汽车产销分别达到79.5万辆和81.4万辆。

尽管受到芯片短缺和疫情等因素的影响，新能源汽车依旧延续高速增长，即便在产业受疫情影响较大的 2022 年 4 月，产销同比增速仍然超过四成。

细分来看，在新能源汽车主要品种中，纯电动汽车、插电式混合动力汽车和燃料电池汽车产销继续保持高速增长。2022 年，纯电动汽车销量 536.5 万辆，同比增长 81.6%，插电式混合动力汽车销量 151.8 万辆，同比增长 1.5 倍。

新能源汽车产业快速发展的同时，市场配套也不断完善。中国电动汽车充电基础设施促进联盟数据显示，2022 年 1 到 12 月，充电基础设施增量为 259.3 万台，其中公共充电桩增量同比上涨 91.6%，随车配建私人充电桩增量持续上升。中国汽车动力电池产业创新联盟数据显示，2022 年 1 至 12 月，我国动力电池累计产量 545.9 吉瓦时，累计同比增长 148.5%。天眼查数据显示，截至目前，我国有 9 200 余家动力电池相关企业，超过 57% 的相关企业成立于近 5 年内。

资料来源：1.李志强. 机动车污染已成中国空气污染重要来源［EB/OL］.［2018-06-01］. http://www.xinhuanet.com/politics/2018-06/01/c_1122925205.htm.编者有改编。

2.张辛欣. 产销连续 8 年全球第一，我国新能源汽车保持高速增长［EB/OL］.［2023-01-13］. http://www.gov.cn/xinwen/2023/01/13/content_5736715.htm.编者有改编。

【讨论问题】

随着机动汽车带来的环境问题日益严重，国家越来越重视新能源汽车产业的发展。请搜集相关资料，谈谈新能源汽车发展面临的挑战有哪些。

【参考答案】

第一，核心竞争力不强；

第二，动力系统受到制约；

第三，新能源电池安全问题；

第四，供应链抗风险能力差；

第五，新能源二手车价值链不健全。

综合案例　可持续发展典型企业：康师傅

【案例正文】

2020 年，联合国开发计划署（UNDP）在北京正式发布了一份针对企业就可持续发展目标（SDGs）认知情况的基线调研报告。此次报告是联合国开发计划署首次在中国进行的企业落实可持续发展目标调研报告项目，旨在了解企业对于联合国 2030 可持续发展目标的了解、理解以及落实可持续发展目标相关的行动，进一步提高中国企业的可持续发展意识。

康师傅控股有限公司实践可持续发展目标的案例入选了该报告。康师傅秉承可持续发展理念，在食安公益、环保、助残、"三农"、带动产业链可持续发展等领域不断付诸实践，因此得到了联合国开发计划署的高级别权威认可。

一、缔结伙伴关系，共享领先食安技术

在搭建可持续全球供应链的过程中，康师傅重视与发展中国家供应商建立互惠共赢的伙伴关系。每年定期派出专业辅导小组为马来西亚、印度尼西亚的胡椒农户讲授质量管理经验，不仅提高农业管理水平，还拉动了当地经济收入。此外，还协助巴西橙汁供应商开发橙汁的衍生产品、交流食品安全控制技术，该巴西橙汁供应商的橙汁产品全部获得雨林联盟认证（Rainforest Alliance）。

为提升行业整体食品安全管控水平，康师傅主动分享相关的知识与经验，并开放自己的技术平台鼓励上下游企业参与学习交流。康师傅重视与科研技术单位广泛合作，通过联合研发创新实践，不断寻求突破引领食品安全管控技术。

二、积极投身环保，清享现代美好生活

作为中国食品行业的领军企业，康师傅深刻理解自身运营对环境和资源的影响，并积极承担保护环境的责任。严格遵守环保法律法规，积极响应国家节能减排政策号召，完善内部节能环保管理制度，并持续加大投入，在各方面积极推进各类节能减排专案的实施。

康师傅通过淘汰低能效设备、安装水电气智能控制系统、回用中水及冷凝水等措施，不断提升资源能源使用效率。还通过安装先进废气处理系统，锅炉低氮改造、引进外网蒸汽、产品包装减塑等方式，控制污染物及温室气体排放。

康师傅针对节能降耗开展精细化管理，积极探索生产工艺中节约能源的环节和机会，持续推进和启动了多项重点节能专案，落实节能管理工作，实现能源的合理利用。2019年，康师傅每万箱产品综合能耗同比2018年度下降约5%，每万箱产品用水量同比2018年度下降约13%，温室气体排放量总量同比2018年下降约7%。

康师傅还致力于推动减少包装物材料的使用，在产品生产加工、销售流通等各环节中加强内部管理，持续寻找减少包装材料用量及一次性包材替代品的机会，以减少企业生产运营带来的环境影响。

三、践行公益力量，助力和谐社会建设

康师傅深刻理解企业的发展壮大离不开社会各界的支持，始终坚持为社会上每一个需要扶持的个人或团体提供力所能及的帮助，在传递社会温情的公益之路上大步前行。在支持残疾人就业、食安科普、水教育、体育公益、急难救助、助力"三农"等多方面践行责任，获得社会及业界的高度认可。

作为农产品深加工龙头企业，康师傅积极响应国家精准扶贫政策号召，发挥行业优势，发展农产品采购，帮助农民增收。每年康师傅购买大宗农产品数百万吨，使中国逾4 000万农民直接受益。

除了直接采购以外，康师傅还不断探索惠及"三农"新模式，康师傅在位于河北康保县的康巴诺尔建立的"环境友好蔬菜基地"是康师傅战略扶贫的一个显著成果。2019年，康师傅累计帮助康巴诺尔草原及周边地区建立蔬菜基地20万亩，收购农产品约50万吨，带动约15万农户就业。该项目推动了农业技术升级，提升农户在全国蔬菜供应市场的硬实力，促进当地农业循环经济发展，有力保障了农民增收和就业脱贫，实现精准扶贫。

尤其在2020年，面对突如其来的新冠疫情，康师傅第一时间启动了社会责任应急预案。借助遍布全国的生产基地、员工、经销商等，迅速进行全面动员，调配物资，在全国展开了"出征护航、健康是福"抗疫支援行动，向26个省、299个市的837家医院等抗疫一线的勇士送去暖心慰藉，累计捐赠价值超过1 800万元的物资。

作为民族品牌企业，康师傅此次入选权威可持续发展报告，彰显了民族品牌的实力和中国企业的自信。除报告入选内容之外，康师傅在上述多个领域都取得了很多可持续发展的成绩。

资料来源：吉翔. 入选联合国开发计划署中国企业可持续发展报告优秀案例，这家民族企业做了什么？［EB/OL］.［2020-07-24］. https://www.chinanews.com.cn/business/2020/07-24/9246878.shtml.编者有改编。

【案例使用说明】■━━━━━━━━━━━━━━

一、讨论问题

习近平总书记曾指出："我们既要绿水青山，也要金山银山。宁要绿水青山，不要金山银山，而且绿水青山就是金山银山。"请根据案例和"绿水青山"理论，谈一谈绿色发展理念的实践路径。

二、参考答案

一是加快建立绿色生产和消费的法律制度和政策导向。要建立健全绿色低碳循环发展的经济体系，大力发展绿色金融，壮大节能环保产业、清洁生产产业、清洁能源产业，推动新能源汽车、新能源和节能环保等绿色低碳产业成为我国经济发展的支柱产业。

二是加快建设循环经济示范区。要坚持创新引领、协同发展，促进资源集约利用、产业集群发展，着力培育绿色园区、绿色工厂、绿色供应链以及绿色产品。

三是建立健全科学规范的环境保护工作体系。要加强大气、水、土壤和固体废弃物的环境治理，坚决打赢污染防治攻坚战。

四是加强绿色文化宣传，倡导绿色生活和绿色消费。

第十三章　改革开放与中国经济的快速发展

开篇案例

数说新时代丨中国经济实力实现历史性跃升

【案例正文】

党的十八大以来，我国经济实力实现历史性跃升。国内生产总值从54万亿元增长到114万亿元，我国经济总量占世界经济的比重达18.5%，提高7.2个百分点，稳居世界第二位；人均国内生产总值从39 800元增加到81 000元。谷物总产量稳居世界首位，十四亿多人的粮食安全、能源安全得到有效保障。城镇化率提高11.6个百分点，达到64.7%。制造业规模、外汇储备稳居世界第一。建成世界最大的高速铁路网、高速公路网，机场港口、水利、能源、信息等基础设施建设取得重大成就。我们加快推进科技自立自强，全社会研发经费支出从1万亿元增加到2.8万亿元，居世界第二位，研发人员总量居世界首位。基础研究和原始创新不断加强，一些关键核心技术实现突破，战略性新兴产业发展壮大，载人航天、探月探火、深海深地探测、超级计算机、卫星导航、量子信息、核电技术、新能源技术、大飞机制造、生物医药等取得重大成果，进入创新型国家行列。

【涉及的问题】

改革开放以来国民经济总体上保持了持续快速发展势头，主要体现在哪几个方面？

思政案例

坚定不移推进新时代高水平对外开放

习近平总书记在党的二十大报告中强调，"中国坚持对外开放的基本国策，坚定奉行互利共赢的开放战略"，"推进高水平对外开放"。2022年12月召开的中央经济工作会议进一步强调，"坚持推进高水平对外开放，稳步扩大规则、规制、管理、标准等制度型开放"。新时代新征程，推进高水平对外开放，对于实现第二个百年奋斗目标和中华民族伟大复兴的中国梦，具有重大而深远的意义。我们要坚持以习近平新时代中国特色社会主义思想为指导，全面贯彻党的二十大精神和中央经济工作会议精神，坚定不移扩大开放，奋力开创对外开放事业新局面。

依托我国超大规模市场优势，夯实开放经济基础。未来一个时期，我国国内市场主导经济循环的特征会更加明显，经济增长的内需潜力会不断释放。要协同推进强大国内市场和贸易强国建设，促进内需和外需、进口和出口、货物贸易和服务贸易、贸易和双向投资、贸易和产业等协调发展，增强国内大循环内生动力和可靠性，赢得开放发展中的战略主动。坚持扩大内需这个战略基点，加快建设现代流通体系，全面促进消费，推动内外贸一体化，加快形成强大国内市场，更好发挥消费对经济发展的基础性作用，更好满足人民美好生活需要。继续办好进博会、广交会、服贸会、消博会、投洽会等重大展会，以国内大循环吸引全球资源要素，增强国内国际两个市场两种资源联动效应。

推动外贸外资稳中提质，提升开放发展质量。外贸外资是我国开放型经济的重要组成部分，要稳住外贸外资基本盘，推动高质量发展。外贸方面，加快建设贸易强国。推动货物贸易优化升级，协调推进新业态新模式创新发展，扩大优质产品进口。创新服务贸易发展机制，建立健全跨境服务贸易负面清单管理制度，建设国家服务贸易创新发展示范区。加快发展数字贸易，建设国家数字服务出口基地，打造数字贸易示范区，提升贸易数字化水平。外资方面，合理缩减外资准入负面清单，实施好新版鼓励外商投资产业目录，吸引更多外资投向先进制造、节能环保、数字经济、研发等领域，落实好外商投资法，依法保护外商投资权益。开放平台方面，稳步扩大制度型开放，实施自由贸易试验区提升战略，加快建设海南自由贸易港，做好高水平开放压力测试，发挥好改革开放综合试验平台作用。

深化对外经贸关系，拓展开放合作空间。深化拓展对外经贸关系，扩大同各国利益的汇合点，为我国发展创造良好外部环境。持续深化"一带一路"经贸合作，坚持共商共建共享原则，推进基础设施互联互通，支持中欧班列发展，建设国际陆海贸易新通道，高水平建设境外经贸合作区，积极推进数字丝绸之路建设。扩大面向全球的高标准自贸区网络，高质量实施《区域全面经济伙伴关系协定》，继续推进加入《全面与进步跨太平洋伙伴关系协定》和《数字经济伙伴关系协定》，推动商签更多高标准自贸协定。夯实双边合作基础，促进大国协调和良性互动，深化同周边国家经贸关系，加强与发展中国家团结合作，扩大互利共赢。

积极参与全球经济治理，凝聚全球开放共识。始终做全球共同开放的重要推动者、全球治理改革的积极贡献者。坚持真正的多边主义，坚定维护多边贸易体制，全面深入参与世贸组织改革谈判，推动贸易和投资自由化便利化，推动二十国集团、亚太经合组织等机制更好发挥作用，深入参与金砖国家、上海合作组织等机制合作，促进国际宏观经济政策协调。参与全球性议题探讨和规则制定，在贸易投资、数字经济、绿色低碳等领域，贡献更多中国智慧、中国方案，维护多元稳定的国际经济格局和经贸关系。

提升风险防范能力，筑牢开放安全屏障。越开放越要重视安全，越要统筹好发展和安全，着力增强自身竞争能力、开放监管能力、风险防控能力。坚持以开放促发展强安全，着力提升产业链供应链韧性和安全水平，在高水平对外开放中增强综合实力。加强事中事后监管，完善外商投资国家安全审查等制度，为开放发展上好"保险"。贯彻总体国家安全观，增强底线思维和风险意识，防范化解重大风险，在更高开放水平上动态维护国家经济安全。

资料来源：是说新语. 坚定不移推进新时代高水平对外开放［EB/OL］.［2023-01-24］. http：//www.qstheory.cn/2023-01/24/c_1129310188.htm.编者有改编。

13.1　改革开放基本国策的确立

13.1.1　改革开放的背景及必要性

------ 案例 ------

从人类文明演进看中国改革开放的必要性

【案例正文】▉────────────────────

按照人们通常的认知，文明的演进是随着社会实践经验的积累和人们所遭受挫折的总结而步步推进的。当前行动力缺失时，就需要通过较为激烈和明显的变革去激发新动力。中国的改革开放就是在这样的历史关键时期发生的一次剧烈的社会变革。当然，这样的社会革命不会必然地发生，其需要具备社会变革的内在需求，也需要具备社会发展自觉意识的人们主动引领社会前行。历史给了中国这样的机遇，而中国抓住了，从此跟上了文明变迁的重要节拍，实现了巨大的进步。

熟知和适应文明发展的节奏，就会逐渐掌握其内在规律，然后顺应这一规律，跟上文明演进的步伐，成为文明进程的推动者。以中国近代历史变迁作为观察视角，可以看出这样一条演进的路径：先是与现代世界完全隔离，对现代文明的发生、发展和演进全然不知，沉浸于"天下共主"的幻想之中，导致战争真正发生时无法应对，被迫进入现代文明体系，开始学习世界先进文明。在这样的历史节奏中，我们最大的问题并不是如何认识世界大势，而是如何认识自己。

早在14世纪，意大利就已经开始了文艺复兴，这是一场持续了将近200年的文化运动，旨在破除宗教专制对世俗社会的绝对统治意志，以文化为武器，大胆挑战神权专制，为后世接续的变革奠定了文化基础。到了16世纪，来自于教会内部的宗教改革运动，实现了从内而外、由上至下的社会变革，实现了政教分离，其倡导崇尚知识，鼓励通过劳动致富。社会风气逐步改善，朝着积极的方向发展，社会发展动力酝酿愈加充分。17—18世纪，欧洲发生了波及多个国家的启蒙运动，其倡导"理性崇拜"的精神，深刻地影响了世俗社会的成长。启蒙运动强调国民教化的意义和作用，更为注重人们对自然世界的认知和把握。在这一主导精神的引领下，社会发展的动力愈加有效和持续，人们认识客观规律的能力大幅提升，创造新知识的能力不断增强。博物学的兴起，让人们看到了过去看不到、想不到的壮阔世界；牛顿对物理世界运动规律的认知，大大提升了人们的认识水平；达尔文的物种进化学说，让自然界不再神秘，人类开始了对未知世界更为主动地探寻。可以说，所有这些行动和成果，都为人类认知视野的拓展提供了坚实的保障。这样，一个新的、强大的文明随之产生。

但此时的晚清政府，却与这样的世界格格不入。当1793年英国国王特使乔治·马戛尔尼带着大量的工业制品，试图打开巨大的中国市场时，遇到的却是完全不知道新世界的清政府和皇帝。中国和英国，或者说中国和新世界的和平交往机遇稍纵即逝。1800年，鸦片进入中国，逐渐泛滥成灾，既造成了严重的财政问题，也形成了严重的社会问题。最后引发了战争，开始了中国的近代历史。可以说，当时的中国是一个非常被动、严重缺乏现代文化自觉的国家。

在此背景下，中国的政治精英和知识精英开始探索进行更为深刻的社会变革，比如洋务运动、维新运动、辛亥革命等，但由于变革既没有坚实的力量支撑，也没有有效的行动方式，最终导致失败。在经历新文化运动后，中国才有了文化自觉的意识，有了更多的社会新人。所以，当抗日战争来临时，中国应对挑战的能力大幅度提升，反侵略战争也取得了伟大的胜利。事实上，战争的胜利与中国能够适应现代文明发展的要求，能接受现代文明的洗礼有密切关联。

新中国成立初期，我们是在完全没有相关经验的情况下，开启了国家现代化建设。在这样的历史进程中，新中国既积累了相当丰富的发展经验，创造了在那个时期相当难得的大量"第一"。比如第一座长江大桥、第一颗原子弹等。但不可否认，我们也有很多的教训值得总结。甚至可以说，很多的历史失误，是在封闭和远离世界剧烈的现代化新一波浪潮中形成的。隔绝封闭的发展环境使我们和世界的距离拉大了。所以，当我们再次打开国门，对世界开放时，才发现我们和世界的巨大差距。

习近平总书记强调，改革开放"是我们党的历史上一次伟大觉醒"，"是决定当代中国命运的关键一招，也是决定实现'两个一百年'奋斗目标、实现中华民族伟大复兴的关键一招"，高度强调了改革开放对中国的重要性，也表明了改革开放对世界的意义。只有将改革开放与人类文明演进的节奏深度契合，才能真正把握国家命运和时代脉搏。

资料来源：陈宇飞. 从人类文明演进看中国改革开放的必要性［EB/OL］.［2020-08-03］. https://baijiahao.baidu.com/s? id=16739870792692780375&wfr=spider&for=pc.编者有改编。

【讨论问题】

我国为什么要坚持对外开放的基本国策？坚持对外开放的目的和意义是什么？

【参考答案】 ■————————————————————————

实行对外开放，充分利用外资，放手引进先进技术，是符合人类社会发展的规律的。世界经济发展的事实表明，几乎没有一个国家不是曾经大量利用外资的，也几乎没有一个国家不是曾经利用外资而促进其经济发展的。各国间取长补短，互通有无，是国际经济发展的客观需要和必然趋势。因为，一国的资源再丰富，也不可能拥有满足自己所需要的一切资源；一国的经济技术再发达，也不可能拥有现代化大生产所必需的一切先进技术和管理经验。因此，实行对外开放是加快本国经济发展的一条捷径和必由之路；是使本国经济持续和高速发展的重要条件之一。

13.2 改革开放的历史进程

13.2.1 对外开放的历史进程

-------------- 案例 --------------
中国改革开放四十年的回顾与思考

【案例正文】 ■————————————————————————

习近平总书记在庆祝改革开放40周年大会上的重要讲话，纵贯古今、气势恢宏、博大精深，通篇贯穿着辩证唯物主义和历史唯物主义的世界观和方法论，是习近平新时代中国特色社会主义思想的最新成果，是我们党改革开放理论的全面升华，是指导新时代改革开放事业的纲领性文件。讲话对我们在新时代把改革开放不断推向前进具有重大指导意义，对推动建设开放型世界经济、构建人类命运共同体也将产生深远影响。

改革开放40年走过了光辉历程

从开启新时期到跨入新世纪，从站上新起点到进入新时代，我国改革开放顺应人民意愿，勇立时代潮头，走过了光辉历程。

一是不断优化开放布局。从兴办经济特区、开放沿海港口城市、设立经济技术开发区，到扩大内陆沿边开放，我国开放由点到线、由线到面逐步展开。党的十八大以来，我国以"一带一路"建设为重点，深化沿海开放、扩大向西开放、向周边国家开放，陆海内外联动、东西双向互济的全面开放新格局加快形成。

二是不断拓宽开放领域。从实行"三来一补"发展加工贸易，到开放一般制造业、减少服务业外资限制，外商投资领域更加广泛。党的十八大以来，我国大幅放宽市场准入，进一步扩大服务业开放，实行高水平的贸易投资自由化便利化政策，对外开放不断向深层次拓展。

三是不断完善开放体制。从下放外贸经营权，到加入世界贸易组织、清理修订完善对外经贸法律法规，与国际接轨的涉外经贸管理体制逐步建立。党的十八大以来，我国建设自贸试验区，谋划自由贸易港，全面实施准入前国民待遇加负面清单管理制度，开放型经济新体制更加健全。

四是不断促进开放共赢。从鼓励各国企业来华投资兴业，到积极主动扩大进口，对外开放让世界分享了中国机遇、中国红利。党的十八大以来，我国积极参与全球经济治理，举办中国国际进口博览会，为建设开放型世界经济、构建人类命运共同体贡献了中国智慧、中国方案。

改革开放40年留下了重要启示

习近平总书记指出，改革开放是党和人民大踏步赶上时代的重要法宝，是坚持和发展中国特色社会主义的必由之路。40年开放历程给我们留下了重要启示。

必须坚持党的全面领导。中国共产党的领导是中国特色社会主义制度的最大优势，也是对外开放取得成功的根本保障。我们党面对国际国内形势风云变幻，始终坚持对外开放基本国策不动摇，把方向、谋大局、定政策，确保了开放沿着正确方向前进。

必须坚持开放理论创新。创新是改革开放的生命，一部对外开放史就是不断解放思想、理论创新的历史。我们党深刻洞察历史规律、准确把握时代要求，因时应势提出一系列对外开放新思想新观点，实现开放理论一次次飞跃，有力指引和推动了开放实践。

必须坚持以人民为中心。为中国人民谋幸福，为中华民族谋复兴，是改革开放的初心和使命。我们党坚持在开放发展中保障和改善民生，把满足人民美好生活需要作为落脚点，让全体人民共享开放成果，不断增强人民群众获得感。

必须坚持自主开放道路。作为社会主义大国，中国对外开放没有先例可循。我们党坚持立足基本国情，摸着石头过河，既鼓励基层探索又加强顶层设计，既试点先行又全面推进，既提高开放水平又做好风险防范，牢牢把握了开放主动权。

必须坚持互利共赢开放战略。中国的发展离不开世界，世界的繁荣也需要中国。我们党坚持从更广阔的国际空间来谋划开放，积极参与和推动经济全球化，谋求包容互惠的发展前景，推动构建人类命运共同体，赢得了广泛的国际支持。

资料来源：商务部党组. 中国对外开放四十年的回顾与思考［EB/OL］.［2019-01-18］. http：//theory.people.com.cn/n1/2019/0118/c40531-30575128.html.编者有改编。

【讨论问题】◢━━━━━━━━━━━━━━━━━━━━━━━━━━━━━━

如何坚决贯彻落实党中央扩大开放的战略部署？

【参考答案】◢━━━━━━━━━━━━━━━━━━━━━━━━━━━━━━

一是深化"一带一路"国际合作。坚持共商共建共享，完善与相关国家贸易投资促进机制，实施"丝路明珠"工程，发展"丝路电商"，做优做精重大合作项目，推动"一带一路"建设走深走实。

二是打造对外开放新高地。赋予自贸试验区更大改革自主权，推动自贸试验区改革创新，推进海南全岛自贸试验区建设。探索建设中国特色自由贸易港。促进国家级经济技术开发区创新提升。

三是推进贸易强国建设。推动外贸国际市场布局、国内区域布局、商品结构、经营主体、贸易方式"五个优化"，加快转型升级基地、贸易促进平台、国际营销服务网络"三项建设"，打造中国商品、中国服务品牌。高规格高质量高水平办好中国国际进口博览会。

四是提升引进来走出去水平。推动持续放宽市场准入，保护外资企业合法权益，打造国际一流的营商环境。继续鼓励有实力、信誉好的企业走出去，打造中国投资品牌，树立中国投资形象。

五是积极参与全球经济治理。支持对世界贸易组织进行必要改革，提出中国方案，维护多边贸易体制。坚决反对贸易保护主义。在二十国集团、亚太经合组织、金砖国家等机制中提出更多经贸领域中国倡议、中国主张，推动建设开放型世界经济、构建人类命运共同体。

13.3 改革开放以来中国经济的快速发展

13.3.1 改革开放以来国民经济快速发展

案例

超级重磅，2020中国GDP破百万亿！

【案例正文】

2020年，全年国内生产总值1 015 986亿元，意味着2020中国GDP破百万亿。虽然近年来，GDP增速的问题已经被逐渐淡化，但显然，取得百万亿这样里程碑式的成绩足以让每个中国人感到骄傲。

回顾过去40年，在1980年，中国GDP还是4 587.58亿元，增长到2020年1 015 986亿元，中国的GDP增长了220倍，年均增长速度超过9%；20年前，中国GDP堪堪超过意大利，排名世界第六，2005年、2006年、2007年连续超过法国、英国、德国，更是在2010年超过日本，位居全球第二。

世界银行数据显示，中国GDP这世界经济的比重，从1980年的4.74%，提升到2019年的32.37%，中国发展实现惊人跨越，对世界经济增长的贡献率稳步提升，并成为当之无愧的引擎。

【讨论问题】

是什么原因让中国经济走出阴霾，成为全球唯一实现正增长的大型经济体的呢？

【参考答案】

一是成功的防疫举措有效遏制了疫情蔓延,确保经济社会生活很快恢复正常运转;毕竟相较于外部依然处于疫情的水深火热之中,我们的工作显然更扎实,相比较年初的人心惶惶,显然能安心地工作、生产已实属不易。

二是外部因疫情而引起混乱的供应链,中国供应链优势进一步凸显,巩固了对外出口的强劲韧性,对经济发展起到了很好的提升作用。海关总署的数据显示,2020年我国货物贸易进出口总值32.16万亿元,同比增长1.9%,成为全球唯一实现货物贸易正增长的主要经济体。显然,进出口在经历一季度大幅震荡后快速回稳,并逐季攀升,成为拉动中国经济复苏的重要引擎。

三是不论是国内居民有信心走出家门增加消费,还是国外需求提升,满足这一切的只有制造业,显然,在全球能有全供应链的也只有我们,制造业因此从年初的低谷中走出。

综合案例　改革开放四十年中国经济飞速发展原因分析

【案例正文】

改革开放四十年以来,中国经济飞速发展,国内生产总值以年均两位数的速度不断增长。中国的国内生产总值从1978年的1 495亿美元增长到了2017年的122 377亿美元,由低收入国家转变成为世界第二大经济体,仅次于美国。同样是发展中国家的印度,和中国同样位于亚洲,国内人口数量超越中国成为世界的第一。分析其国内的经济情况,1978年印度国内生产总值1 354亿美元,与同时期中国在国内生产总值上差距不到200亿美元,而到了2017年,印度25 975亿美元的国内生产总值仅相当于中国2005年的发展水平。

改革开放四十年中国经济发展迅速的原因是什么呢?

1.宏观分析

回顾改革开放四十年,中国经济体制改革研究会副会长刘万玲通过中国经济体制发生的主要变化进行了经验总结,其中包含了农村经济体制、基本经济制度、分配制度等多方面的改革变迁。在对多达11种制度的对比中,刘万玲主要是选取了1978年的经济制度和当今2018年的制度进行点对点的纵向对比,对比的角度丰富,覆盖面较为完整,但是在分析的过程中存在两个非常重要的问题。首先是忽略了时间的因素,例如财税制度的改革并不是1978年前后完成的,而是在1994年这个关键的时间节点实现了分税制,由中央统收统支到地方有自主权进行税收管理。制度的推行和宏观经济的发展往往是存在着"合适的制度要在合适的时间所推动才能得到相应的经济发展效果"关系。忽略了每一个时间节点中国所处于的世界环境、国内动态、政治因素等方面的影响,那么对于这种制度与时代的适配性就是不客观的，也难以复制推广的。其次，国内目前对改革开放以来的经济发展分析存在的通病就是缺乏实证数据分析，因为制度的改革难以参照对比组，不易得出定量的结论分析。总体来说，我认为刘万玲的研究虽然存在着缺乏时间因素和缺乏数据支撑的制约，但是至少提出了几种可能影响国内经济飞速发展的影响变量，为后续研究的计量分析提出了变量假设。

既然提到了缺乏时间因素的重要问题，那么将1978年到2018年所经历的阶段进行划分，通过中国历年来制定的五年规划分析政府对各个历史时期国内外形势的判断和经济社会发展规律的把握。北京师范大学李晓西教授围绕中国市场经济的主线，回顾改革开放四十年的收效，结合中国加入WTO积极融入全球化进程，为进一步深化改革、扩大开放提出有关对策思路。

李晓西教授整理了历年发布的五年计划或规划纲要，将改革开放过程中五个重要的时间节点罗列出来：一是1978年召开的党的十一届三中全会，党的工作重点转移到社会主义的现代化建设；二是1992年在党的十四大上，邓小平表示市场经济不等于资本主义，确立了社会主义市场经济体制的改革目标；三是2001年中国正式加入世界贸易组织（WTO），最终签署了《中国加入WTO议定书》；四是在2007年党的十七大为市场经济的地位进一步提升奠定基础；五是2013年党的十八大提出了市场在资源配置中起决定性作用。随着中国改革开放同经济社会的发展，市场在资源配置中的作用被不断强调，从单纯的计划经济到市场经济的地位不断提升。李晓西教授的分析深度和时间节点的选取明确清晰地指明了中国经济的发展和政府对市场经济地位的把握程度密不可分。在每一个重要的时间节点，政府都需要结合当时发展情况制定全新规划。2017年党的十九大隆重召开，习近平提出中国进入了新时代，并以从2020年到本世纪中叶以"两个阶段""两个十五年"来指导中国的发展。

李晓西教授将1978年至今的市场化改革进程简要划分为了四个阶段，从改革的起步、初期进展、全面推进再到进一步深化，并撰写了《中国市场化进程》。四个阶段所对应发生的改革实践，完整并有条理地叙述了自改革开放以来，政府执行的每一项工作，无论是研究的全面性还是时间的逻辑性，都让人清晰明了地看清中国经济发展的走向和成功的原因。细读文章之后，任何人都能够清晰明了地把握各个阶段的中国改革脉络，但是这个脉络之中的推进力，是否可以复制在其他的国家或是指导中国未来的发展？这种假设无从考证，或者说，李教授梳理出了现象和每种现象所带来的影响，但没有从现象中总结出经济规律。是否在某种社会环境下执行某种特定的经济制度能够使得经济飞速发展，为此宏观的统领分析在探究中国经济飞速发展的原因中便显得捉襟见肘，这时我们将眼光放到对单一领域进行深度研究，探究一种制度与经济发展的内在联系。

2.财税体制影响分析

改革开放以来，我国的财税体制相应地进行了几次变革，在矛盾浮出水面的情况下，及时调整以减少问题的出现。首先简单回顾一下自改革开放以来的几次财税体制变革。1980年，国务院颁发了《关于实行"划分收支、分级包干"的财政管理体制的暂行规定》（以下简称《规定》），实行财政管理体制改革的"划分收支、分级包干"财政体制，在这个阶段，地方政府的积极性得到了大幅提高，解决了地方政府怠惰消极的矛盾；1985年，党的十二届三中全会通过了《关于经济体制改革的决定》，国务院决定在各省、自治区、直辖市实行"分级包干、核定收支、划分税种"的预算管理体制，进一步带动地方政府大力发展经济；1988年，国务院发布了《关于地方实行财政包干办法的决定》，在试点结束之后实现了地方积极性调动的全面铺开；1994年，中国正式推行"分税制"的财政体制变革，中央财政与地方财政税收划分、中央财政与地方财政支出划分、重新确定中央财政对地方税收返还额；2011年，在"营业税"改为"增值税"的试点方案执行后，地方税向中央税便开始迈出了第一步的改革；2016年，中国全面推开"营改增"试点；2018年，国税局与地税局合并，重新划定税收分配制度。

在改革开放的宏观背景下，可以看出在经济发展出现矛盾或是到达瓶颈的时候，财税手段是解决国家经济的一大有力武器，而每一次的财税改革不一定能够直接为经济发展带来足够的增长动力，但却是保障经济正常运行乃至高速发展的重要基石。1988年实行财政包干制之后，地方政府积极性得到显著提高，却导致中央财政必须依靠地方财政的上解才能达到平衡。因此在1994年提出分税制，由中央和地方进行事权划分，确定各级财政支出范围。同时，税收制度随时间的演变，在不断地迎合时代步伐改变。时至今日，由于税收成本过高和现代技术发展等多方面影响，实现国地税机构合并是当下时代的必然要求，降低征税成本，进一步提升国内财政收入。

3.中国共产党领导影响分析

支撑着经济发展增速的重要基石除了财税体制，还有中国较为稳定的政治环境——中国共产党的领导。能够协调多党共同合作、连续执政、凝聚多方力量的中国共产党使每一条做出的经济决策具有前瞻性、连续性、战略性。这种发展政策有利于实现国民经济的长期可持续发展，而不会局限于领导人和其党派的管理任期。中国共产党和人民政府十分重视中长期战略规划，并相应采取了一系列应对措施。不仅如此，全心全意为人民服务的初心和宗旨，也是中国共产党能够快速推动中国经济发展的重要依托之一，对比西方政党所代表的利益群体，中国共产党至今不变的初心保证了改革开放总体方向和政策的正确性：把经济建设作为第一发展力，全心全意谋发展，努力实现中华民族的伟大复兴；提升民生水平，为老百姓谋福利；坚持改革开放。

4.基本经济制度影响分析

改革开放过程中，建立社会主义市场经济体制是一条重要的主线，从计划经济到以公有制为主的混合所有制经济，中国经济飞速发展的原因之一或者说是重要变量就在于经济体制的改革。

国有企业在市场化的经济改革中，行政化经营机制从计划经济体制下，慢慢扩大企业的自我管理权，同时引入国企经济责任制，随后开始了国企经济由统收统支向征收所得税的形式变革，再到探索国有企业对所有权和经营权的分离，随着时间发展，建立了现代企业制度，发展混合所有制经济。国有企业的变革在改革开放的宏图当中是不可或缺的一环。众所周知，中国经济体制以公有制为主，国有企业的发展占国内经济发展的主导地位。可以说，国有企业的效益提升是国民经济提升的最主要因素之一，同时也是公共经济、社会福利以及民生水平的重要依托。因此以下将针对探究国有企业变革对中国改革开放四十年经济发展所带来的影响进行综述。

国有企业变革的过程与其他制度的变革有所差异，经济制度的变更往往存在着时间的滞后性，而文字规范式的制度又难以进行定量分析。然而国有企业变革中因为大量涉及股权结构改革、公司治理变更、经营权和所有权的归属等一系列问题，在模型的设立与选取中存在计算的可检测性。有学者研究表明，国企改革可以减少资本生产率浪费、提高资本的动态配置效率，并对其他企业产生正向外部溢出效应，实现促进经济增长的功能。

在国有企业的发展创新路径中，可以总结归纳出几点对中国整体经济发展造成影响的重要因子：一是推进国有企业的战略性重组，二是促进股份制改革权责明晰，三是打破现有市场垄断维护市场公平竞争，四是用人制度不断完善改革。通过上述几点改革，让中国经济焕发出新活力。然而改革的过程是缓慢的，国企的改革在中国的创新改革是摸着石头过河，大中型国有企业改革进程缓慢，垄断企业改革仍需努力。国企改革在经济体制改革中占据中心地位，成败尤为重要。虽然我们党在指导国企改革的过程中遇到许多难题与阻碍，但是必须持续推进国企改革的步伐，才能进一步深化我国改革开放成果。

国有企业改革从公有制的角度出发分析市场经济体制建立的过程，而与此同时，我们同样需要重视的就是非公有制经济的形式变革，理解其发展路径，将其与公有制经济的变革相结合，才能更好地理解中国经济整体发展的成因。目前大多数研究都是以时间作为线索，通过划分阶段来阐述政策沿革。从党的十一大到今天党的十九大，每一次都是在结合中国当时社会环境和经济建设基础上做出的方向制定。我们对非公经济的发展路径最终会归结于党的正确指导。

中国经济在改革开放以后40年的飞速发展原因很多，可能存在的影响因素与变量之间也存在着相互影响关系。但是不可否认的是中国共产党能够连续执政制定长远计划，并保持初心减少内耗为经济发展提供了稳定的政治保障；财税体制的改革也使中央和地方政府之间的关系在矛盾出现之后得到及时调整，使经济发展有了稳定的社会保障；以公有制为主体、多种所有制经济共同发展的社会主义基本经济制度是中国特色社会主义道路，同时也是建立社会主义市场经济的重要基石。上述

经济发展的原因分析同时也验证了照搬照抄不可取，结合一国国情和当下世界局势是做出有前瞻性
和战略性的决策的前提条件。为了深化改革开放的成果，决胜新时代，信息和数据作为决策判断的依据，应当充分运用新的分析手段与分析工具来为后续决策提供参考依据。政府应该坚持将可持续的经济发展放在首位，同时结合国内国际局势做出相应政策调整，在中央与地方关系、政府与民众关系、部门关系等之间进行调节并完善相应的制度。

资料来源：王弘致. 改革开放四十年中国经济飞速发展原因分析［EB/OL］.［2019-04-18］. https://www.fx361.com/page/2019/0418/5057977.shtml.编者有改编。

【讨论问题】

经济奇迹背后的中国经验是什么？

【参考答案】

经济要发展成功，就必须发挥比较优势，形成竞争优势。中国是中等收入国家，人均GDP按照市场汇率计算，只有美国的七分之一，按照购买力平价计算，中国也只有美国的四分之一。这意味着中国的劳动生产率水平跟美国这样的发达国家相比还有很大的差距，中国实际上还有很多后发优势可以挖掘。中国经济保持中高速增长，这个状况在短期内不会变化，但是前提是中国必须按照比较优势形成竞争优势。

改革开放以来中国的转型中还有个经验教训要牢记，就是必须解放思想、实事求是。作为一个发展中国家、转型中国家，中国经济也有很多扭曲、不当干预和漏洞，但是这些都是有原因的，不能照搬教科书，必须解放思想，实事求是，不断地探索实践。实践永无止境，理论创新也永无止境。

中国这样的发展中国家的条件和其他的发展中国家是比较接近的，根据中国的经验提出的理论，在其他发展中国家也一定会有比较好的参考借鉴价值。

第十四章　新时代全面开放新格局的构建

以更加积极主动的姿态建设开放高地——海南加快推进全面开放高质量新格局形成

【案例正文】

在中央宣布支持海南全岛建设自由贸易试验区，逐步探索、稳步推进中国特色自由贸易港建设一周年之际，海南省委通过了《中共海南省委关于高标准高质量建设全岛自由贸易试验区为建设中国特色自由贸易港打下坚实基础的意见》，以更加积极主动的姿态，推进全面开放高质量新格局的加快形成。

多项"全国率先"彰显开放魄力

2019 年 4 月 11 日，中国（海南）自由贸易试验区第二批制度创新案例发布。海口海关探索将境外游艇入境担保纳入关税保证保险范围，在全国率先实施境外游艇入境关税保证保险制度，大幅降低了境外游艇入境成本。

海南游艇业开放还开创了另一项"全国率先"：海南省对境外游艇开展临时开放水域审批试点，减少了审批层级，简化了审批流程，成为全国首个开展此业务的试点省份。

2018 年以来，一系列"全国率先"的海南开放政策相继落地。如实施 59 国人员入境旅游免签政策，截至 2019 年 2 月末，已有 30 余万名外国人免签赴海南旅游，同比增长 12.9%；外资试点设立经营演出经纪机构和演出场所经营单位审批权下放海南。

旅游消费领域开放政策进一步放宽，助力海南国际旅游消费中心建设。海南离岛免税每人每年累计免税购物限额从 1.6 万元增加到 3 万元，且不限次数。统一岛内外居民待遇，乘轮船离岛旅客享受离岛免税政策。新增设海口、博鳌两家免税店。

海南金融业对外开放步伐加快。正式上线运行自由贸易账户，数千家企业开设账户，沪琼两地自由贸易账户实现业务联动。"这是海南金融业国际化的一次重要尝试，为有实力的企业走向国际化提供通道。"中国银行海南省分行行长常冰雁说。

国际贸易"单一窗口"国家标准版覆盖海空港口岸并拓展至海关特殊监管区，海南"单一窗口"特色功能已初步上线，如将游艇入境申报和全流程监控纳入"单一窗口"办理，在全国率先实现邮轮游艇全方位无缝监管。

开放型经济新体系加快建立

在刚结束的博鳌亚洲论坛 2019 年年会上,海南借助年会组织开展了 30 多场和外商的 "一对一" 会谈等活动。

海南对外资全面实行准入前国民待遇加负面清单制度,引进外资举措成效初显。去年 4 月 13 日以来,签约项目 230 个,注册项目公司 106 家,其中世界 500 强 27 家,国际四大会计师事务所等 8 家知名专业服务机构入驻。

牛津大学计算机系系统安全中心主任艾文·马丁诺维奇越来越喜欢海南。"这里不仅有绝佳的生态环境,更有着罕见的区块链场景应用需求,还有开放包容的政策环境。" 艾文·马丁诺维奇是牛津海南区块链研究院的一名科学家,这个研究院由海南生态软件园和牛津大学合作设立,吸纳了一批全球区块链领域的知名专家。这是海南加快高新技术对外合作,吸引国际高端人才的一个生动注脚。

海南以重点项目为载体和突破口,围绕旅游业、现代服务业和高新技术产业,引进外资企业和外资项目,外资外贸增长势头迅猛。数据显示,去年海南实际利用外资、进出口额分别增长 113%、21%,预计今年一季度分别增长 51 倍、92%;去年海南新设外资企业 167 家、同比增长 92%,预计今年一季度新设外资企业 82 家、同比增长 447%。

海南全方位深化对外交往与合作。如国际航线拓展到 74 条,并力争到 2020 年开通 100 条。已开通 14 条国际邮轮航线,集装箱国际班轮航线增至 9 条,努力将洋浦港建成国际陆海贸易新通道新支点。

"海南开放型经济新体系正加速建立,全面开放新格局在加快形成。" 海南省委副秘书长、省委深改办(自贸办)常务副主任孙大海说。

瞄准更高开放水平继续发力

海南不仅是我国最大的自贸试验区,同时肩负着逐步探索、稳步推进中国特色自由贸易港建设,分步骤、分阶段建立自由贸易港政策和制度体系的重任。

当前,中国正加快研究特色自由贸易港政策和制度体系,海南开放的广度和深度仍亟待拓展,必须有更宽的视野、更大的力度和更高的标准。海南省委外事工作委员会办公室主任王胜说,海南下一步将把发展视野拓展至亚洲乃至全球,努力打造四小时、八小时飞行经济圈。

2019 年 4 月 13 日,海南省委召开七届六次全会对全面深化改革开放进行再部署。"海南建设自贸试验区的最终目标是建设中国特色自由贸易港。" 海南省委主要负责人表示,海南必须坚持开放为先,探索开展金融领域开放创新先行先试,着力培育打造总部经济、健康疗养、互联网等十二类重点园区,建设人流、物流、资金流进出信息系统和社会管理信息化平台等,为压茬探索自贸港政策和制度体系做准备。

海南将加强以建立开放型经济新体系为重点的制度创新,以外资为重点精准招商引资,引进符合中国国情、海南实际、高质量发展要求的产业项目和市场主体,形成资本增量。

中国（海南）改革发展研究院院长迟福林认为，未来2~3年是自贸试验区向自由贸易港过渡的关键阶段，海南要站在改革开放最前沿，在推动形成我国对外开放新格局方面发挥重要作用。

资料来源：新华社. 以更加积极主动的姿态建设开放高地——海南加快推进全面开放高质量新格局形成〔EB/OL〕.〔2019-04-15〕. http://www.gov.cn/xinwen/2019-04/15/content_5382921.htm.编者有改编。

【涉及的问题】 ■————————————————————————

如何优化对外开放格局？

思政案例

构建新时代全面开放新格局

2019年3月2日，作为粤港澳大湾区的"主战场"，广东正式发布关于贯彻落实《粤港澳大湾区发展规划纲要》的实施意见，推出大湾区建设"施工图"与"任务书"，以大湾区建设提升新时代全面开放新格局。

由香港、澳门两个特别行政区和珠三角九市构筑的粤港澳大湾区，总面积5.6万平方公里，总人口7 000万，是中国开放程度最高、经济活力最强的区域之一，在国家发展大局中具有重要战略地位。自2017年7月1日粤港澳三地签署《深化粤港澳合作推进大湾区建设框架协议》以来，大湾区在以开放促改革促发展方面迈出了坚实步伐。

粤港澳大湾区投资贸易自由化、便利化不断推进。目前广东省对港澳服务业开放部门达153个，涉及世贸组织服务贸易160个类别中的95.6%；企业开办压缩为设立登记、公章刻章、申领发票3个环节，开办企业全链条办理时限压缩到5个工作日以内……同时粤港澳三地金融市场互联互通有序推进，银联云闪付APP落地港澳，微信香港钱包正式为香港用户提供服务，粤澳两地保险业在横琴率先试点实现"两地保险、一地购买"。

粤港澳大湾区科技创新合作不断深化。香港科技大学（广州）落户南沙，6所香港高校在深圳共设立72个科研机构，转化成果及技术服务近300项，广东省同步出台财政科研资金跨境使用办法、港澳高等院校和科研机构参与广东省财政科技计划的若干规定等一系列措施，在科研领域跨境合作上先行一步。

粤港澳大湾区各方法律制度、标准体系、管理体制机制各不相同，打破体制障碍、创新融合机制是粤港澳大湾区发展的关键。广东将以连通、贯通、融通为重点，加强三地在法律服务、金融、医疗、建筑等领域的规则对接，优化大湾区内地城市在市场准入、产权保护、法制保障、政务服务等方面的制度安排，推动规则相互衔接。

以开放倒逼改革，以湾区连通世界，广东将按"三步走"推进粤港澳大湾区建设，一幅新时代全面开放的壮阔图景呼之欲出：到2020年，大湾区构建起协调联动、运作高效的大湾区建设工作机制；到2022年，大湾区基本形成国际一流湾区和世界级城市群框架；到2035年，大湾区全面建成宜居宜业宜游的国际一流湾区。

14.1 中国对外开放面临的新形势

14.1.1 中国经济发展进入新常态

—— 案例 ——
领航中国 | 中国经济迈上现代化新征程

【案例正文】■

党的十八大以来，以习近平同志为核心的党中央统筹中华民族伟大复兴战略全局和世界百年未有之大变局，以坚定的战略定力、高超的政治智慧、巨大的改革勇气和果敢的创新精神，领航中国经济巨轮乘风破浪，使中华民族迎来了从站起来、富起来到强起来的伟大飞跃，完成了全面建成小康社会的千年夙愿，开创了中国式现代化新道路，为实现中华民族伟大复兴提供了更为坚实的物质基础。

十年，中国书写出人类发展史上辉煌篇章。十年之间，中国国内生产总值翻了一番，总量超过114万亿元，占世界经济比重从2012年的11.4%上升到超过18%，中国经济对世界经济增长的贡献总体上保持在30%左右，成为世界经济增长的最大引擎。

十年之间，中国国内生产总值翻了一番，总量超过114万亿元，占世界经济比重从2012年的11.4%上升到超过18%，中国经济对世界经济增长的贡献总体上保持在30%左右，成为世界经济增长的最大引擎。

十年之间，科技进步对经济增长的贡献率从2012年的52.2%提高到60%以上，以新产业、新业态、新商业模式为代表的"三新"经济规模增长至近20万亿元，战略性新兴产业增加值在GDP中比重达到13.4%。中国迈入创新型国家行列，创新正成为引领中国经济发展的第一动力。

十年之间，我国贸易总额从2012年的4.4万亿美元连跨两个大台阶，增长到2021年的6.9万亿美元，中国商品出口占国际市场的份额由11%上升到15%，"一带一路"共建国家已由亚欧延伸至非洲、拉美、南太等区域，形成了全方位、高水平对外开放的新格局。

发展成果人民共享。十年之间,我国历史性地解决了困扰中华民族几千年的绝对贫困问题,近1亿农村贫困人口全部脱贫,在中华大地上全面建成了小康社会。人民获得感、幸福感、安全感显著增强。

【讨论问题】■━━━━━━━━━

中国经济发展进入新常态的表现是什么?

【参考答案】■━━━━━━━━━

经济增速、经济结构、经济发展方式和经济发展动力都正在发生重大变化。我国经济从高速增长转为中高速增长,经济结构不断优化升级,经济发展方式正从规模速度型粗放增长转向质量效率型集约增长,经济发展动力也正从传统的要素驱动、投资驱动转向创新驱动。

14.2 推动形成全面开放新格局

14.2.4 优化对外开放布局

━━━━━━━━ 案例 ━━━━━━━━

2022粤港澳大湾区创新经济高峰论坛在广州举办

【案例正文】■━━━━━━━━━

2022年11月3日,由南方财经全媒体集团主办,21世纪经济报道、广东粤港澳大湾区研究院承办的"2022粤港澳大湾区创新经济高峰论坛"在广州举办。受疫情反复影响,本届粤港澳大湾区创新经济高峰论坛采用线上+线下的方式在深圳、香港两地召开。论坛主题为"大变局下的湾区可持续发展:突破·创新·谋变"。并在下午举办湾区科技与产业创新论坛、湾区金融创新论坛、湾区金融大咖会三场主题论坛。

同时,论坛发布了《2022粤港澳大湾区创新力发展研究报告》和《2022年粤港澳大湾区科创金融报告》两份调研报告。

突破创新是今年大湾区高峰论坛的主题,也是目前大湾区内最受关注的议题。"湾区协作发展方式已从上世纪的'前店后厂',演化到了通过共享创新实现'协同发展'互利共赢的关系。"作为主办方代表,南方财经全媒体集团副总编辑,21世纪报系党委书记、总编辑邓红辉分享了对大湾区创新情况的观察。

香港特别行政区财经事务及库务局局长许正宇在论坛致辞时表示,"特区政府会继续巩固和善用香港国际金融中心的优势,助力大湾区建设,同时促进本地金融业的发展"。

会上，全国社会保险基金理事会原副理事长、深圳市金融稳定发展研究院理事长王忠民分别从人口、产业、金融角度剖析了粤港澳大湾区的创新逻辑与创新合力。他表示，粤港澳大湾区的科研人员来自全国乃至全球各地，形成人才的开源式聚合，相对年轻、多元的人口架构孕育出蓬勃的创新创业动能，形成包容各种差异性的地域性创业意识。由此，许多湾区企业成长为极具全球竞争力的业界"参天大树"，又在产业链中成为需求方，激发"链式反应"，最终形成庞大的产业集群。

"把握粤港澳大湾区历史性发展机遇，助力大湾区创新经济发展，创业投资大有可为。"深圳市创新投资集团党委书记、董事长倪泽望谈到近年来香港发展时表示，香港和深圳是毗邻的两个中心城市，两座城市的互动创新也是大家一直期待的。深圳市创新投资集团将通过研发、创新优化产业集群发展，持续参与深圳布局的"20+8"产业集群方面的投资，发挥创投人对自己城市的贡献。

围绕"突破创新"主题，本次峰会还举办了三场主题论坛。在以"制造强市"与"再工业化"下的湾区科创产业机遇为主题的湾区科技与产业创新论坛上，来自多个制造业企业的代表和行业专家，就新型工业化中的多个问题交换了意见。

大族机器人总经理、南方科技大学机器人研究院产业教授王光能表示，"机器换人"还将深入到非工业场景。在老龄化、劳动力短缺等问题日益显现的当前，从业者们正探讨机器人应用于养老、医疗、餐饮及物流等方面的可能性。

金融方面，科创金融和绿色金融也正为湾区"产融结合"提供动力。在湾区金融创新论坛上，"各金融机构应该在科创企业的不同发展阶段开展'多轮次接力棒式的合作'，以全面服务初创期、成长期和成熟期企业。"中国银行深圳市分行科创金融与综合经营部总经理杨巍介绍，目前深圳拥有超10万家科技型企业，2.1万家国家级高新技术企业，4千家省级以上专精特新企业，分布在"20+8"的重点产业集群中。

资料来源：中国日报社广东记者站. 2022粤港澳大湾区创新经济高峰论坛在广州举办［EB/OL］.［2022-11-05］. https://baijiahao.baidu.com/s? id=1748661815168011000&wfr=spider&for=pc.编者有改编。

【讨论问题】 ■——————————————————————————————————

新时代中国对外开放新格局体现在哪些方面？

【参考答案】 ■——————————————————————————————————

在新时代对外开放布局中，国家更加重视区域化的创新能力，因为粤港澳大湾区的科研人员来自全国乃至全球各地，形成人才的开源式聚合，相对年轻、多元的人口架构孕育出蓬勃的创新创业动能，形成包容各种差异性的地域性创业意识。

抓住金融科技与绿色金融发展机遇。因独特的地理位置、东西方文化交汇、成熟发达的金融市场，香港一直以来扮演着内地与国际之间的"超级联系人"，其作为国际金融中心，无论是资金池的规模、流动性，还是政策支持等，都一如既往地吸引着全球目光。而提到深圳，就会讲科技，这两座城市天生就有优势，国家越来越重视区域间的互补和创新能力，这形成了新时代中国全新对外开放新格局。

14.3 "一带一路"建设开辟中国经济和世界经济增长新阶段

14.3.1 "一带一路"倡议提出的时代背景及建设阶段

案例

"一带一路"的提出背景及具体思路

【案例正文】

"一带一路"是指丝绸之路经济带和21世纪海上丝绸之路。"一带一路"倡议不是一个新的机制，而是合作发展的理念和倡议，将依靠中国与有关国家既有的双多边机制，陆续推出基建、交通的互联互通及贸易投资的便利化等措施。依赖"丝绸之路"经济、人文、商贸的千年传承，并赋予其新的合作意义。

"一带一路"的由来。2100多年前，张骞两次出使西域开辟了一条横贯东西、连接欧亚的陆上"丝绸之路"。同样，从2000多年前的秦汉时代起，连接我国与欧亚国家的海上丝绸之路也逐步兴起。陆上和海上丝绸之路共同构成了我国古代与欧亚国家交通、贸易和文化交往的大通道，促进了东西方文明交流和人民友好交往。在新的历史时期，沿着陆上和海上"古丝绸之路"构建经济大走廊，将给中国以及沿线国家和地区带来共同的发展机会，拓展更加广阔的发展空间。

"一带一路"倡议的提出。在当前全球经济缓慢复苏的大背景下，加强区域合作是推动世界经济发展的重要动力，并且已经成为一种趋势。2013年9月和10月，中国国家主席习近平在出访中亚和东南亚国家期间，先后提出共建"丝绸之路经济带"和"21世纪海上丝绸之路"的构想，得到国际社会高度关注和有关国家积极响应。国务院总理李克强参加2013年中国-东盟博览会时强调，铺就面向东盟的海上丝绸之路，打造带动腹地发展的战略支点。共建"一带一路"，是中国政府根据国际和地区形势深刻变化，以及中国发展面临的新形势、新任务，致力于维护全球自由贸易体系和开放型经济体系，促进沿线各国加强合作、共克时艰、共谋发展提出的战略构想，具有深刻的时代背景。

"一带一路"建设中将遵循的基本原则。一是坚持开放合作。共建"一带一路"的国家基于但不限于古代丝绸之路的范围，各国和国际、地区组织均可参与，让共建成果惠及更广泛的区域。二是坚持和谐包容。倡导文明宽容，尊重各国发展道路和模式的选择，加强不同文明之间的对话，求同存异、兼容并蓄、和平共处、共生共荣。三是坚持市场运作。遵循市场规律和国际通行规则，充分发挥市场在资源配置中的决定性作用和各类企业的主体作用，同时发挥好政府的作用。四是坚持互利共赢。兼顾各方利益和关切，寻求利益契合点和合作最大公约数，体现各方智慧和创意，各施所长，各尽所能，把各方优势和潜力充分发挥出来。

【讨论问题】

共建"一带一路"的总体思路和具体思路是什么？

【参考答案】

共建"一带一路"的总体思路：共建"一带一路"，将秉持和平合作、开放包容、互学互鉴、互利共赢的理念，以"五通"，即政策沟通、设施联通、贸易畅通、资金融通、民心相通为主要内容，全方位推进务实合作，打造政治互信、经济融合、文化包容的利益共同体、责任共同体和命运共同体。

具体包括三个方面：

一是把握好合作方向。"一带一路"贯穿亚欧非大陆，一头是活跃的东亚经济圈，一头是发达的欧洲经济圈，中间是发展潜力巨大的腹地国家。丝绸之路经济带重点合作方向有三个，分别是中国经中亚、俄罗斯至欧洲（波罗的海），中国经中亚、西亚至波斯湾、地中海，中国至东南亚、南亚、印度洋；21世纪海上丝绸之路重点合作方向有两个，分别是从中国沿海港口过南海到印度洋并延伸至欧洲，从中国沿海港口经南海到南太平洋。

二是共建国际经济合作走廊。陆上依托国际大通道，以沿线中心城市为支撑，以重点经贸产业园区为合作平台，共同打造新亚欧大陆桥、中蒙俄、中国－中亚－西亚、中国－中南半岛等国际经济合作走廊。海上以重点港口为节点，共同建设通畅安全高效的运输大通道。中巴、孟中印缅两个经济走廊与"一带一路"建设关联紧密，将进一步推动合作，取得更大进展。

三是推动形成区域经济一体化新格局。"一带一路"建设是沿线各国开放合作的宏大经济愿景，需要各国携手努力，朝着互利互惠、共同安全的目标相向而行，尽早建成安全高效的陆海空通道网络，实现区域互联互通，促进投资贸易便利化达到一个新水平，彼此之间经济联系更加紧密，政治互信更加深入，形成更大范围、更宽领域、更深层次的区域经济一体化新格局。同时，要推动"一带一路"沿线各国人文交流更加广泛深入，使不同文明互鉴共荣，各国人民友好相处。

综合案例　更好融入国家发展大局 共享民族复兴伟大荣光

【案例正文】

习近平总书记代表第十九届中央委员会向党的二十大所作的报告，科学擘画中国式现代化宏伟蓝图，发出为全面推进中华民族伟大复兴而团结奋斗的动员令。港澳各界人士表示，在我国向第二个百年奋斗目标进军的新征程上，港澳要以更积极主动的姿态，更好融入国家发展大局，为实现中华民族伟大复兴更好发挥作用，同全国人民一道共担历史责任、共谱时代新篇、共享伟大荣光。

筑梦大湾区，更好融入国家发展大局

"二十大报告提出，推进粤港澳大湾区建设，支持香港、澳门更好融入国家发展大局。我从中看到梦想、机遇、方向、道路、责任，更加确定自己的选择无比正确。""90后"香港青年郭玮强在前海深港青年梦工场创业，曾获"深圳青年五四奖章"。"希望越来越多的港澳青年融入大湾区奋斗逐梦，以主人翁精神融入国家发展大局，将个人理想与民族复兴紧紧联结。这样的青春才是最美的！"他说。

连日来，香港、澳门特区政府、社团组织、研究机构、学校等纷纷通过组织研讨会、分享会等形式学习二十大报告。澳门大学粤港澳大湾区研究中心主任胡伟星表示，粤港澳大湾区建设是新时代推动我国全面开放新格局的新举措，也是推动"一国两制"事业发展的新实践。二十大报告将激励港澳各界更积极投身大湾区建设，推动大湾区迎来新的建设发展热潮。

"香港应把握国家发展的历史机遇，善用制度、创科和产业链等方面的优势，依托粤港澳大湾区和'一带一路'建设，在国家加快构建以国内大循环为主体、国内国际双循环相互促进的新发展格局中获得新的发展动能。"香港中华厂商联合会会长史立德表示，将鼓励3 000多家联合会会员企业深度融入国家发展大局。

"港澳各界应有更大胸怀、更广视野，加快融入步伐，拓展融入范围。"香港科技大学经济学系荣休教授雷鼎鸣认为，香港是"一带一路"建设的重要参与者、贡献者，也是受惠者，拥有熟悉沿线区域语言、文化、法律等领域的人才储备，在很多方面大有可为。

发挥港澳所长，服务国家所需

二十大报告提出，巩固提升香港、澳门在国际金融、贸易、航运航空、创新科技、文化旅游等领域的地位，深化香港、澳门同各国各地区更加开放、更加密切的交往合作。港澳各界表示，要更积极发挥港澳的优势和特点，不断增强发展动能，把握国家发展方向，发挥港澳所长，服务国家所需。

"国家的新征程，是香港的新机遇。"香港贸易发展局主席林建岳说，习近平总书记在二十大报告中对全面建成社会主义现代化强国"两步走"战略安排作了进一步部署，宏伟蓝图令人振奋。香港拥有地理位置、法律规则、金融体系等独特优势和地位，可充分发挥连接内地与世界的积极作用。

"二十大报告提出'人才是第一资源''创新驱动发展战略''不断塑造发展新动能新优势'等，令人鼓舞！"香港科技创新联盟主席卢煜明说，创新是香港未来发展的着力点之一。香港拥有多所世界一流大学，在科技创新、人才培养等方面均可对国家发展作出更大贡献。

澳门城市大学副校长叶桂平认为，澳门要把握好横琴粤澳深度合作区建设机遇，与广东合力将合作区打造为具有中国特色、彰显"两制"优势的区域开发示

范；结合"一带一路"建设等重大发展机遇，积极推动"一中心、一平台、一基地"建设，促进中国与葡语国家经贸合作与人文交流进一步深化。

李凯瑚是香港一家咖啡茶座店的店主，平日关心时事。连日来，她通过新闻了解二十大报告内容。"我店里客人有内地的、香港的，也有外国人，中西文化荟萃是香港的优势，香港人应该在我们国家与国际社会交流合作中发挥作用，自己也会从中获益。"

共担历史责任，共享民族复兴荣光

许多港澳青年观看了二十大开幕会直播，习近平总书记所作的报告让大家倍感振奋。

"'当代中国青年生逢其时，施展才干的舞台无比广阔，实现梦想的前景无比光明。'报告中的这句话让我心潮澎湃。"在香港公营机构服务的刘国熙说，"我们香港青年要树立忠于祖国、乐于奉献、敢为天下先的正面价值观，与内地同龄人一道，肩负起新时代中国青年的历史责任和使命，为实现中华民族伟大复兴贡献青春力量。"

"二十大报告是做好国情教育极为重要的教材。"香港培侨中学教师穆家骏说，香港教育领域正本清源步伐不断加快，相信香港年轻人能从二十大报告中更好认识国家与世界的发展大势，增强民族自豪感和主人翁意识，自觉将学业、事业与自身发展融入国家发展和民族复兴进程。

"国家近期启动第四批预备航天员选拔工作，首次在港澳选拔载荷专家，这是对我们的信任和支持。"澳门科技大学月球与行星科学国家重点实验室主任张可可说，二十大报告擘画的科技发展蓝图为港澳带来新机遇，将为港澳年轻一代投身科研事业提供更高更广阔的平台。"把握好历史机遇，发挥聪明才智，为国家科技事业发展贡献力量，这是港澳青年的责任。"

澳门濠江中学高三学生易碧玉对二十大报告描绘的未来有着无限憧憬。"我们要'立志做有理想、敢担当、能吃苦、肯奋斗的新时代好青年'，将青春的理想、担当与爱国情怀融为一体，让青春之花在国家发展、民族复兴的进程中绚丽绽放。"

"新时代赋予新使命，新征程召唤新青年。港澳年轻一代要胸怀祖国、立志报国，积极主动融入中华民族伟大复兴的壮阔征程，不负韶华、不负时代。"香港各界青少年活动委员会永远名誉主席霍启刚说。

资料来源：刘斐、张雅诗、刘刚，等. 更好融入国家发展大局 共享民族复兴伟大荣光——中共二十大召开在港澳社会引发热烈反响［EB/OL］.［2022-10-20］. http://www.taihainet.com/news/txnews/gnyw/2022-10-20/2657961.html.编者有改编。

【案例使用说明】

一、讨论问题

如何更好地推动形成全面开放新格局？

二、参考答案

（1）构建现代化经济体系；

（2）大力推进贸易强国建设；

（3）"引进来"与"走出去"有机结合；

（4）优化对外开放布局；

（5）在参与国际经济合作与竞争中维护国家经济安全。